Gestión de Proyectos con Mapas Mentales

Segunda parte

Gestion de proyectos con mapas mentales. Vol. II

© José Andrés Ocaña

ISBN Vol II: 978-84-9948-622-2
ISBN Obra completa: 978-84-9948-553-9
Depósito legal: A 624-2012

Edita: Editorial Club Universitario. Telf.: 96 567 61 33
C/Decano, 4–03690 San Vicente (Alicante)
www.ecu.fm
ecu@ecu.fm

Printed in Spain
Imprime: Imprenta Gamma. Telf.: 96 567 19 87
C/Cottolengo, 25–03690 San Vicente (Alicante)
www.gamma.fm
gamma@gamma.fm

Gestión de Proyectos con Mapas Mentales

Segunda parte

Dedicado a mis hijos Jorge y Sergio, a Alicia Deocal por su apoyo y alegría en todos los momentos, y a todas las personas que quieren superarse sin importar su edad

Índice

Módulo 7 La Gestión de Riesgos en la Gestión de Proyectos

Para que pueda surgir lo posible, es preciso intentar una y otra vez lo imposible.

Hermann Hesse

1. INTRODUCCIÓN

1. INTRODUCCIÓN

Comencemos la lección recordando que las metas de la gestión del proyecto son:

1. Alcanzar los factores críticos de éxito del proyecto.

2. La consecución de los objetivos del cliente y de la organización.

3. Satisfacer las necesidades del cliente.

Por esta razón una de las cosas en que debemos hacer énfasis es en el hecho de que todos los niveles de la organización deben tener una actitud proactiva en relación con la identificación de los riesgos posibles en los proyectos.

Los riesgos nacen, son intrínsecos, cuando nace el proyecto. Si no se aplica una gestión efectiva y eficiente de riesgos desde el principio del proyecto, se irán generando más y más riesgos que pondrán en peligro la ejecución exitosa del proyecto.

Con la gestión de los riesgos del proyecto identificaremos y nos prepararemos para cualquier amenaza/oportunidad en relación con los factores de éxito.

El concepto de riesgo se refiere a *efectos* imprevistos *y* a *causas* que pongan en peligro los objetivos del proyecto o nos den oportunidad de mejorarlos.

Es importante tener en cuenta que el riesgo de un proyecto se puede reducir sustancialmente mediante una gestión adecuada de estos: si bien el jefe de proyecto no podrá eliminar los riesgos, también es cierto que podrá prevenir su ocurrencia o mitigar sus impactos.

2. ¿QUÉ ES EL RIESGO?

Echemos mano del PMBOK® y veamos qué nos dice al respecto: "El riesgo es un evento o condición incierta que, si sucede, tiene un efecto en por lo menos uno de los objetivos del proyecto. Los objetivos pueden incluir el alcance, el cronograma, el costo y la calidad. Un riesgo puede tener una o más causas y, si sucede, uno o más impactos. Una causa puede ser un requisito, un supuesto, una restricción o una condición que crea la posibilidad de consecuencias tanto positivas como negativas en el proyecto".

Como podréis comprobar, el concepto del riesgo es más extenso que en el lenguaje común, englobando tanto el concepto común de amenaza (efecto negativo) como el de oportunidad (efecto positivo).

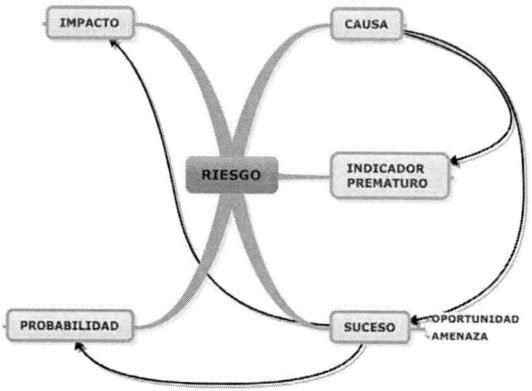

FIGURA 7.1

La descripción del riesgo debe ser una descripción causa/efecto del mismo, indicando las fuentes o causas del riesgo, así como el efecto que puede tener en los objetivos del proyecto

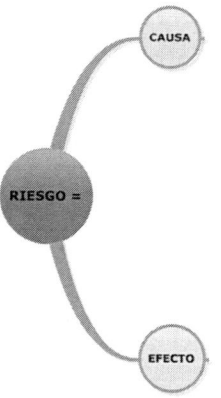

FIGURA 7.2

3. TÉRMINOS

Ahora que hemos definido lo que es el riesgo, vamos a ver una serie de términos relacionados y a definirlos para que podamos usar un lenguaje común sin equívocos.

3.1. *INCERTIDUMBRE*

¿Qué es la incertidumbre? Pues es la ausencia de información en relación con el resultado esperado. Es lo desconocido. Veamos un ejemplo:

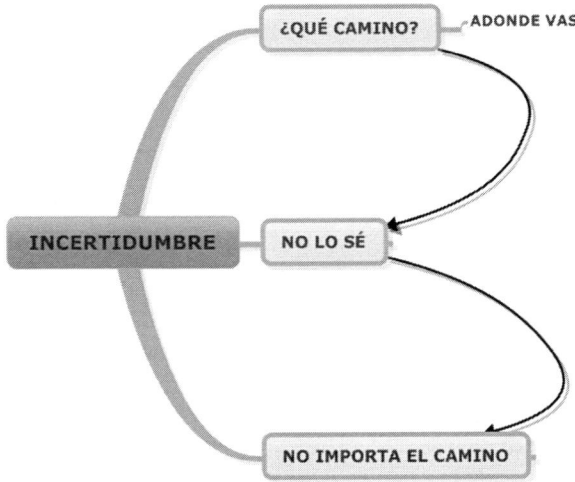

FIGURA 7.3

Mientras que el riesgo supone conocer las probabilidades de que algo suceda (qué probabilidades tenemos de caernos de la cuerda floja montando en una motocicleta), la incertidumbre asume un desconocimiento total de dichas probabilidades (Alicia no sabe a dónde quiere ir, así que malamente podrá ser orientada).

Los riesgos se pueden evaluar y, por tanto, adoptar medidas al respecto mientras que las incertidumbres no son calculables al ser desconocidas (lo que no significa que no podamos reservarnos un margen para atenuar sus efectos).

3.2. *HECHOS*

Uno de los errores más comunes relacionados con la identificación de riesgos es considerar como tal algo que no lo es. Un riesgo no es un hecho.

Cuando algo tiene un 100 % de probabilidades de ocurrir estamos ante un hecho y no ante un riesgo. Es más, hay quien va un poco más allá y dice que si algo tiene una probabilidad de que suceder del 80 %, o más, tampoco es un riesgo sino que debería ser tratado como un hecho.

Para diferenciar los riesgos de los hechos, y definir adecuadamente a los riesgos, vamos a usar el siguiente formato:

Causa = Riesgo – Efecto

Como resultado de una causa, un evento incierto (riesgo positivo o negativo) puede ocurrir. Esto podría dar lugar a un efecto. **Ejemplo:**

Causa	Riesgo	Efecto
Falta una clara dirección para realizar el alcance del subsistema Z	Puede que haya que rehacer funcionalidad ya hecha	Retraso de 4 semanas en la entrega del componente

Ejemplo: no sería un riesgo si se sabe que la cantidad de tiempo requerido para el proyecto es menor que lo programado. Esto no es un riesgo sino un hecho.

Este formato lo usaremos en la etapa de "Identificación de Riesgos".

Como ya definimos, las oportunidades son riesgos positivos, esto es, un posible evento positivo para el proyecto.

Debemos identificarlas para:

1.   Equilibrar los eventos negativos o amenazas.

2.   Aprovechar las ventajas y añadir beneficios al proyecto.

Hay que hacer 2 listas separadas: una para las amenazas o riesgos negativos y otra para las oportunidades o riesgos positivos.

3.3. DEFECTOS

Discrepancia entre lo que es (la realidad) y lo que debería ser (lo esperado).

Los defectos de planificación del proyecto no identificados o no reconocidos son el origen más frecuente de riesgos no conocidos.

4. TIPOS DE RIESGOS

Hay dos tipos de riesgos:

1.   **Los riesgos de negocio:** riesgos que si se producen podemos perder o ganar.

2.   **Los riesgos puros:** riesgos que si se producen solo perderemos.

También podemos clasificarlos:

•   **Riesgos conocidos:** aquellos que han sido identificados y analizados, y es posible planificar una respuesta a tales riesgos.

•   **Riesgos desconocidos:** no pueden gestionarse de forma proactiva, lo que sugiere que el equipo del proyecto debe crear un plan de contingencia.

5. LOS RIESGOS Y LOS PROYECTOS

El riesgo es algo intrínseco a los proyectos dado su carácter temporal y único. Tiene su origen en la incertidumbre que está presente en todos los proyectos.

En la práctica, casi todos los proyectos sufren alteraciones. Gestionar un proyecto supone tener en cuenta estas posibles alteraciones y el riesgo que conlleva.

Prever las posibles alteraciones (de forma práctica y dentro de lo humanamente posible), cuantificarlas, detectarlas lo antes posible y corregir o aprovechar sus efectos, ayudan a mantener bajo control al proyecto.

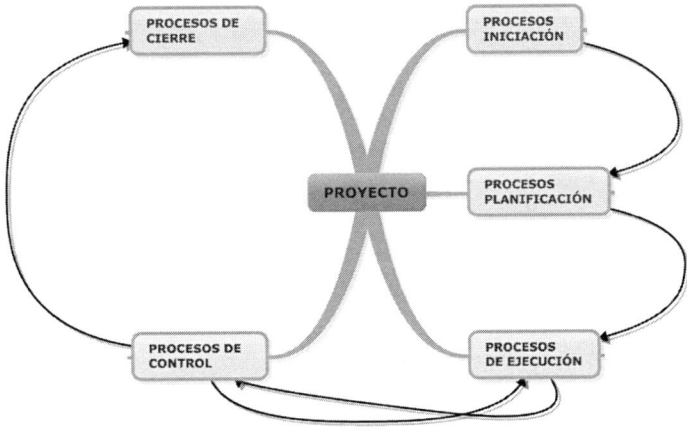

FIGURA 7.4

FIGURA 7.5

El éxito será transformar la incertidumbre y el riesgo en oportunidades:

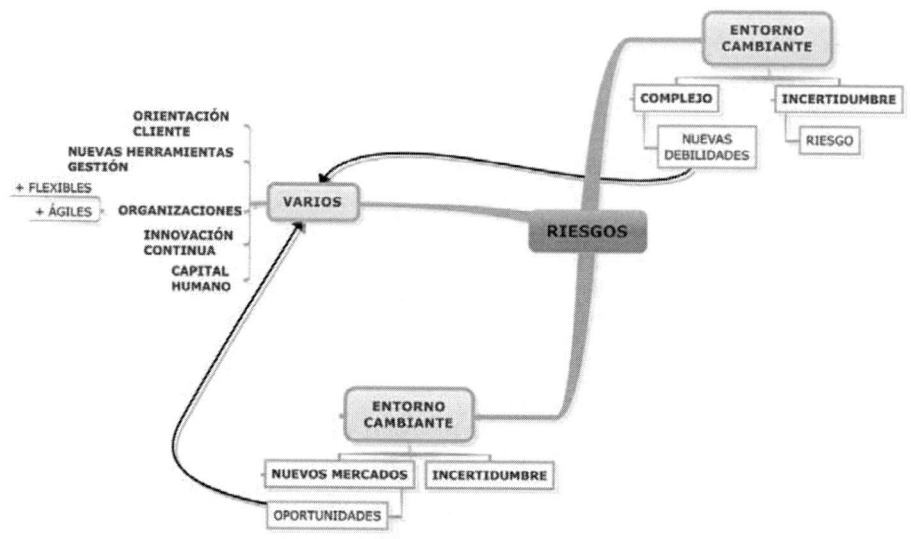

FIGURA 7.6

La gestión de riesgos se hace más importante cuando se trata de proyectos y no de operaciones, ya que el grado de incertidumbre en este caso es mayor.

FIGURA 7.7

6. ¿QUÉ ES LA GESTIÓN DE RIESGOS?

Es una aproximación sistemática y proactiva para tomar el control de los proyectos y disminuir su incertidumbre. Está relacionada con planificar la gestión de riesgos, identificarlos, analizarlos, generar respuestas a esos riesgos, y llevar el seguimiento y control de los riesgos de un proyecto.

Los objetivos de la gestión de riesgos son:

- Aumentar la probabilidad y el impacto de eventos positivos.

- Disminuir la probabilidad y el impacto de los eventos negativos.

En otras palabras, busca maximizar las probabilidades de alcanzar los objetivos del proyecto y será tanto más efectiva cuanto más identificadas y especificadas tengamos las causas de los riesgos y sus efectos.

Características:

- Es una tarea sobre todo muy preventiva, pues queremos detectar y atajar las amenazas lo antes posible y aprovechar las oportunidades.

- Es también reactiva, en cuanto que actúa sobre los riesgos si se materializan.

El rol de la gestión de riesgos dentro de la empresa y sus responsabilidades es muy similar a "un cubo agujereado":

FIGURA 7.8

Pensemos en nuestra empresa como un gran cubo. Los clientes pagan por bienes y servicios vertiendo agua (dinero) en dicho cubo. Nuestra empresa paga a su propia gente y a los proveedores tomando el agua del cubo. Sin embargo, vivimos en un mundo imperfecto y los cubos tienden a tener fugas de agua por accidentes, riesgos pasados por alto...

La tarea de la gestión de riesgos es mantener el número de escapes al mínimo y reducir el impacto de aquellos escapes que ocurren.

A través de la gestión de riesgos se pueden identificar prioridades, determinar dónde focalizar energías y recursos, y desarrollar un plan significativo para actuar si se producen. Nos va a indicar las fortalezas y debilidades del proyecto con el objetivo de maximizar los aciertos y minimizar las pérdidas.

7. LOS RIESGOS Y EL CICLO DE VIDA DEL PROYECTO

Las mayores oportunidades para evitar los riesgos de forma fácil y económica se dan al principio de la vida del proyecto. Sin embargo, el grado de indeterminación también es alto y el número de cosas que pueden ir mal es también elevado.

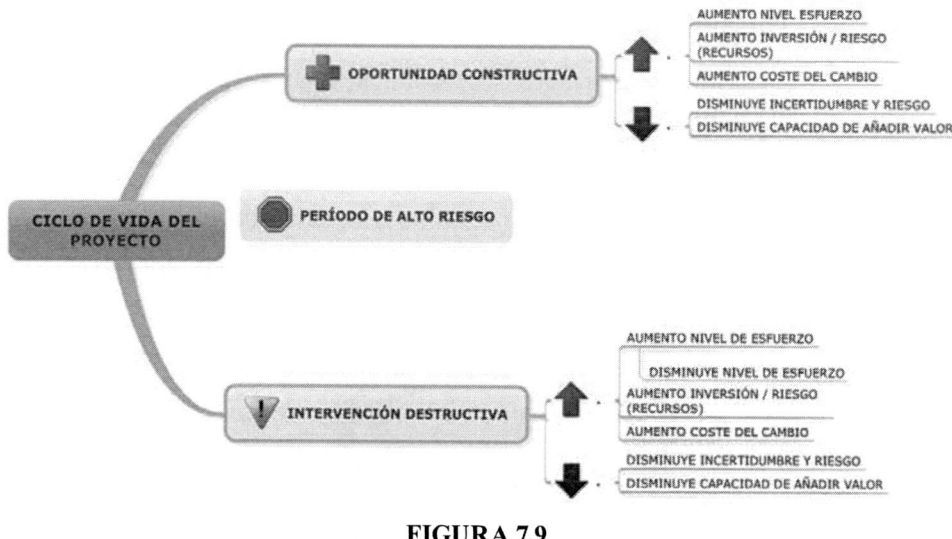

FIGURA 7.9

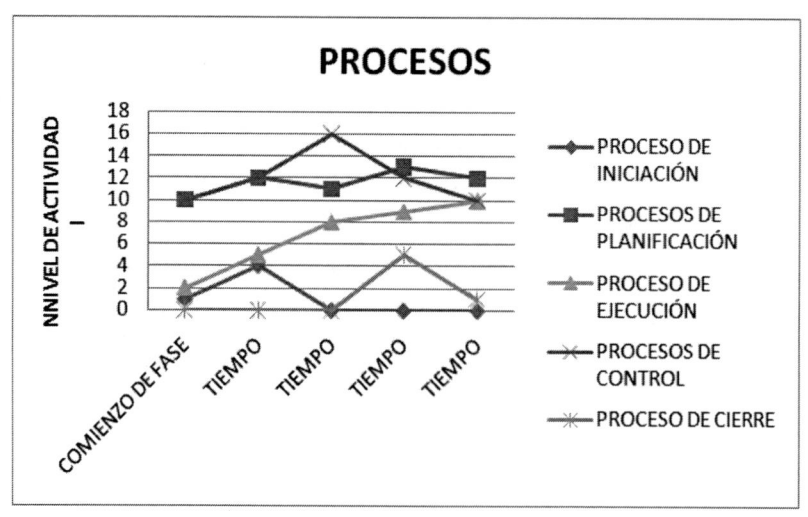

FIGURA 7.10

Como podemos ver en el gráfico, en las primeras fases del proyecto es cuando se debe poner más énfasis a la hora de identificar y valorar los posibles riesgos del proyecto.

Al final del proyecto quedan pocas probabilidades de que algo impacte negativamente al proyecto, pero si ocurre, no resultará fácil solucionarlo.

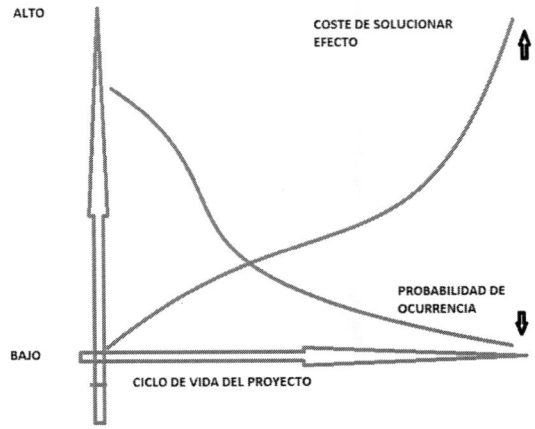

FIGURA 7.11

La tarea del Equipo de Proyecto es identificar y atacar los riesgos lo antes posible.

8. PRINCIPIOS BÁSICOS DE LA GESTIÓN DE RIESGOS

Gestionando los riesgos mediante estos principios, el jefe de proyecto podrá:

- Mantener el control del proyecto.

- Permitir una mejor toma de decisiones para el proyecto.

- Obtener las mejores oportunidades de tener éxito.

Estos principios clave para gestionar los proyectos son:

- Todo es gestión del riesgo.

  La gestión del proyecto es gestión del riesgo. La gestión de los portafolios, la definición del proyecto y la planificación están centradas en la gestión del proyecto.

- Pensar constantemente en lo que puede ir mal pero sin obsesionarse.

  Los jefes de proyecto eficaces asumen la responsabilidad de gestionar los riesgos de los proyectos.

  Nivel, tipo y visibilidad de la gestión del riesgo apropiado.

- Debe ir en consonancia el nivel de riesgo con la importancia del proyecto para la organización.

- Enfoque sistemático.

  Cualquier factor de riesgo que pueda afectar al proyecto debe ser identificado, cuantificado y evaluado para detectar sus impactos en el proyecto.

- Es un proceso continuo y repetitivo.

  La identificación del riesgo se hace repetidamente a lo largo de todo el ciclo de vida del proyecto.

- Hay que comenzar por los riesgos de alta prioridad.

9. FACTORES DEL RIESGO

La gestión de los riesgos implica determinar los siguientes factores para cada riesgo:

- **Probabilidad:** posibilidad de que ocurra un riesgo (una amenaza o una oportunidad).

- **Impacto (consecuencia):** efecto que tendrá sobre el proyecto si el riesgo (amenaza u oportunidad) tiene lugar.

- **Tiempo de ocurrencia:** cuándo puede ocurrir el riesgo (amenaza u oportunidad), durante el ciclo de vida del proyecto.

- **Frecuencia:** cuántas veces puede ocurrir el riesgo (amenaza u oportunidad).

2. EL CICLO DE LA GESTIÓN DE LOS RIESGOS

1. INTRODUCCIÓN

El que no arriesga, no gana. John Maynard Keynes.

Vamos a ver en esta sección cómo atacar a los riesgos para aprovechar las oportunidades que nos ofrecen (y así seremos no solo efectivos sino también eficientes), y atajar las amenazas.

Podemos definir a la gestión de riesgos como el proceso sistemático de:

1. Planificar su gestión
2. Identificación
3. Análisis
4. Respuesta a los riesgos del proyecto
5. Seguimiento y control

Para poder centrar el tiempo y los recursos necesarios sobre los elementos de riesgo de máxima prioridad.

   La validez de este simple proceso reside en la actitud que provoca, pues para que tenga éxito la gestión de riesgos se debe de ejecutar forma proactiva y consistente durante todo el proyecto.

2. PASOS ESENCIALES PARA GESTIONAR LOS RIESGOS

El mapa de carreteras para la gestión de riesgos sería el siguiente:

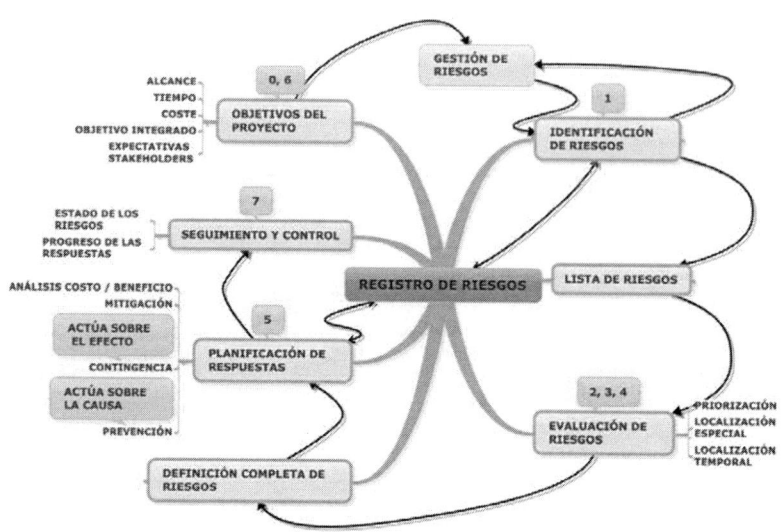

FIGURA 7.12

Basado en el 'Anexo I: Esquema Funcional'

"Recomendaciones para la Elaboración de Planes de Gestión de Riesgos"

AEC, Asociación Española para la Calidad.

1. Planificar la gestión de los riesgos.
    Es determinar cómo la gestión de los riesgos será llevada a cabo en el proyecto, quién estará involucrado y los procedimientos a ser empleados.

2. *Identificar* los riesgos del proyecto.
    Es el paso más importante.
    Se emplean los perfiles de riesgo o listas de control de riesgos o formulario de evaluación de riesgos. Estas listas han surgido de las lecciones aprendidas de anteriores proyectos y contienen las fuentes comunes de riesgo a considerar.
    Los mejores perfiles de riesgo son aquellos que son específicos del sector industrial, organización y tipo de proyecto.

3. Determinar la *probabilidad* de ocurrencia para cada riesgo identificado.
    El objetivo es cuantificar la incertidumbre lo máximo posible.

4. Evaluar el *impacto* potencial, para cada riesgo identificado, sobre los factores de éxito del proyecto.
    El objetivo es cuantificar el impacto potencial lo más posible.
    El impacto puede ser sobre los costes y/o sobre los tiempos del proyecto.

5. *Priorizar* los riesgos.

Sabiendo la probabilidad y el impacto, podemos hacer una tabla con una clasificación para cada riesgo combinando ambos valores.
Impacto x Probabilidad.

6. *Desarrollar* un plan de respuesta para cada riesgo.

7. Lograr la *aceptación* de las estrategias de las respuestas a los riesgos por parte de los *stakeholders*. Involucrarlos.

8. Seguir un *control*.
    Nada está inmóvil. Y menos los riesgos.
    Hay que tener en cuenta que pueden aparecer nuevos riesgos. Ni podemos olvidarnos de los de menor prioridad pues nos pueden dar sorpresas.

3. ETAPAS DEL CICLO DE GESTIÓN DEL RIESGO

Los anteriores pasos los vamos a agrupar en las siguientes etapas:

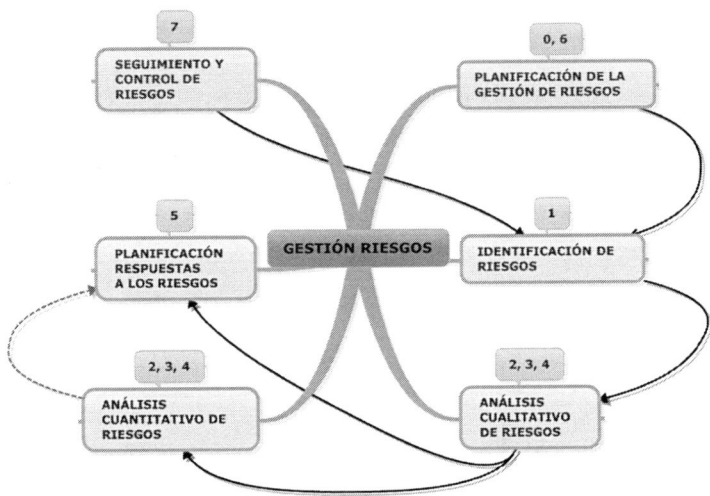

FIGURA 7.13

* **Planificación de la Gestión de Riesgos**
  Se decide cómo enfocar, planificar y ejecutar las actividades de gestión de riesgos para un proyecto.

* **Identificación de Riesgos**
  Se determina qué riesgos pueden afectar al proyecto y se documentan sus características.

* **Análisis Cualitativo de Riesgos**
  Se priorizan los riesgos para otros análisis o acciones posteriores, evaluando y combinando su probabilidad de ocurrencia y su impacto.

- **Análisis Cuantitativo de Riesgos**
Se analiza numéricamente el efecto de los riesgos identificados en los objetivos generales del proyecto.

- **Planificación de la Respuesta a los Riesgos**
Desarrollar las opciones y acciones para mejorar las oportunidades y reducir las amenazas a los objetivos del proyecto

- **Seguimiento y Control de Riesgos**
Realizar el seguimiento de los riesgos identificados, supervisar los riesgos residuales, identificar nuevos riesgos, ejecutar planes de respuesta a los riesgos y evaluar su efectividad durante todo el ciclo de vida del proyecto.

Como cada proyecto es un esfuerzo único, debemos particularizar los distintos elementos que configurarán el futuro plan de gestión de riesgos del proyecto.

Cada una de estas etapas emplea distintas habilidades:

- **Planificar:** capacidad para organizar y dirigir.

- **Identificar riesgos:** usa la experiencia que tengas y/o la de otros (y puedas acceder a ella).

- **Análisis de riesgos:** emplearás tus habilidades analíticas y matemáticas.

- **Planificación respuestas:** tu creatividad.

- **Seguimiento y control:** capacidad de resolver los problemas.

4. ENTRADAS A LA GESTIÓN DEL RIESGO

Recordemos que 'entrada' en un proceso es un entregable (documento o producto documentable) que ya debería estar hecho o información que ya debería haber sido recolectada.

Si quieres que la gestión de riesgos que hagas sea efectiva, ciertos entregables ya deberán haber sido producidos con anterioridad. La lista de estas entradas podría ser:

- Registros históricos de anteriores proyectos

- Acta del proyecto

- La EDT

- El DRA

- Las estimaciones

- El CPM
- El plan de comunicaciones
- La organización del proyecto
- *Stakeholders*
    - o   Internos
    - o   Externos a la organización
- Restricciones del proyecto
- Asunciones
- Hitos del proyecto

3. EL PLAN DE GESTIÓN DE RIESGOS

1. INTRODUCCIÓN

La suerte sonríe al que está preparado.

El primer paso de la gestión de los riesgos del proyecto sería la propia planificación de dicha gestión, o sea, cómo enfocar y planificar las actividades de gestión de riesgos, y debe basarse en los objetivos concretos del proyecto.

Como entrada a este proceso será esencial que estén definidos los siguientes elementos (para una lista más amplia os remitimos a la escrita en el punto "Entradas a la gestión del riesgo"):

- Términos de referencia del proyecto, para crear un lenguaje común.
- Entregas identificadas y planificadas.
- La EDT.
- La descripción de las actividades de los paquetes de trabajo.
- Las dependencias entre tareas (DRA).
- Organización del proyecto (RAM).
- Hitos del proyecto.

2. ¿QUÉ DEBE CONSTITUIR UN PLAN DE GESTIÓN DE RIESGOS?

El plan de gestión del riesgo debe dar respuesta a las siguientes cuestiones:

- ¿Qué metodología usaremos?
- ¿Cuáles serán los distintos roles relacionados con la gestión del riesgo, sus responsabilidades y su autoridad?

- ¿Qué presupuesto será preciso para sustentar las actividades de la gestión del riesgo?

- ¿Cuántas personas y recursos serán precisos, en qué medida y en qué momentos?

- ¿Cuáles son los umbrales de riesgo que la organización y los *stakeholders* están dispuestos a aceptar?

Para ello contendrá:

- Metodología que se va a emplear (métodos, herramientas y fuentes de información).

- Roles y responsabilidades.

- Preparación del presupuesto.

- Periodicidad de ejecución de la gestión de riesgos.

- Categorías de riesgo.

- Tablas de probabilidad e impacto de los riesgos.

- Tabla de medidas del impacto en el plan, producto y presupuesto adaptadas a nuestro proyecto.

- Matriz de probabilidad / impacto o tabla del índice de criticidad del riesgo. Tolerancia al riesgo y umbrales.

- Formatos de informe.

- Cómo se hará el seguimiento

3. MATRIZ DE RESPONSABILIDAD DE RIESGOS

Es conveniente que creemos una matriz de responsabilidades en relación con las distintas etapas del riesgo. Por ejemplo:

	Jefe de proyecto	Equipo	Otros *stakeholders*	Gestor del riesgo
Planificación gestión	X			
Identificación riesgos	X	X		
Análisis Cualitativo	X	X	X	
Análisis Cuantitativo	X	X	X	
Planificación Respuesta	X	X	X	X
Monitorización y Control	X	X		X

El gestor del riesgo lo definiremos en el siguiente punto de Identificación de Riesgos.

4. ANÁLISIS DE LA TOLERANCIA AL RIESGO

El análisis de la tolerancia al riesgo de los distintos *stakeholders* es otro de los elementos a tener en cuenta cuando planificamos la gestión de riesgos:

- La tolerancia al riesgo de las distintas organizaciones e individuos puede variar en gran medida entre sí.

- También puede variar dentro de una misma organización dependiendo de su entorno, de su situación financiera, de su situación en el mercado, de su situación laboral, etc.

Podemos identificar la tolerancia al riesgo de los *stakeholders* según su actitud ante el riesgo. Hay tres comportamientos:

Aversión al riesgo:	Solo toma los riesgos favorables
Indiferente al riesgo:	Solo está influenciado por el impacto esperado
Propenso al riesgo:	Asume el pago de un extra para participar en situaciones de riesgo (amenazas y/u oportunidades)

5. EL UMBRAL DEL RIESGO

Es el nivel de riesgo que es aceptable en la organización. También se utiliza el término 'Función de Utilidad del Riesgo'.

Por ejemplo: "un riesgo que afecte a nuestra reputación no es aceptable" o "un riesgo de sobrepasar el presupuesto en un 5% es aceptable pero no más".

El Equipo del Proyecto debe entender cuál es la tolerancia al riesgo del proyecto, ya que varía mucho según las organizaciones y personas; y definir los umbrales del riesgo.

Vamos querida ... ¿Dónde está tu espíritu de aventura?

(Fuente: The Far Side Gallery. GARY LARSON. Farworks.)

FIGURA 7.14

6. LOS DISPARADORES

Igual de importante es determinar el umbral del proyecto que determinar los disparadores, esto es, decir cuáles son los síntomas o señales de advertencia de que un riesgo ha ocurrido o está a punto de ocurrir.

Ejemplo de disparador: los pájaros, generalmente canarios, que se bajan a las minas de yacimientos de carbón. Los canarios son mucho más sensibles al grisú (gas altamente inflamable causante de numerosos accidentes) que los humanos pues tienen una mayor frecuencia respiratoria. El hecho de que el canario deje de cantar o fallezca puede ser un indicio de la presencia de grisú.

¿Es posible identificar por adelantado cuando un suceso de riesgo va a ocurrir?

(Fuente: The Far Side Gallery. GARY LARSON. Farworks.)

FIGURA 7.15

4. IDENTIFICACIÓN DE LOS RIESGOS

1. INTRODUCCIÓN

La vida es tocar el violín ante el público e ir aprendiendo el instrumento a medida que avanza la canción. Samuel Butler.

Hasta ahora hemos visto la base y la teoría de los riesgos y su gestión, ahora comienza la parte divertida: llevarlo a la práctica. Comenzaremos por la identificación de los riesgos, esto es, jugar a detectives.

La manera más sencilla de empezar a identificar los riesgos es preguntarse : **"¿Qué puede ir mal?"**. Y para cada riesgo identificado, en las siguientes etapas, nos preguntaremos: **"¿Qué se puede hacer para enfrentarse a esa situación?"**. <u>Respuesta:</u> desarrollar un plan de contingencias o de respuestas.

Esta es una de las etapas más importantes de la gestión de riesgos, pues si no se identifican estos no se podrán gestionar.

La identificación de riesgos consiste en:

- Reconocer los riesgos potenciales
  Hasta un límite práctico, pues es un proceso continuo y repetitivo que va a durar toda la vida del proyecto, con el fin de identificar nuevos riesgos durante su ejecución.

- Ir desglosando los riesgos inicialmente identificados en niveles más detallados.

La identificación del riesgo además de un título y un código, debe tener una descripción causa/efecto del mismo, indicando las fuentes del riesgo, así como el efecto que puede tener en los objetivos del proyecto. El formato que vamos a usar es:

Causa = Riesgo – Efecto

Este proceso de "Identificación de Riesgos" suele llevar al "Análisis Cualitativo de riesgos". Como alternativa, puede llevar directamente al "Análisis Cuantitativo", cuando lo gestiona un director de riesgos experimentado.

Los objetivos de esta etapa son:

- Crear una larga lista de riesgos negativos y de oportunidades:
  - o   Para el proyecto
  - o   Para las tareas
- Asegurarnos de que todas las categorías de riesgo están incluidas.
- Comprender los riesgos del proyecto

2. ¿CUÁNDO COMIENZA LA IDENTIFICACIÓN DE RIESGOS?

Al comienzo de todo proyecto, la información de la que dispondremos es muy escasa. La EDT no estará completa o será poco definida y los hitos estarán definidos a alto nivel y no serán estables, probablemente.

Pues bien, aquí es cuando comenzaremos nuestra identificación de riesgos: en los comienzos del proyecto. Primero deben identificarse contra los requisitos del cliente y posteriormente emplearemos la EDT para profundizar en su identificación.

2.1. LOS REQUISITOS Y LOS RIESGOS

Al principio del proyecto, queremos identificar:

- Las áreas de alto riesgo con relación a los requisitos.
- La dificultad de obtener la información para crear el plan del alcance, el de tiempos y el presupuesto.

Uno de los objetivos primordiales en el inicio será el de conocer a fondo los requisitos del cliente y estabilizarlos.

2.2. LA EDT Y LOS RIESGOS

Como ya hemos visto, si bien la gestión de los riesgos debe comenzar lo más temprano posible, pues es cuando se concretan los factores de éxito, también es cierto que su identificación y valoración se podrá efectuar de una forma más precisa a nivel de paquete de trabajo.

Sin una estructura que divida al alcance en sus distintas partes y describa los trabajos a realizar en paquetes más pequeños, será muy difícil implantar una gestión de riesgos eficaz.

Hay que relacionar los riesgos con uno de los siguientes elementos:

- Los paquetes de trabajo de la EDT.

- Actividades concretas.

- Una fase concreta del proyecto.

De esta forma, según se va avanzando a través del ciclo de vida del proyecto, van desapareciendo los riesgos de las actividades o fases ejecutadas (es básico conocer cuándo puede ocurrir el suceso de riesgo).

3. ANTE LOS RIESGOS SIN IDENTIFICAR

A pesar de todos nuestros esfuerzos, puede ocurrir que se nos queden riesgos en el tintero. ¿Qué podemos hacer? Una respuesta prudente del equipo del proyecto puede ser asignar una contingencia general para:

- Los riesgos desconocidos
  No hay posibilidad de respuesta proactiva, solo reactiva

- Los riesgos conocidos para los cuales no sea rentable o posible desarrollar respuestas proactivas.

4. EL GESTOR DEL RIESGO Y EL JEFE DE PROYECTO

Una vez identificado un riesgo, este debe tener un propietario o gestor que será el encargado de vigilarlo durante la vida del proyecto. Su misión es responsabilizarse de gestionar los planes de acción que reduzcan el nivel de criticidad del riesgo.

Esta asignación la haremos a través de la organización del proyecto (la RAM, esto es, quién hace qué).

FIGURA 7.16

Pueden ser distintas personas el que haya identificado el riesgo y el que sea su gestor.

Entonces, ¿cuál es el papel del jefe de proyecto? Pues es el responsable de gestionar los riesgos del proyecto, o sea, la persona encargada de crear el plan de gestión del proyecto y de vigilar su cumplimiento. También realiza las funciones de:

- Acordar la valoración con los gestores de cada riesgo.

- Informar de los riesgos identificados y su tendencia al patrocinador (y al cliente si se considera conveniente).

5. FUENTES DE IDENTIFICACIÓN DE RIESGOS

Las principales fuentes de información para la identificación de los riesgos son:

- Las listas de control de riesgos (o perfiles de riesgo o formulario de evaluación de riesgos), que han surgido de las lecciones aprendidas de anteriores proyectos.

- La experiencia de los miembros del equipo de proyecto. Esta experiencia, junto con las experiencias de otros muchos proyectos, se acumula en las Lecciones Aprendidas.

6. HERRAMIENTAS Y TÉCNICAS

También se pueden usar varias técnicas para identificar los riesgos:

- **La tormenta de ideas (*brainstorming*)**
  Es una reunión cuyo objetivo es obtener una lista exhaustiva de riesgos que pueda ser examinada más tarde en los procesos de análisis cualitativo y cuantitativo.

- **Técnica Delphi**
  Reunimos a un grupo de expertos para que alcancen un consenso sobre los riesgos de un proyecto. Estos expertos participan de forma anónima.

- **Entrevistas**
  Para identificar los riesgos mediante entrevistas a jefes de proyecto experimentados y/o expertos en el tema.

- Técnicas de diagramación como Ishikawa (causa y efecto), diagramas de flujo, diagramas de Pareto, etc. De estas técnicas se hablará en el módulo de Calidad.

- **Análisis DAFO o SWOT (Debilidades, Amenazas, Fortalezas y Oportunidades)**

- **Pre-mórtem**
  Es una reunión para sacar a la luz ideas. En este caso se dice al grupo que imagine que hemos finalizado el proyecto y que no hemos alcanzado uno o más de los objetivos del proyecto. Se les pide que describan por qué el proyecto ha fallado.

7. CAUSA Y EFECTO

Como dijimos en la introducción, vamos a usar el siguiente formato para describir el riesgo:

Causa = Riesgo – Efecto

Vamos a ver ambas partes del riesgo: **las causas y los efectos.**

7.1. *CATEGORÍAS DE RIESGOS (CAUSAS)*

1. Las posibles causas de un riesgo pueden ser normalmente identificadas por la regla de las 4 M:

   o *Manpower:* falta de personal especializado, falta de recursos humanos...

   o *Money:* falta de presupuesto, presupuesto inicial insuficiente

   o *Method:* procesos obsoletos o inadecuados...

   o *Material:* equipos y materiales...

2. Otras posibles clasificaciones serían:

    o   Atendiendo al *origen de la fuente* del suceso de riesgo, estos se pueden categorizar como:

TÉCNICOS, DE CALIDAD O EJECUCIÓN:

o   Fiabilidad de una tecnología compleja o aún no probada.

o   Objetivos de ejecución no realistas.

o   Cambios en la tecnología usada o en los estándares de la industria durante el proyecto.

DE GESTIÓN DEL PROYECTO:

o   Deficiente asignación de tiempos y recursos.

o   Calidad inadecuada del Plan de Proyecto.

o   Pobre uso de las disciplinas de gestión del proyecto.

DE ORGANIZACIÓN:

o   Sobre costes, tiempo y alcance que son internamente inconsistentes.

o   Falta de priorización de proyectos.

o   Financiación inadecuada o interrumpida.

o   Conflictos de recursos con otros proyectos de la organización.

EXTERNOS:

o   Entorno legal o regulatorio cambiante.

o   Cuestiones laborables.

o   Prioridades cambiantes del dueño.

o   Riesgo del país.

o   Riesgo del clima meteorológico.

Riesgos de fuerza mayor que requieren, generalmente, más que gestión del riesgo, acciones de recuperación ante tales desastres. Tendríamos:

o   Terremotos.

o   Inundaciones.

o   Intranquilidad social.

o   También podemos clasificar los riesgos atendiendo a otros criterios.

o   Según los objetivos a los que afecte:

Riesgo de Alcance, Riesgo de Tiempo, Riesgo de Coste o Riesgo de Calidad.

o   Según su naturaleza temporal:

o   **Discretos o singulares:** La probabilidad del suceso no está relacionado de ninguna manera al tiempo o época del año.

o   **Estacionales o repetitivos:** Presentan algún patrón reconocible entre su probabilidad de ocurrencia y el tiempo o la época del año.

o   Podemos clasificar también los riesgos desde el punto de vista corporativo como:

- **Riesgos de Negocio:** riesgo de pérdidas o ganancias.

- **Riesgos Puros:** solo es riesgo de pérdidas (fuego, robo, daños personales).

3. La presentación de estas categorías de riesgo pueden ser de tipo esquema (ejemplo en el punto siguiente), o como un Diagrama de Árbol.

Cuando es en forma de diagrama de árbol o Estructura de Descomposición de Riesgo, tendría este aspecto:

FIGURA 7.17

Colgando del último nivel ya estarían los riesgos propiamente dichos.

A continuación os hemos puesto un ejemplo de esquema de posibles causas de riesgo.

7.2. EJEMPLO DE LISTA DE CONTROL DE RIESGO DE UN PROYECTO INFORMÁTICO

Solo hemos abierto dos categorías porque si no se haría muy larga la lista:

- CREACIÓN DE LA PLANIFICACIÓN

- ORGANIZACIÓN Y GESTIÓN

o   El proyecto carece de un promotor efectivo en los superiores.

o   El proyecto languidece demasiado en el inicio difuso.

o   Los despidos y las reducciones de la plantilla reducen la capacidad del equipo.

o   Dirección o *marketing* insisten en tomar decisiones técnicas que alargan la planificación.

o   La estructura inadecuada de un equipo reduce la productividad.

o   El ciclo de revisión/decisión de la directiva es más lento de lo esperado.

o   El presupuesto varía el plan del proyecto.

o   La dirección toma decisiones que reducen la motivación del equipo de desarrollo.

o   Las tareas no técnicas encargadas terceros third necesitan más tiempo del esperado (aprobación del presupuesto, aprobación de la adquisición de material, revisiones legales, seguridad, etc.).

o   La planificación es demasiado mala para ajustarse a la velocidad de desarrollo deseada.

o   Los planes del proyecto se abandonan por la presión, llevando el caos y un desarrollo ineficiente.

o   La dirección pone más énfasis en las heroicidades que en informarse exactamente del estado, lo que reduce su habilidad para detectar y corregir problemas.

- ENTORNO DE DESARROLLO

- USUARIOS FINALES

- CLIENTE

   o   El cliente insiste en nuevos requisitos.

   o   Los ciclos de revisión/decisión del cliente para los planes, prototipos y especificaciones son más lentos de lo esperado.

   o   El cliente no participa en los ciclos de revisión de los planes, prototipos y especificaciones, o es incapaz de hacerlo, resultando unos requisitos inestables y la necesidad de realizar unos cambios que consumen tiempo.

   o   El tiempo de comunicación del cliente (por ejemplo, tiempo para responder a las preguntas para aclarar los requerimientos) es más lento del esperado.

o El cliente insiste en las decisiones técnicas que alargan la planificación.

o El cliente intenta controlar el proceso de desarrollo, con lo que el progreso es más lento de lo esperado.

o Los componentes suministrados por el cliente no son adecuados para el producto que se está desarrollando, por lo que se tiene que hacer un trabajo extra de diseño e integración.

o Los componentes suministrados por el cliente tienen poca calidad, por lo que tienen que hacerse trabajos extra de comprobación, diseño e integración.

o Las herramientas de soporte y arrogancias impuestas por el cliente son incompatibles, tienen un bajo rendimiento o no funcionan de forma adecuada, con lo que se reduce la productividad.

o El cliente no acepta el *software* entregado, incluso aunque cumpla todas sus especificaciones.

o El cliente piensa en una velocidad de desarrollo que el personal de desarrollo no puede alcanzar.

- PERSONAL CONTRATADO
- REQUISITOS
- PRODUCTO
- FUERZAS MAYORES
- PERSONAL
- DISEÑO E IMPLEMENTACIÓN
- PROCESO

7.3. *IDENTIFICACIÓN DE LOS EFECTOS DEL RIESGO*

Los efectos pueden ser más que los relacionados con el tiempo y el coste para proveer la información y comprender el asunto. Deben estar relacionados con los objetivos del proyecto y la triple restricción (tiempo, coste, alcance, calidad, riesgos y satisfacción del cliente).

FIGURA 7.18

Ejemplo de identificación de posibles efectos:

- Referencia a párrafos del contrato (o de la especificación de los requisitos), que se pueden incumplir.

- Las actividades o hitos que pueden no ser alcanzados, según la planificación.

- Posible impacto negativo en los presupuestos asignados a cada paquete de trabajo.

8. EL REGISTRO DE RIESGOS

El registro de riesgos es la línea base de la gestión de riesgos y, como tal, la tendremos que incluir en el plan del proyecto.

Por cada riesgo identificado tendremos que recabar la siguiente información:

Ítem	Concepto
Número identificación del riesgo	Identificarlo de forma inequívoca
Nombre del riesgo	Descriptivo del riesgo
Causa del riesgo	Tipo de fuente de riesgo. Ejemplo: Especificación de requisitos, financieros, etc.
Evento desencadenante	Descripción
Efecto del riesgo	Lista de consecuencias
Disparadores o *triggers*	Descripción

Riesgo identificado por:	Persona que reconoció al riesgo
Gestor o propietario del riesgo	Persona responsable del riesgo
Gravedad del impacto (efecto)	Cifra
Probabilidad de que suceda	Porcentaje
Periodo previsto de aparición	Fecha/s
Frecuencia	Periodo de tiempo
Índice Inicial de Criticidad (IIC)	Valoración y fecha
Índice Actual de Criticidad (IAC)	Valoración y fecha

La descripción del riesgo sería la combinación de los campos 'Causa del riesgo', 'Evento desencadenante' y 'Efecto del riesgo'.

Características del registro de riesgos:

- El documento - plantilla presentada arriba, lo iremos rellenando según vayamos pasando por las distintas etapas del proceso de gestión de riesgos, para cada riesgo.

- El registro de riesgos será el conjunto de este documento para cada riesgo.

9. EJEMPLO DE IDENTIFICACIÓN DE RIESGOS

- La tarea a valorar es que tenemos que hacer un vuelo intercontinental para mantener una reunión de gran importancia con nuestro cliente, cara a cara. La agenda de ambos la tenemos muy cargada como para poder hacer cambios a la ligera.

- Reunido nuestro equipo para una sesión de *brainstorming* e identificar posibles riesgos para esta tarea, hemos hecho la siguiente pregunta: "¿Qué puede ir mal para que no se llegue a celebrar la reunión con el cliente?".

- También y para asegurarnos de que no se nos queda ningún riesgo en el tintero establecemos tanto las tareas que hemos de llevar a cabo como las categorías de riesgos.

9.1. RESULTADO DEL BRAINSTORMING

De la reunión hemos obtenido una lista de riesgos (unos 50), siendo los más destacados:

- Vuelo completo y no haya billetes.

- Se nos olvidó el billete cuando pretendemos embarcar.

- Pasaporte caducado o que vaya a caducar.

- Faltan vacunas.

- Llegar tarde a embarcar.

- Que haya *overbooking*.

- Extravío de maletas.

9.2. PROCESO

Las tareas que tenemos que llevar a cabo para asistir a la reunión serían:

FIGURA 7.19

9.3. CATEGORÍAS DE RIESGOS

De la reunión también obtuvimos las categorías que podíamos tener para no pasar por alto ningún riesgo.

- Transporte aéreo.

  o   Problemas técnicos.

  o   Disponibilidad.

- Transporte traslado (taxi).

  o   Problemas técnicos.

  o   Disponibilidad.

- Sanitarios.
  - o Vacunaciones.
  - o Estado de salud.
- Legales.
  - o Pasaporte.
  - o Caducidad documentos.
  - o Visados.
- Seguridad.
  - o Controles.
  - o Robo.
  - o Secuestro.
- Aduana.
  - o Objetos a declarar.
  - o Elementos problemáticos y/o prohibidos.
- Equipaje.
  - o Pérdida.
  - o Extravío.
  - o Robo.
- Documentos reunión.
  - o Pérdida.
  - o Extravío.
  - o Robo.
- Cliente.
- Idioma.
- Familia.

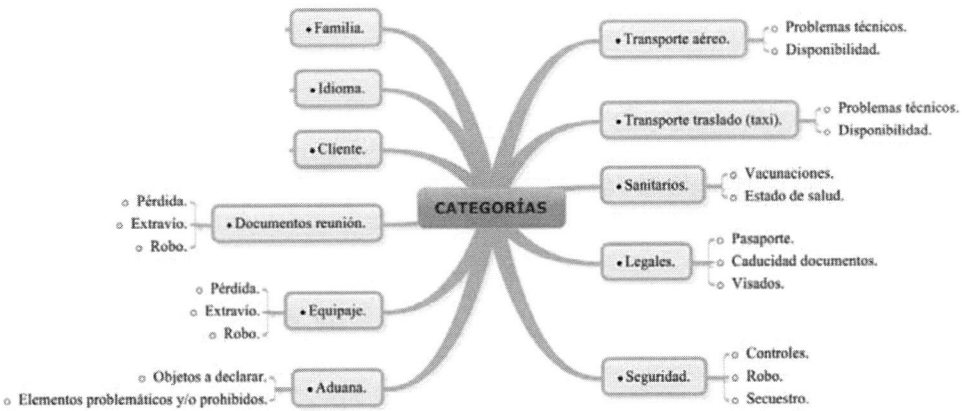

FIGURA 7.20

9.4. DESCRIPCIÓN DE LOS RIESGOS IDENTIFICADOS

Causa	Riesgo	Efecto
Compramos tarde el billete.	Vuelo completo y no hay billetes.	Tener que volar con otra compañía haciendo varias escalas y perdiendo un día de viaje.
No hemos controlado la fecha de renovación de nuestro pasaporte.	Pasaporte caducado o que vaya a caducar.	Tendremos que ir a nuestra embajada en el extranjero con la consiguiente pérdida de días de trabajo.
Falta de información sanitaria.	Faltan vacunas.	Posponer la cita por perder el vuelo.
Problemas en el transporte al aeropuerto.	Llegar tarde a embarcar.	Pérdida del vuelo y posposición de cita.
Se anuló el vuelo anterior.	Que haya *overbooking*.	Posposición de cita al tener que esperar al siguiente vuelo.
Robo en aeropuerto o extravío por parte de la compañía de vuelo.	Extravío de maletas.	Reunión inviable si son los documentos necesarios. Sobrecoste por compra de ropa adecuada para asistir a la reunión.

5. ANÁLISIS DE RIESGOS

1. INTRODUCCIÓN

Una vez identificados los riesgos, lo que tenemos que hacer son los planes de respuesta a dichos riesgos. Problema: ¿Tiene sentido hacerlo para todos los riegos identificados? Pues la verdad es que no, ya que algunos de los riesgos no serán muy probables y/o si ocurren no tendrán un gran impacto.

El análisis, ya sea cualitativo o cuantitativo, tiene como objetivo determinar qué riesgos necesitan una respuesta. ¿Cómo? Diciendo la "seriedad" de cada riesgo (hay que valorarlo), y proponiendo una prioridad. En la siguiente etapa crearemos una estrategia de respuesta a los riesgos según esta priorización.

Hay 2 tipos de análisis, el cualitativo y el cuantitativo. Como ya dijimos, la siguiente etapa a la de "Identificar los riesgos" suele ser la del "Análisis Cualitativo", aunque también puede llevar directamente a la del "Análisis Cuantitativo".

Veamos cada uno de ellos para ver sus características y poder elegir cuándo usar ambos, uno u otro.

6. ANÁLISIS CUALITATIVO

1. INTRODUCCIÓN

La finalidad de este análisis es obtener la *prioridad* de los riesgos identificados:

- Evaluando *subjetivamente* la probabilidad y el impacto de cada riesgo.

- Acortando la lista de riesgos obtenidos de la anterior etapa de "Identificación de riesgos", al determinar los riesgos más críticos y que cuantificaremos posteriormente y/o atacaremos en la siguiente etapa de "Planificación de Respuesta a riesgos".

- Tomando la decisión de "ir/no ir" (al evaluar los riesgos podremos decidir si todavía queremos seguir con el proyecto).

Características de este análisis:

- Es una forma rápida y rentable de priorizar los riesgos.

- Sienta las bases para el análisis cuantitativo (si es necesario hacerlo), y para la planificación de la respuesta a los riesgos.

Al priorizar los riesgos, las organizaciones pueden mejorar el rendimiento del proyecto al centrarse en los riesgos de alta criticidad.

Los pasos que vamos a dar para llevar a cabo el análisis cualitativo de un riesgo serán:

1. Evaluar los valores de los parámetros del riesgo.

2. Teniendo en cuenta la naturaleza del proyecto, valorar al riesgo según las tablas del grado de:

3. Severidad del impacto.

4. Probabilidad de ocurrencia.

5.   Establecer el índice de criticidad del riesgo

6.   Calificación del riesgo a través de la matriz de probabilidad / impacto

2. HERRAMIENTAS Y TÉCNICAS

En esta sección vamos a ver las siguientes:

- Evaluación de Probabilidad e Impacto de los Riesgos.
- Cálculo del índice de criticidad.
- Matriz de probabilidad e impacto: categorización de Riesgos
- Evaluación de la Urgencia de los riesgos.

3. EVALUACIÓN DEL RIESGO

¿Cómo se evalúa en este análisis la prioridad de los riesgos? A través de los siguientes parámetros:

- La probabilidad de que se materialice.
- El impacto sobre los objetivos del proyecto.
- El plazo de posible ocurrencia.
- La tolerancia al riesgo (en referencia a la triple restricción).

4. VALORACIÓN DEL RIESGO

Ahora vamos a valorar al riesgo según las tablas de severidad del impacto y de la probabilidad de ocurrencia.

Las tablas que os proponemos están basadas en las de la publicación de la AEC, "Recomendaciones para la Elaboración de Planes de Gestión de Riesgos".

4.1. PARA LA PROBABILIDAD

Valoración de la probabilidad de que el riesgo se materialice

Muy alta	Alta	Media	Baja
El riesgo se materializará casi con toda certeza	El riesgo se materializará solo bajo suposiciones optimistas	El riesgo se materializará solo bajo suposiciones normales	El riesgo se materializará solo bajo suposiciones pesimistas

4.2. PARA EL IMPACTO

Valoración de la severidad en el impacto de cada riesgo

Clasificación del riesgo	Áreas de impacto		
	Plan	Presupuesto	Producto
Crítico	Gran impacto en el cumplimiento de las fechas contractuales.	Impacta seriamente en los presupuestos del proyecto.	Fallo en la entrega del Producto contratado.
Alto	Fallo en el cumplimiento de los hitos del proyecto.	Bastante fuera del Presupuesto aprobado.	Fallo en algunas características / parámetros del producto. No se encontraron otras alternativas.
Medio	Fallo en el cumplimiento del Plan. Se requiere replanificar el proyecto.	En el límite del presupuesto o bien excediéndolo.	Fallo en algunas características/ parámetros del producto. Se encontraron otras alternativas.
Bajo	Se excede la holgura permitida del plan pero no se requiere replanificar el proyecto.	Dentro del presupuesto pero no es despreciable.	Fallo en algunas características / parámetros del producto pero negociables.

Índice de severidad global del riesgo

Índice global de severidad	Severidad en el impacto individual de cada área
Crítico	Al menos 1 índice de severidad de 1 área es *crítico* o hay 3 índices *altos*
Alto	Al menos 1 índice de severidad de 1 área es *alto* o hay 3 índices *medios*
Medio	Al menos 1 índice de severidad de 1 área es *medio*.
Bajo	Todas las áreas impactadas tienen 1 índice de severidad *bajo*

4.3. TABLA DE VALORES ADAPTADA AL PROYECTO

Impacto en el PLAN		Impacto en el PRESUPUESTO		Impacto en el PRODUCTO	
Crítico	> 5 Meses	Crítico	> 10 M €	Esenciales	Precio unitario Fiabilidad

| Alto | 3 y 5 Meses | Alto | 5 – 10 M € | Importantes | Límite garantía Consumo |
| Medio | 1 y 3 Meses | Medio | 1 – 5 M € | Deseables | Manejable Atractivo |

5. ÍNDICE DE CRITICIDAD

Índice de criticidad del riesgo

Severidad	Probabilidad			
	Muy alta	Alta	Media	Baja
Crítico	1	2	4	8
Alto	3	5	6	10
Medio	7	8	11	14
Bajo	12	13	15	16

Gracias a esta tabla estableceremos su índice de criticidad y con el siguiente paso veremos su calificación.

6. MATRIZ DE PROBABILIDAD E IMPACTO: CALIFICACIÓN DEL RIESGO

Sirve para asignar calificaciones de riesgo del tipo **'muy bajo'**, **'bajo'**, **'moderado'**, **'alto'** y **'muy alto'**.

Estas calificaciones hacen referencia a los umbrales de la organización en cuanto a riesgos bajos, moderados, altos y críticos, esto es, la *tolerancia* al riesgo de la *organización* es la que determina la calificación del riesgo.

Ejemplo de matriz donde la probabilidad es cuantitativa pero el impacto es cualitativo:

Tipos de matrices de **probabilidad / impacto:**

Uno de los parámetros es numérico y el otro cualitativo.

Ambos parámetros pueden ser cualitativos.

Ejemplo de matriz donde tanto la probabilidad como el impacto son cualitativos:

7. EVALUACIÓN DE LA URGENCIA DE LOS RIESGOS

Además de la calificación, existen más indicadores de prioridad, como puede ser el tiempo para dar una respuesta a los riesgos ('Periodo previsto de aparición' del registro del riesgo que corresponde al factor de riesgo 'tiempo de ocurrencia').

A los riesgos que requieren respuestas a corto plazo se les considera como urgentes y pueden, por esta razón, convertirse en prioritarios.

EFECTO SI EL EVENTO OCURRE		PROBABILIDAD COMO UN PORCENTAJE					
		100-80	80-60	60-40	40-20	20-0	
	A	ELIMINAR					MUY DIFÍCIL ALCANZAR LOS OBJETIVOS
				ELIMINAR			SERIOS OBSTÁCULOS
	M			Y/O MANEJAR			CREA DIFICULTAD
					MANEJAR O MONITORIZAR		CREA DISCONTINUIDAD
	B						CREA IRRITACIÓN

		PROBABILIDAD DE QUE EL EVENTO OCURRA			
		A	M	B	
EFECTO SI EL EVENTO OCURRE	A	1 ELIMINAR	4 ELIMINAR O MANEJAR	7 MANEJAR O MONITORIZAR	A = ALTO M = MEDIO B = BAJO
	M	2 ELIMINAR O MANEJAR	5 ELIMINAR O MANEJAR	8 MONITORIZAR	1 -6 = PRIORIDAD
	B	3 MANEJAR O MONITORIZAR	6 MONITORIZAR	9 MONITORIZAR	

En los ejemplos de matrices de probabilidad-impacto vemos que ya integran una recomendación sobre la estrategia de respuesta al riesgo que ha de emplearse.

7. ANÁLISIS CUANTITATIVO

1. INTRODUCCIÓN

En el análisis cualitativo hemos puntuado al riesgo subjetivamente para establecer una escala y priorizarlos. En este análisis vamos a usar un concepto más objetivo denominado Valor Esperado. Y lo vamos a emplear para evaluar el impacto específico de cada riesgo en términos de tiempo y/o coste.

El análisis cuantitativo es un intento para determinar *cuánto* riesgo tiene el proyecto y dónde, para poder emplear lo mejor posible nuestro limitado tiempo y esfuerzo en las zonas de alto riesgo y disminuir así el riesgo del proyecto. Hace uso de las probabilidades

Este análisis se suele llevar a cabo sobre los riesgos ya priorizados del "Análisis Cualitativo", pero se puede realizar después de la etapa de "Identificación de riesgos" directamente. Por otro lado, también puede ocurrir que en algunos casos no sea necesario el análisis cuantitativo para desarrollar respuestas efectivas a los riesgos y basta con el cualitativo.

El objetivo de este análisis cuantitativo es:

- Identificar qué riesgos requieren un plan de respuesta en función de su contribución relativa al riesgo general del proyecto.

- Evaluar *numéricamente* la probabilidad (en %), e impacto (por ejemplo, en € u horas), de cada riesgo.

- Análisis probabilístico del proyecto:

  o De lograr los objetivos de coste y tiempo.

  o Cuantificar los posibles resultados del proyecto y sus probabilidades.

- Determinar cuánto costará el proyecto y cuánto durará si no son tomadas otras medidas para disminuir el riesgo del proyecto.

- Identificar los objetivos de coste, cronograma o alcance realistas, dados los riesgos del proyecto.

2. HERRAMIENTAS Y TÉCNICAS

Disponemos para este análisis de las siguientes técnicas:

- Técnicas de Recopilación y Representación de Datos

  o   Entrevistas. Juicio de expertos.

  o   Distribuciones de probabilidad. Método PERT/CPM o del Camino Crítico.

- Técnicas de Análisis Cuantitativo de Riesgos y Modelado

  o   Análisis del valor esperado del proyecto.

  o   Monte Carlo.

- Simulaciones con tiempos/costes

  o   Para el análisis de los riesgos de costes, la simulación puede usar la tradicional EDT del proyecto o una estructura de desglose de costes (EDC) como modelo.

  o   Para el análisis de los riesgos del cronograma, se suele usar el método de diagramación AON (también llamado PDM o de precedencia).

3. METODOLOGÍA PERT/CPM O DEL CAMINO CRÍTICO

En el módulo de gestión del tiempo vimos una técnica para analizar y optimizar el plan de tiempo o cronograma: el método del Camino Crítico o CPM. Este método suponía que las tareas duraban un tiempo determinado, pero... ¿qué ocurre si solo disponemos de estimaciones que nos dan intervalos de tiempo en vez de tiempos exactos? Esto es lo que vamos a ver a continuación con la metodología PERT.

3.1. UN POCO DE HISTORIA

Tenemos dos metodologías que nacieron casi simultáneamente y que en la actualidad se emplean conjuntamente:

- El método PERT (Program Evaluation and Review Technique)

Es una herramienta de programación de proyectos desarrollada a finales de los 50 para planificar grandes proyectos.

Concretamente, fue desarrollado por científicos de la Oficina Naval de Proyectos Especiales (Booz, Allen y Hamilton), y la División de Armamentos de la corporación Lockheed Aircraft para planificar y acelerar el desarrollo del misil balístico Polaris, lanzable desde submarinos sumergidos. Este misil constituiría una de las tres opciones de respuesta disuasoria a un ataque nuclear desde la URSS, junto con los silos y los bombarderos.

El DoD se planteó, entre otras cuestiones, qué investigaciones eran necesarias para desarrollar el misil y cómo iban a planificarse, cuánto iba a durar esta investigación, cuántas etapas de desarrollo y ensayo eran necesarias para completar el misil y cuánto tiempo era necesario para tenerlo operativo. Además, con tantos componentes y subcomponentes producidos por diversos fabricantes, se necesitaba una nueva herramienta para programar y controlar el proyecto.

PERT fue creado para responder a estas preguntas y acelerar el desarrollo del misil.

• El método CPM (Critical Path Method) o Método del Camino Crítico:

El segundo origen del método actual, y del que toma su nombre, fue desarrollado también a finales de los 50 por la firma Dupont junto con la división UNIVAC de la Remington Rand.

Buscaban tanto controlar como optimizar los costes de los proyectos de mantenimiento de las plantas químicas de Dupont.

Ambos métodos aportaron los elementos necesarios para formar el método PERT/CPM o del Camino Crítico, utilizando el control de los tiempos de ejecución y los costos de operación, para buscar que el proyecto total sea ejecutado en el menor tiempo y al menor costo posible.

3.2. CARACTERÍSTICAS DE PERT

Se emplea para planificar y programar proyectos que consistan en numerosas actividades con duraciones inciertas y, aunque hayan de completarse en un determinado orden, son independientes unas de otras.

Usa una estimación promedio (media ponderada de la estimación optimista, pesimista y más probable), para calcular la duración de las actividades, cuando hay incertidumbre en las estimaciones.

Calcula la desviación estándar (S o σ) de la fecha de conclusión del proyecto a partir de las desviaciones estándar de las actividades que componen el camino crítico.

3.3. CARACTERÍSTICAS DE CPM

Calcula de forma simple y determinista la fecha de inicio y de fin (tanto temprana como tardía), para cada actividad. Se basa en una lógica de red secuencial y una estimación simple de la duración: emplea la estimación más probable y no una ponderación.

El enfoque del CPM es calcular la flotación para determinar qué actividades tienen la mínima flexibilidad de cronograma, esto es, el camino crítico.

Se usa para encontrar un equilibrio entre la finalización de las actividades del proyecto y el coste de su ejecución. Enfatiza el empleo de personas para acelerar el desarrollo de estas actividades y reducir su duración, aunque conlleve un aumento de los costes.

Asume que el tiempo necesario para acometer las actividades es conocido, es un método determinista. Considera que hay una duración óptima para cada actividad del proyecto en la que exista un equilibrio entre el aumento de los costes directos por reducir la duración de la actividad y el aumento de los costes indirectos por aumentar la duración del proyecto.

3.4. DIFERENCIAS DE AMBOS MÉTODOS

PERT se emplea más en proyectos de desarrollo tecnológico o de I+D, donde la duración de las actividades es incierta.

CPM se emplea más en proyectos convencionales, como los de construcción, donde no existe incertidumbre en cuanto a la duración de las actividades.

La principal diferencia entre ambos es la manera en que hacen las estimaciones de tiempo, por lo demás, su metodología era muy similar:

• PERT supone que el tiempo de duración de cada una de las actividades es una variable aleatoria descrita por una distribución de probabilidad.

• CPM dice que los tiempos de las actividades se conocen de forma determinista y se pueden variar modificando el nivel de recursos utilizados.

3.5. PUNTOS EN COMÚN

El CPM es idéntico al PERT en concepto y metodología. La diferencia principal entre ellos es simplemente el método por el cual se realizan las estimaciones de tiempo para las actividades del proyecto:

• Con CPM, los tiempos de las actividades son determinísticos.

• Con PERT, los tiempos de las actividades son probabilísticos.

Ambas metodologías determinan el camino crítico del proyecto (sucesión de actividades que determinan la duración del proyecto):

Si la duración de alguna de las actividades de la ruta crítica se modifica, la duración del proyecto se verá modificada.

- Si una actividad de la ruta crítica se retrasa, el proyecto como un todo se retrasa en la misma cantidad de tiempo como mínimo.
  Si una actividad de la ruta crítica reduce su duración, el proyecto puede reducir su duración.

- Las actividades que no están en la ruta crítica tienen una cierta cantidad de holgura.

  Las holguras permiten que la actividad pueda comenzar más tarde y permitir que el proyecto, como un todo, se mantenga en tiempos. El PERT/CPM identifica estas actividades y la cantidad de tiempo disponible para estos retrasos.

El campo de aplicación de ambas metodologías es muy amplio pero los proyectos deben tener las siguientes características:

- El proyecto debe consistir en un conjunto de tareas bien definidas cuya finalización marcará el final del proyecto.

- Las tareas podrán iniciarse, pararse o finalizarse independientemente unas de otras en una determinada secuencia.

- Las tareas deben estar ordenadas y han de completarse con una determinada secuencia tecnológica.

3.6. ESTIMACIONES DE PERT

PERT supone que las actividades y su relación de precedencia están bien definidas, y permite que haya incertidumbre en determinar su duración. Por ello, el modelo asigna tres duraciones o tiempos para cada actividad:

1. Tiempo más probable (tm)

   Es la estimación de la duración más probable de la actividad (es la que usa CPM).

2. Tiempo pesimista (tp)

   Estimación de la duración de la actividad suponiendo que haya problemas en su ejecución.

3. Tiempo optimista (to)

   Estimación de la duración mínima de la actividad, suponiendo que vaya todo bien y sin problemas.

Los tiempos pesimista y optimista proporcionan una medida de la incertidumbre de la actividad. En esta incertidumbre hay que incluir todos los factores que pueden modificar su duración (disponibilidad de mano de obra, averías, fallos de equipos, etc.).

La distribución del tiempo que supone PERT para una actividad es una distribución beta. Ejemplo de distribución beta:

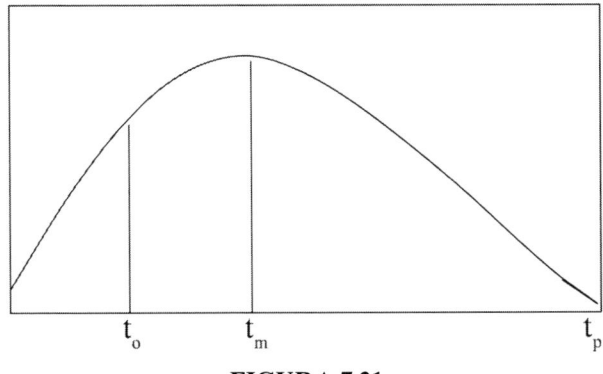

FIGURA 7.21

PERT define como tiempo esperado (te) de una actividad al promedio ponderado de los tres tiempos definidos:

- Asigna la misma probabilidad de ocurrencia al tiempo optimista y al tiempo pesimista.
- Asume que el tiempo más probable tiene 4 veces más probabilidades de ocurrir que los otros dos.
- Su fórmula es:

$$te = to + 4.tm + tp / 6$$

3.7. MEDIDAS DE LA TENDENCIA CENTRAL

Vamos a ver una breve introducción a unos conceptos básicos de estadística para poder calcular la probabilidad de finalizar el proyecto en un tiempo dado, que es, al fin y al cabo, lo que queremos conseguir con la metodología PERT.

Comenzaremos por las medidas de tendencia central que nos ayudan a describir y a manejar una gran cantidad de números con facilidad y rapidez.

¿Qué son estas mediciones? Son mediciones que nos indican el centro de un grupo de números.

Tipos de medidas de tendencia central:

- **Media:**

  Es el sumatorio de los datos dividido entre el número de ocurrencias. Es el "promedio".

- **Moda:**

  Es la categoría más frecuente del conjunto de datos.

  Tanto CPM como PERT emplea la moda como medida central en sus fórmulas.

- **Mediana:**

  Es el caso central o medio, esto es, el valor que tiene el mismo número de casos por arriba que por abajo.

  Cuando el valor esperado de una función de probabilidad está girado hacia un sentido debido al peso de un valor extremo que no puede ser ignorado, emplearemos la mediana como estimación.

  Veamos un ejemplo para comparar estas medidas:

		VALOR	FRECUENCIA	CÁLCULOS
X1		1	1	MODA 3,0
X2		2	1	
X3		2	2	MEDIANA 3,5
X4		3	1	
X5		3	2	MEDIA 3,9
X6		3	3	
X7		3	4	
X8		4	1	
X9		4	2	
X10		4	3	
X11		5	1	
X12		5	2	
X13		6	1	
X14		9	1	

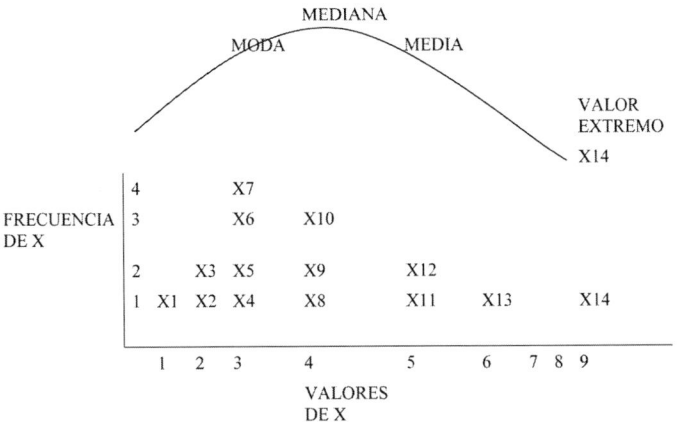

FIGURA 7.22

3.8. MEDIDAS DE DISPERSIÓN

Una vez que sabemos obtener las medidas de la tendencia central (que emplearemos para describir los grupos de números), ahora nos centraremos en saber cómo de buena es la medida, o sea, cómo de bien se adecúa la medida a los números del grupo.

Tenemos:

- **Rango:**

  Es la diferencia entre el caso más alto y el más bajo.

- **Varianza:**

  Es la media de las diferencias al cuadrado. Describe las diferencias entre los casos y la media.

  Es el "promedio" de las diferencias al cuadrado.

- **Desviación estándar (σ)**
  Raíz cuadrada de la varianza. También describe las diferencias entre los casos y la media. Da énfasis a desviaciones grandes de la media.

- **Coeficiente de varianza**
  Es la desviación estándar (σ) dividida por la media y expresada como porcentaje.

Ahora nos es posible condensar la descripción de un conjunto grande de datos en dos medidas: la medida de tendencia central (moda o media) y la de dispersión (desviación estándar o coeficiente de varianza). Nos indican cuál es el centro y cómo de disperso del centro está el conjunto de números.

3.9. PROBABILIDAD DE FINALIZACIÓN DEL PROYECTO CON PERT

La metodología PERT nos determina:

- El tiempo esperado (Te), como mejor estimación para realizar la actividad.

- La fiabilidad de esa estimación, mediante la determinación de la variabilidad de la duración esperada de la actividad (a través de la desviación estándar).

PERT simplifica el cálculo de la desviación estándar y la define como el sexto de la diferencia de los valores extremos. La varianza (V), que es el cuadrado de la desviación estándar (S), será:

$$\text{varianza } Vt_e = (t_p - t_0 / 6)^2$$

$$\text{desviación } Ste = (t_p - t_0) / 6$$

El tiempo esperado del proyecto (Te) es la suma de los tiempos esperados de las actividades que componen el camino crítico. Si hubiera varios caminos críticos, escogeríamos el valor más alto.

De igual modo, la varianza del proyecto será la suma de las varianzas de las actividades que componen el camino crítico. Si hay varios caminos críticos, se tomará la varianza mayor.

La probabilidad P de finalizar el proyecto en un tiempo dado T será de:

$$P = (T - Te) / Ste$$

6	Probabilidad retraso	%	6	Probabilidad retraso	%	6	Probabilidad retraso	%
0,1	0,9204	92,04	1,1	0,2714	27,14	2,1	0,0358	3,58
0,2	0,8414	84,14	1,2	0,2302	23,02	2,2	0,0278	2,78
0,3	0,7642	76,42	1,3	0,1936	19,36	2,3	0,0214	2,14
0,4	0,6892	68,92	1,4	0,1616	16,16	2,4	0,0164	1,64
0,5	0,6170	61,70	1,5	0,1336	13,36	2,5	0,0124	1,24
0,6	0,5486	54,86	1,6	0,1096	10,96	2,6	0,0094	0,94
0,7	0,4840	48,40	1,7	0,0892	8,92	2,7	0,0070	0,70
0,8	0,4238	42,38	1,8	0,0718	7,18	2,8	0,0052	0,52
0,9	0,3682	36,82	1,9	0,0574	5,74	2,9	0,0038	0,38
1,0	0,3174	31,74	2,0	0,0456	4,56	3,0	0,0026	0,26

3.10. EJEMPLO

Nos acabamos de hacer cargo de un proyecto que está en ejecución, y nos han pedido que lo acabemos en 15 días. ¿Qué probabilidades hay de que esto suceda?

Nos han dado como EDT lo siguiente:

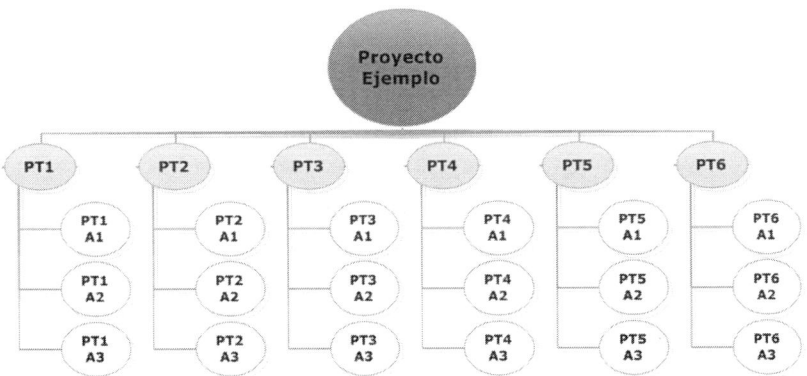

FIGURA 7.23

Todas las tareas tienen una cierta incertidumbre según los expertos.

El diagrama de red de las actividades que tenemos es:

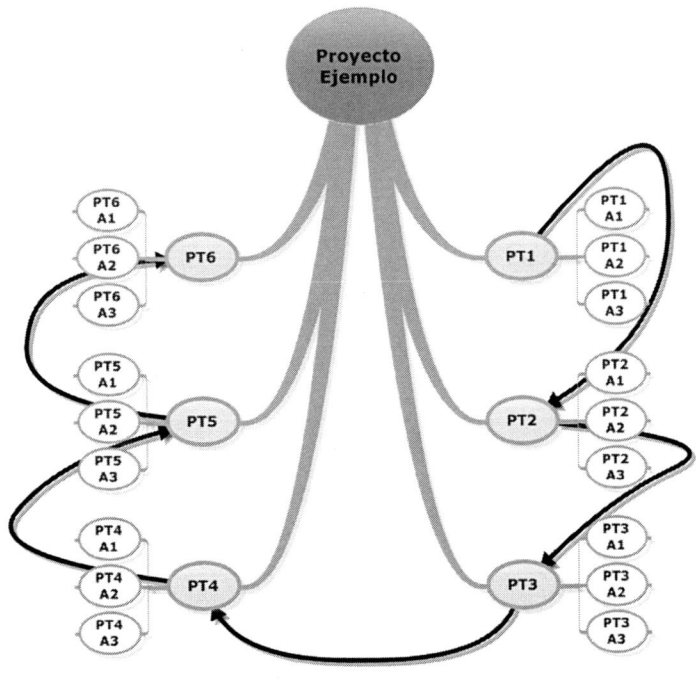

FIGURA 7.24

Las duraciones son las siguientes, teniendo en cuenta:

- Nos han proporcionado los expertos la duración que necesitan para realizarlas en días:

  o 2 horas de jornada: 0,25 días

  o 4 horas de jornada: 0,50 días

  o 6 horas de jornada: 0,75 días

  o 8 horas de jornada: 1 día

- Las que presentan una duración 0 es que ya están hechas de un proyecto anterior y nos sirven tal cual están:

PAQUETE TRABAJO	ACTIVIDAD	VALOR (DÍAS)	COMENTARIO
PT1	A1	OPTIMISTA 0,5	2 h PARA REPASAR
			2 h PARA ACABAR
		+ PROBABLE 1	2 h PARA REPASAR
			4 h PARA ACABAR
			2 h PARA CONTROL
		PESIMISTA 1,5	4 h PARA REPASAR
			4 h PARA ACABAR
			4 h PARA CONTROL
	A2	OPTIMISTA 0,5 + PROBABLE 1 PESIMISTA 2	DESARROLLANDO EL PEOR ESCENARIO
	A3	OPTIMISTA 0,5 + PROBABLE 0,75 PESIMISTA 1	
PT2	A1	OPTIMISTA 0 + PROBABLE 0 PESIMISTA 0	
	A2	OPTIMISTA 0 + PROBABLE 0 PESIMISTA 0	
	A3	OPTIMISTA 0,5 + PROBABLE 0,75 PESIMISTA 1	

PT3	A1	OPTIMISTA 0 + PROBABLE 0 PESIMISTA 0	
	A2	OPTIMISTA 0 + PROBABLE 0 PESIMISTA 0	
	A3	OPTIMISTA 0,5 + PROBABLE 0,75 PESIMISTA 1	
PT4	A1	OPTIMISTA 1 + PROBABLE 2 PESIMISTA 3	
	A2	OPTIMISTA 0,5 + PROBABLE 1 PESIMISTA 2	
	A3	OPTIMISTA 0,5 + PROBABLE 0,75 PESIMISTA 1	
PT5	A1	OPTIMISTA 1 + PROBABLE 2 PESIMISTA 3	

Lo siguiente que hemos realizado es obtener la estimación PERT de cada tarea, su desviación estándar y su varianza para ver el rango en que nos podemos mover:

PAQUETE DE TRABAJO	ACTIVIDAD	VALOR (DÍAS)		COMEN-TARIO	ESTIM-A DO PERT	6	62
PT1	A1	OPTIMISTA	0,5	2h PARA REPASAR 2h PARA ACABAR	1,00	0,17	0,03
		+ PROBABLE	1	2h PARA REPASAR 4h PARA ACABAR 2h PARA CONTROL			
		PESIMISTA	1,5	4h PARA REPASAR 4h PARA ACABAR 4H PARA CONTROL			
	A2	OPTIMISTA + PROBABLE PESIMISTA	0,5 1 2	DESAR ROLLAN DO EL PEOR ES CENARIO	1,08	0,25	0,06
	A3	OPTIMISTA + PROBABLE PESIMISTA	0,5 0,75 1		0,75	0,08	0,01
PT2	A1	OPTIMISTA + PROBABLE PESIMISTA	0 0 0		0,00	0,00	0,00
	A2	OPTIMISTA + PROBABLE PESIMISTA	0 0 0		0,00	0,00	0,00
	A3	OPTIMISTA + PROBABLE PESIMISTA	0,5 0,75 1		0,75	0,08	0,01
PT3	A1	OPTIMISTA + PROBABLE PESIMISTA	0 0 0		2,00 1,08	0,33 0,25	0,11 0,06
	A2	OPTIMISTA + PROBABLE PESIMISTA	0 0 0				

	A3	OPTIMISTA + PROBABLE PESIMISTA	0,5 0,75 1		0,75	0,08	0,01
PT4	A1	OPTIMISTA + PROBABLE PESIMISTA	1 2 3		2,00	0,33	0,11
	A2	OPTIMISTA + PROBABLE PESIMISTA	0,5 0,75 1		1,08	0,25	0,06
	A3	OPTIMISTA + PROBABLE PESIMISTA	0,5 0,75 1		0,75	0,08	0,01
PT5	A1	OPTIMISTA + PROBABLE PESIMISTA	1 2 3		2,00	0,33	0,11
	A2	OPTIMISTA + PROBABLE PESIMISTA	1 2 3		2,00	0,33	0,11
	A3	OPTIMISTA + PROBABLE PESIMISTA	0,5 0,75 1		0,75	0,08	0,01
PT6	A1	OPTIMISTA + PROBABLE PESIMISTA	1 2 3		2,00	0,33	0,11
	A2	OPTIMISTA + PROBABLE PESIMISTA	2 3 5		3,17	0,50	0,25
	A3	OPTIMISTA + PROBABLE PESIMISTA	0,5 0,75 1		0,75	0,08	0,01
					18,83 21,66 16,00	0,94	0,89

Los resultados nos indican que la mejor estimación que tenemos para la duración del proyecto es que va a durar 18,8 días con estos rangos:

	– 3 σ		+3 σ	
16,0	<-------->	18,8	<-------->	21,7

O sea, tenemos un 100% de probabilidades de acabar en 18,8 días y un 0% de probabilidades de acabarlo en 15 días (está fuera del rango).

Veamos otros datos aplicando la fórmula de averiguar la probabilidad P de finalizar el proyecto en un tiempo dado T. Sabemos por haber trabajado con la distribución normal que:

$Z = (T - Te) / Ste$

Una vez obtenido el valor de z, nos iremos a la tabla de la distribución normal y calcularemos el valor de la probabilidad. Para nuestro ejemplo, los cálculos los haremos con 2 decimales.

T propuesto	Valor de z	Probabilidad
15	−4,04	0 %
16	−2,97	0,3 %
17	−1,91	5 %
18	−0,85	39,53 %
18,7	−0,10	92 %
18,9	0,10	92 %
19	0,21	83,37 %
20	1,27	20 %
21	2,34	1,93 %
22	3,4	0,07 %

Tenemos que tener en cuenta que dado que el valor más probable es **Te**, tenemos que utilizar un modelo de Distribución Normal Tipificado del tipo:

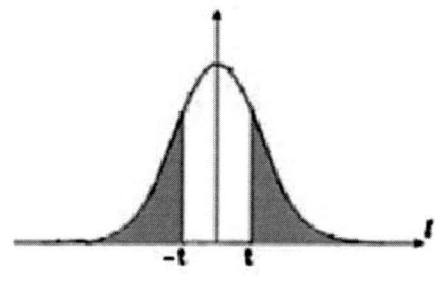

FIGURA 7.25

En este gráfico, t = z. Como vemos, a medida que nos vamos alejando del valor más probable, la probabilidad (el área representada en color gris) es menor.

4. EL VALOR ESPERADO DEL PROYECTO

Es una de las herramientas para determinar cuánto costará el proyecto o cuánto tiempo llevará.

Es el producto de la Probabilidad por el Impacto de que ocurra ese resultado.

EV = Probabilidad Impacto

Ejemplo:

Tarea	Probabilidad	Impacto	Valor Esperado
1	10 %	1.000 €	100 €
2	40 %	3.500 €	1.400 €
3	80 %	800 €	640 €

5. LA SIMULACIÓN DE MONTE CARLO

Análisis "¿Qué pasa si...?": la técnica más común para hacer este tipo de simulaciones es la del análisis de Monte Carlo, que veremos en esta sección más adelante.

También se usa frecuentemente en el análisis de riesgos. Esta simulación realiza el proyecto muchas veces y usa el Diagrama de Red y las estimaciones del PERT para dar estimaciones de los resultados de coste y plazo. Indica el riesgo del proyecto y de cada tarea dando un porcentaje de probabilidad de que las tareas estén en el Camino Crítico.

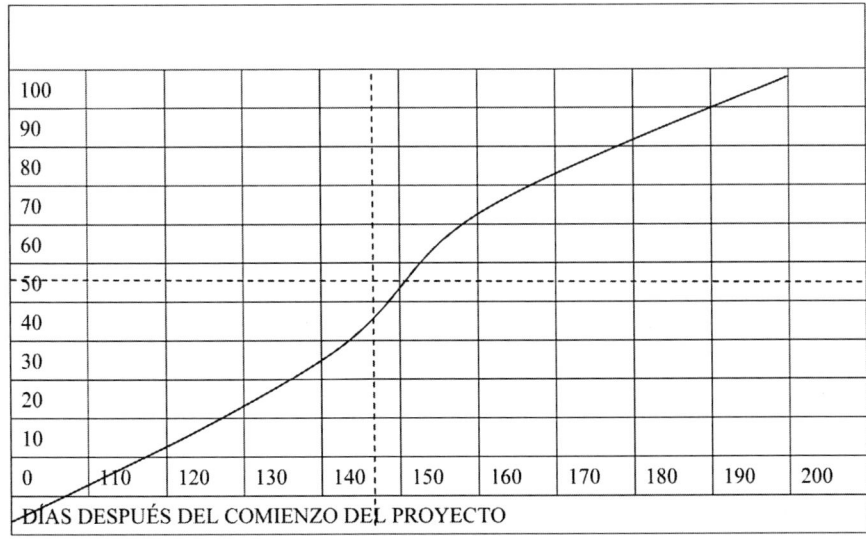

FIGURA 7.26

Esta curva de la S muestra la probabilidad acumulada de terminar el proyecto en una fecha dada.

Por ejemplo, la intersección de las líneas de puntos señala que la probabilidad de que el proyecto sea terminado a los 145 días de su comienzo es de un 50 %.

Las fechas de una terminación del proyecto de la izquierda cuatro tienen un alto riesgo, mientras que las de la derecha tienen un bajo riesgo.

Cuando varios caminos en un Diagrama de Red convergen en una tarea, esta tarea tiene más riesgo que si se considera de forma aislada.

El riesgo más típico es el error en la estimación de duración de las actividades.

6. SALIDAS

- **Análisis probabilístico del proyecto**

Se realizan estimaciones de los posibles resultados del cronograma y los costes del proyecto, listando las fechas de conclusión y costes posibles con sus niveles de confianza asociados.

Esta salida, normalmente expresada como una distribución acumulativa, se usa con las tolerancias al riesgo de los *stakeholders* para permitir la cuantificación de las reservas para contingencias de coste y tiempo. Dichas reservas para contingencias son necesarias para reducir el riesgo de desviación de los objetivos del proyecto establecidos a un nivel aceptable para la organización.

- **Probabilidad de lograr los objetivos de coste y tiempo**

Por ejemplo, en la Figura de más abajo, las probabilidades son del 12 %.

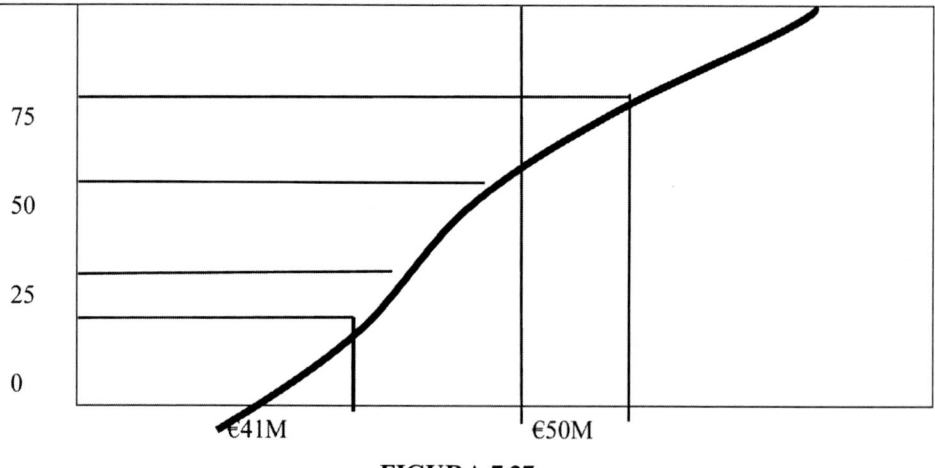

FIGURA 7.27

Con los riesgos que afronta el proyecto, la probabilidad de lograr los objetivos del proyecto bajo el plan en curso puede estimarse usando los resultados del análisis cuantitativo de riesgos.

- **Lista priorizada de riesgos cuantificados**

Esta lista de riesgos incluye aquellos riesgos que representan la mayor amenaza o presentan la mayor oportunidad para el proyecto. Se incluyen los riesgos que requieren la mayor contingencia de costes y aquellos que tienen más probabilidad de influir sobre el camino crítico.

- **Tendencias en los resultados del análisis cuantitativo de riesgos**

A medida que se repite el análisis, puede hacerse evidente una tendencia que lleve a conclusiones que afecten a las respuestas a los riesgos.

8. PLANIFICACIÓN DE LA RESPUESTA A LOS RIESGOS

1. INTRODUCCIÓN

La planificación de la respuesta a los riesgos quiere ofrecer opciones y acciones para incrementar las oportunidades y reducir las amenazas a los objetivos del proyecto.

Hay que tratar los riesgos según su prioridad, introduciendo recursos y actividades en el cronograma y/o en el presupuesto del proyecto.

Esta planificación de respuesta al riesgo debe estar acorde con la probabilidad y la severidad (impacto) del riesgo. Cuanto mayor sea el Valor Esperado (EV) de un riesgo, más agresiva debe ser la respuesta que se planifique para atacar a dicho riesgo.

El coste del plan de respuesta al riesgo debe ser un coste efectivo en relación con su EV, o sea, debe ser coherente con la importancia del riesgo. Con frecuencia, es necesario seleccionar la mejor respuesta al riesgo entre varias opciones.

Otras características a tener en cuenta, de las respuestas a los riesgos, son:

- Deben estar a cargo de una persona responsable.
- Deben ser realistas dentro del contexto del proyecto.
- Deben ser aplicadas a su debido tiempo.
- Deben estar acordadas por todas las partes implicadas.

2. ESTRATEGIAS

Hay diferentes estrategias de respuesta a los riesgos, y para cada riesgo elegiremos aquella estrategia, o combinación de estrategias, que estimemos que tiene mayor probabilidad de éxito.

Los tipos de estrategias dependerán de si es una amenaza (o riesgo negativo) o si es una oportunidad (riesgo positivo).

2.1. *PARA LOS RIESGOS NEGATIVOS*

Por ejemplo: vamos a hacer un viaje largo con nuestro coche. El riesgo es que nos deje tirado durante el viaje y no podamos llegar a nuestro destino. Veamos cómo serían las opciones de nuestra estrategia.

- **MITIGAR**

¿Qué es mitigar un riesgo? Es reducir la probabilidad y/o las consecuencias de este.

El responsable de cada riesgo propondrá los planes que crea necesario para la mitigación de su riesgo.

Los planes de mitigación pueden ser de 2 tipos:

o **Planes de acciones preventivas**

Destinados fundamentalmente a disminuir o a eliminar la probabilidad de que el riesgo negativo ocurra.

o **Planes con acciones reactivas**

Se ejecutan una vez ocurrido el riesgo negativo para minimizar su impacto (efecto).

 En nuestro ejemplo: si queremos reducir las probabilidades de que ocurra el riesgo, llevamos el coche al taller para hacerle una revisión general y ponerlo a punto.

Donde no es posible reducir la probabilidad, una respuesta de mitigación puede tratar el impacto del riesgo.

En nuestro ejemplo: nos hacemos socio de una asociación automovilista que nos atienda en carretera, lo arregle y nos permita proseguir el viaje. Y llevamos el móvil cargado para comunicarnos con el teléfono de asistencia.

- **EVITAR**

Eliminar la amenaza eliminando la causa.

En nuestro ejemplo: no usar nuestro coche para hacer el largo viaje. Utilizaremos el tren, autobús, avión o un transporte alternativo.

- **TRANSFERIR**

Hacer que un tercero se responsabilice del riesgo mediante seguros, garantías o subcontrataciones.

En nuestro ejemplo: si no consiguen arreglar el coche in situ, que nos permitan trasladarnos al destino por un transporte alternativo y nos lleven allí el coche una vez reparado.

2.2. *PARA LOS RIESGOS POSITIVOS*

- **MEJORAR**

Se pretende aumentar la probabilidad y/o los impactos positivos de la oportunidad.

Por ejemplo: vamos de pesca. Si empleamos cebo vivo en el anzuelo (en vez de no usar nada), hay más probabilidad de que piquen los peces.

- **EXPORTAR**

Generalmente implica asignar recursos más experimentados a la tarea para reducir su tiempo o para dar una mayor calidad.

Por ejemplo: para probar el entregable de la tarea empleamos a los técnicos más cualificados en crear test de su funcionalidad, para conseguir sacar la mayor cantidad de errores antes de su entrega.

- **COMPARTIR**

Es asignar la tarea a un tercero que está más capacitado que nosotros.

Por ejemplo: si hacemos la entrega de un trabajo una semana antes de lo planeado, recibiremos una prima de nuestro cliente. Usamos a un proveedor nuestro que es especialista en la tarea, para cumplir ese objetivo.

2.3. *COMÚN PARA AMENAZAS Y OPORTUNIDADES*

Aceptación

No hacer nada.

En nuestro ejemplo de amenaza (viaje en nuestro coche): cogemos nuestro coche tal cual está y nos ponemos de viaje. Dios proveerá.

La técnica de aceptación indica que el equipo de proyecto ha decidido no cambiar el plan del proyecto para tratar el riesgo.

o   La aceptación *activa* puede incluir el desarrollo de un plan de contingencia para ser ejecutado si el riesgo ocurre.

o La aceptación *pasiva* no requiere acción alguna, dejando en manos del equipo del proyecto la gestión del riesgo si este ocurre.

3. DIAGRAMA DE FLUJO PARA LAS ESTRATEGIAS DE AMENAZAS

Resumiendo, la relación entre las estrategias para las amenazas sería:

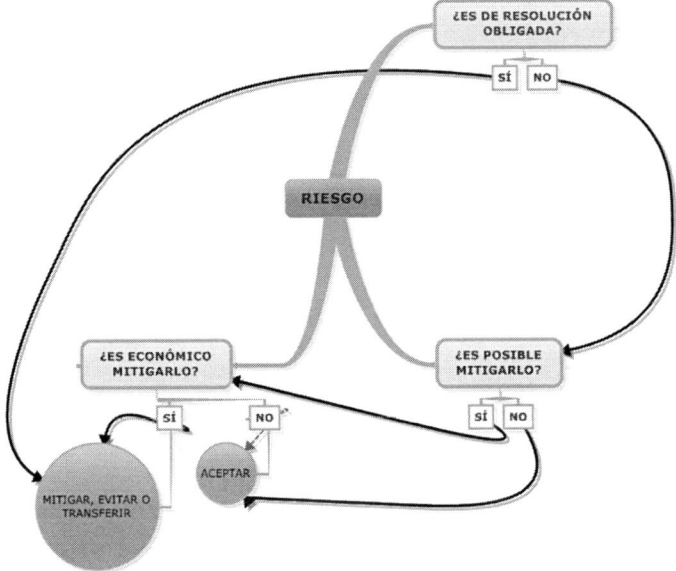

FIGURA 7.28

4. SIGUIENTES PASOS

1. Una vez establecidas las estrategia/s para tratar el riesgo, el siguiente paso es desarrollar las acciones específicas para implementar dicha estrategia.
En nuestro ejemplo de amenaza (viaje en nuestro coche): sería el ir al RACE o RACC o ADA a hacernos socios para atención en carretera y traslado, en caso necesario, a donde vayamos, por medio alternativo que nos proporcionen.

Podemos clasificar las estrategias en:

* **Principales**

* **De refuerzo**

En nuestro ejemplo de amenaza (viaje en nuestro coche): la estrategia principal sería hacernos socios y la de refuerzo sería llevarlo al taller unos días antes de salir.

2. Lo siguiente será crear un plan de reserva que será ejecutado si la estrategia seleccionada no resulta ser totalmente efectiva o si se produce un riesgo aceptado.

En nuestro ejemplo de amenaza (viaje en nuestro coche): el móvil con el que nos íbamos a comunicar con el teléfono de asistencia no tiene carga, se nos rompe (se nos cayó de las manos con los nervios), o no hay cobertura. El plan de reserva sería:

- Llevar otro móvil: valdría el de tu acompañante asegurándonos de que funciona y está cargado.

- Para el problema de no tener cobertura:

    o Planificar el viaje para ir por autovía (tienen poste de ayuda en carretera).

    o Intentar parar a un par de vehículos para que avisen a la Guardia Civil y nos manden ayuda.

3. A menudo, se asigna una reserva para ejecutar acciones relativas a riesgos que influyan en el tiempo y/o el coste del proyecto.

4. Finalmente, pueden desarrollarse planes para contingencias (ver el siguiente punto de Acciones Correctivas), junto con la identificación de las condiciones que disparan su ejecución (disparadores o *triggers*).

5. ACCIONES CORRECTIVAS

Si el riesgo se materializa tenemos que reaccionar para atajarlo (era una amenaza) o aprovecharlo (era una oportunidad).

Tenemos dos posibilidades:

1. Los planes para contingencias
Es el plan que tenemos como reacción a la materialización de un riesgo.

Una condición que deben cumplir es que ha tenido que ser probado con anterioridad a su ejecución (con el coste asociado que conlleva).

En nuestro ejemplo de amenaza (viaje en nuestro coche):

- Sería tener a mano el teléfono de asistencia en carretera para comunicarnos con la asociación a través de nuestro móvil.

- Cumplir con la legislación: ponernos el chaleco y situar los triángulos de avería en la carretera.

- Intentar localizar el punto kilométrico o dar un hito lo más característico posible (¿llevar un GPS?).

- Comunicarnos con la operadora y esperar a que lleguen.

- Si la avería:

    o   Es pequeña: que lo arreglen in situ.

    o   Es grande y podemos retrasar nuestra llegada hasta que lo arreglen: que nos remolquen al taller más cercano para que lo reparen. Hotel y otros gastos correrían a cuenta de la asociación de la que somos socios.

    o   Es grande y no podemos retrasarnos: nos lleven a nuestro destino y al coche lo remolquen también allí para repararlo.

2.   Los planes de soluciones alternativas (*workaround*)

Son respuestas no planificadas inicialmente, pero que son necesarias para tratar los riesgos emergentes no identificados previamente o aceptados de forma pasiva (vamos, que nos pilló el toro).

Se distingue del plan para contingencias en que no son una solución alternativa planificada de forma anticipada a la materialización de riesgo.

Aquellas soluciones que se tuvieron que llevar a la práctica, y funcionaron, pasan a ser planes de contingencia de la organización para ese riesgo.

6. EJEMPLO

Supongamos que nuestro proyecto incluye, entre otros productos y servicios, la entrega de equipos. Para ello vamos a mantener una cierta cantidad de este equipamiento en un almacén hasta su instalación.

6.1. *IDENTIFICACIÓN Y VALORACIÓN*

El equipo de proyecto identifica para esta tarea, entre otros riesgos negativos, el de incendio del almacén y el deterioro de los equipos.

Se valoró su prioridad como máxima, así que vamos a establecer estrategias para acometerlo y un plan de contingencia.

6.2. *ESTRATEGIAS*

Como estrategia de respuesta al riesgo, vamos a usar (1) un almacén con detectores y aspersores contra incendios en el techo del almacén, y (2) a contratar una póliza de seguro.

- El primero es un ejemplo de estrategia de mitigación de riesgos sobre la probabilidad y el impacto: reduzco las probabilidades de que suceda y las consecuencias negativas de un posible incendio.

- El segundo es un ejemplo de transferencia: cobrar una indemnización en el caso de pérdida de los equipos.

Ambas estrategias pueden ser razonables para nuestra empresa desde un punto de vista económico, pero no para nuestro proyecto pues los equipos no estarán disponibles cuando se necesitan.

Una estrategia de respuesta al riesgo más adecuada sería, por ejemplo, acordar con el proveedor un canal de aprovisionamiento de urgencia, con precio primado en caso de incendio. Este sería un ejemplo de estrategia de aceptación activa.

Imaginemos que estimamos que la probabilidad de que ocurra un incendio mientras nuestros equipos permanecen en el almacén es del 1 %, lo cual nos causaría una pérdida de 100.000 €.

Hasta ahora hemos descrito 3 posibles respuestas:

1. **Elección de un almacén distinto al planificado, que posea medidas contra incendios.**
Supongamos que el incremento del precio de este nuevo almacén es de 500€ (mitigación).

2. **Contratación de un seguro.**
El precio de la póliza es de 1.500 € (transferencia)

3. **Incluir en el contrato con nuestro suministrador un canal de aprovisionamiento de urgencia.**

El coste adicional es de 600 € (aceptación con plan de contingencia).

Por separado, cada una de estas respuestas resulta insuficiente, pero de forma conjunta resultan muy completas:

- Con la 1a medida conseguimos reducir la probabilidad/impacto de un incendio.

- En caso de que finalmente se produjese un incendio y se dañaran todos o parte de los equipos, si hemos adoptado también la 2a medida, reducimos o anulamos el impacto económico por la recompra de los equipos.

- Finalmente, con la 3ª opción conseguiremos eliminar los perjuicios económicos y de reputación al evitar/minimizar el retraso en la entrega a nuestros clientes.

6.3. EMPLEO DEL EV

En resumen, este conjunto de respuestas es altamente efectivo, pero ¿cómo son de eficientes?

Vamos a recurrir al concepto del Valor Esperado (EV = Probabilidad Impacto), para saberlo.

1. Respecto al coste del seguro

El coste del seguro (1.500 €) excede al Valor Esperado (1.000 €), por lo que esta medida no es eficiente teniendo en cuenta solamente este criterio.

$$\text{EV} = 0{,}01 \times 100.000\ € = 1000\ €$$

Sin embargo, también hay que considerar si nuestra organización podría afrontar el coste económico (100.000 €) por la pérdida de los equipos si se produce realmente el incendio. Esto es, tenemos que conocer la actitud ante el riesgo de los *stakeholders*, en concreto, de nuestra organización:

- ¿Resultaría aceptable aumentar el presupuesto de nuestro proyecto para protegernos en el caso eventual de que el suceso de riesgo tenga lugar?

- ¿Podemos aceptar la pérdida producida?

2. Respecto a usar otro almacén

La opción A tiene un coste inferior al EV, ¿resulta eficiente en costes esta medida comparándola con la reducción en el EV del riesgo?

Supongamos, para nuestro ejemplo, que la nueva probabilidad de que ocurra un incendio que acabe con todos los equipos sea del 0,75 % en el almacén con los dispositivos de seguridad. Tenemos los resultados siguientes:

Tipo de almacén	EV = Prob × 100.000 €	Coste adicional	Coste total
Sin medidas contra incendios (P=1%)	1.000 €	0 €	1.000 €
Con medidas contra incendios (P=0,75 %)	750 €	500 €	1.250 €

Si seguimos este criterio, la opción de contratar un almacén con medidas contra incendios es eficiente, en términos de coste, si conseguimos bajar la probabilidad por debajo del 0,50 %:

$$0,005 \times 100.000 + 500 = 1000$$

Por otro lado, también tendríamos que averiguar si la compañía aseguradora nos ofrecería una prima más barata, en caso de que contratáramos un almacén con medidas contra incendios

7. ACTUALIZACIÓN DEL PRESUPUESTO DEL PROYECTO

Veamos cómo debemos realizarlo para incorporar el coste de los riesgos al presupuesto del proyecto. El objetivo es proporcionar al proyecto los recursos materiales y humanos necesarios para asegurar el cumplimiento de las actividades y estrategias acordadas en el plan de respuesta al riesgo.

Os recomendamos que volváis a leer en el módulo de costes el punto: "Obtener el presupuesto final".

La actualización debe asignarse a las distintas partidas del presupuesto atendiendo a los siguientes principios:

• Generalmente, las acciones definidas bajo las estrategias de mitigar, evitar y transferir, requieren de actividades concretas y definitivas.

Son tareas que hemos acordado realizar y formarán parte de nuestro plan principal de acción, por tanto, las incluiremos en nuestra EDT (o en la lista de actividades), les asignaremos responsables, las incluiremos en el cronograma y tendrán un coste estimado.

Serán presupuestadas dentro de la línea base del presupuesto y, por lo tanto, no formarán parte de los fondos de contingencias (ver en el módulo de costes el punto "Obtener el presupuesto final").

• Si consideramos necesario definir (y probar) un plan de contingencia, sus tareas han de ser estimadas en tiempo y costes.

Estos costes y tiempos adicionales y necesarios al plan del proyecto no pueden formar parte de la línea base de este, pues no estamos seguros de si serán o no utilizados.

Sin embargo, sí debemos tenerlos en cuenta dentro del presupuesto del proyecto, incluyéndolos como fondo de contingencias (sería lo que definimos como fondo de contingencias derivadas del análisis de riesgos del proyecto).

La actuación, si el evento de riesgo sucede, sería modificar la línea base del presupuesto y los planes del proyecto (cronograma, RAM, plan de recursos, etc.), para incluir las tareas del plan de contingencia. Ello permitirá poder hacer el seguimiento del proyecto con total control. De otro modo tendríamos los datos de control y seguimiento falseados y estaríamos usando un plan obsoleto.

- Además del coste y tiempo adicionales que requieren los planes de contingencia, los fondos de contingencia necesitarán incrementarse para poder hacer frente a:

  o **Riesgos residuales o de aceptación pasiva:** son riesgos para los cuales no hemos preparado respuestas.

  o **Riesgos secundarios:** son riesgos que surgirán al implementar los planes de respuesta al riesgo.

- Por último, hay que tener presente que a pesar de nuestro esfuerzo por identificar todos los riesgos posibles, siempre nos quedarán:

  o Otros riesgos que no hemos llegado a identificar.

  o Riesgos identificados que hoy no son significativos pero que en el futuro pueden convertirse en severos.

Para cubrir estos dos tipos de riesgos, definimos el fondo de contingencias de reservas de gestión. El equipo de proyecto ha de evaluar, con la información disponible, el tamaño que añadir a esta reserva de gestión. Normalmente se calcula como un porcentaje del coste total del presupuesto, entre un 5 % y un 10 % de este.

Por último, no olvidemos planificar y presupuestar todas las actividades necesarias para la gestión de riesgos en el proyecto. Evidentemente el coste necesario formará parte de la línea base del proyecto.

9. SEGUIMIENTO Y CONTROL DE RIESGOS

1. INTRODUCCIÓN

En esta etapa, cuando ocurran los eventos de riesgos y se produzcan los cambios, nuestras tareas serán:

- Ejecutar y actualizar el Plan de Respuesta a Riesgos.
- Replanificar y repetir los pasos de las etapas anteriores.

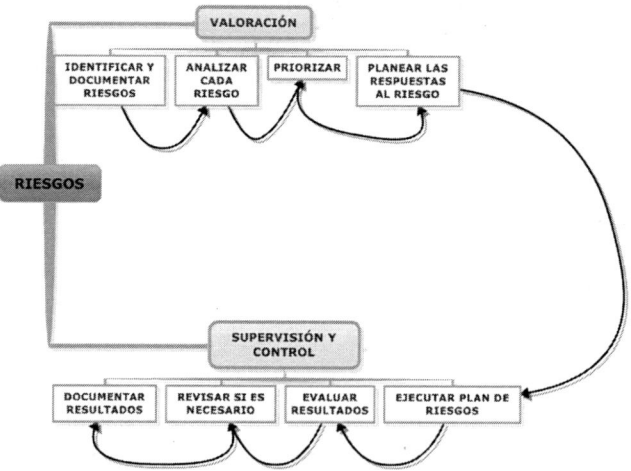

FIGURA 7.29

El seguimiento y control de los riesgos del proyecto estará a cargo de los responsables (propietarios) de los riesgos. Aunque debe quedar claro que es un asunto de todo el equipo. Y el responsable último es el jefe del proyecto.

La supervisión y el control de riesgos registrarán los cambios en las métricas asociadas a los riesgos. Es un proceso que se realiza durante todo el ciclo de vida del proyecto puesto que los riesgos cambian a medida que el proyecto madura: nuevos riesgos aparecen o riesgos previstos desaparecen.

Esta etapa puede también incluir la generación de las siguientes acciones:

* Acciones correctivas

Llevar a cabo las acciones del plan de contingencia o de las soluciones alternativas (respuestas no planificadas a la ocurrencia de riesgos que fueron aceptados o no identificados).

* Solicitud de cambio al Plan de Proyecto

2. OBJETIVOS DE ESTA ETAPA

El propósito de supervisar los riesgos es comprobar si:

* Las respuestas a los riesgos han sido implementadas como fueron planeadas.

* Las acciones de respuestas a los riesgos son tan efectivas como se esperaba o si se deben desarrollar nuevas respuestas.

* Las hipótesis del proyecto son aún válidas.

* Un disparador de riesgo ha ocurrido.

* Realizar las acciones necesarias para hacer que el consumo del presupuesto de riesgo del proyecto sea mínimo

3. LAS REUNIONES DE RIESGOS

Los riesgos (incluidos los no críticos) deben documentarse y revisarse periódicamente y uno de los temas más importantes para tratar en las reuniones de proyecto es el riesgo.

Durante la fase de ejecución, los riesgos no críticos deben monitorizarse para detectar si se vuelven más importantes: las sorpresas no se pueden gestionar, las malas noticias sí (adecuadamente en el ámbito del proyecto).

La etapa de supervisión y control toma más importancia en la medida en que el proyecto es más complejo, hay que gestionar más recursos, hay varias fases, hay un número creciente de legislaciones aplicables, el mercado cambia, el alcance no está fijado... Todos estos factores son indicadores de la incertidumbre del proyecto y por lo tanto de que algo imprevisto tiene muchas probabilidades de ocurrir.

Ejemplo de Plan de Gestión de Riesgo

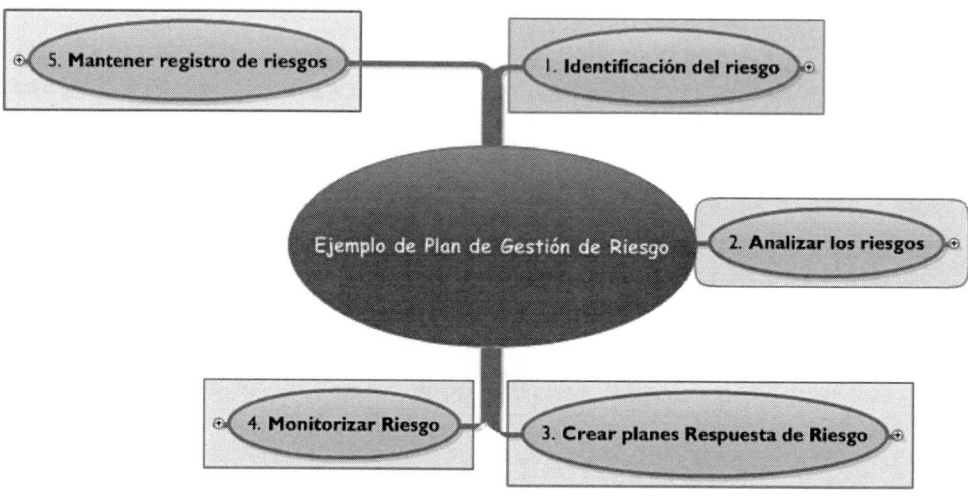

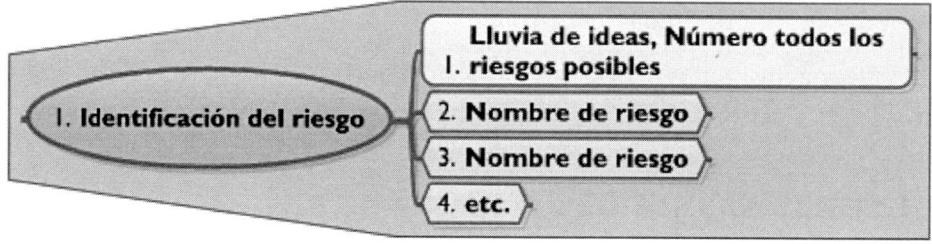

1. Analizar los riesgos
Utilice marcadores mapa para clasificar en una escala de 1-5
Nombre de riesgo
Descripción detallada
Probabilidad
Impacto
Costo
Alcance
Horario
Otro
Nombre de riesgo
Descripción detallada
Probabilidad
Impacto
Costo
Alcance
Horario
Otro
Etcétera

1. Crear planes Respuesta de Riesgo
Crear planes para riesgos más probables o mayores impactos de riesgos
Nombre de riesgo
Descripción detallada
Probabilidad
Impacto
Costo
Alcance
Horario
Otro
Plan de Respuesta
Riesgo Propietario
Respuesta Crear planes de Riesgo

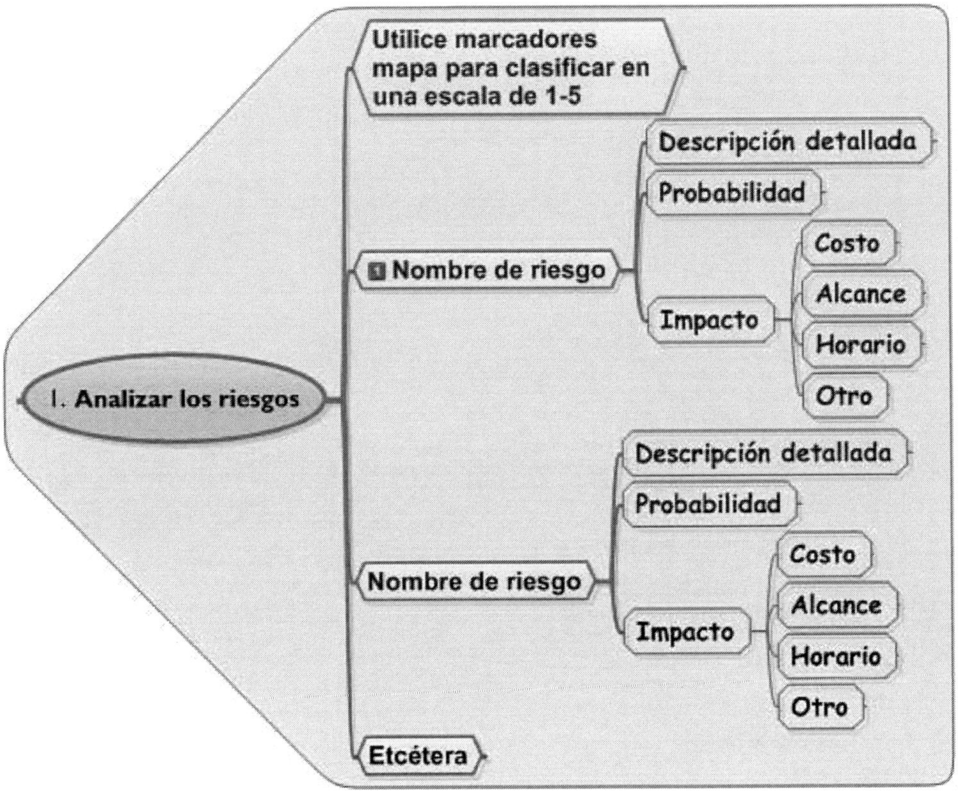

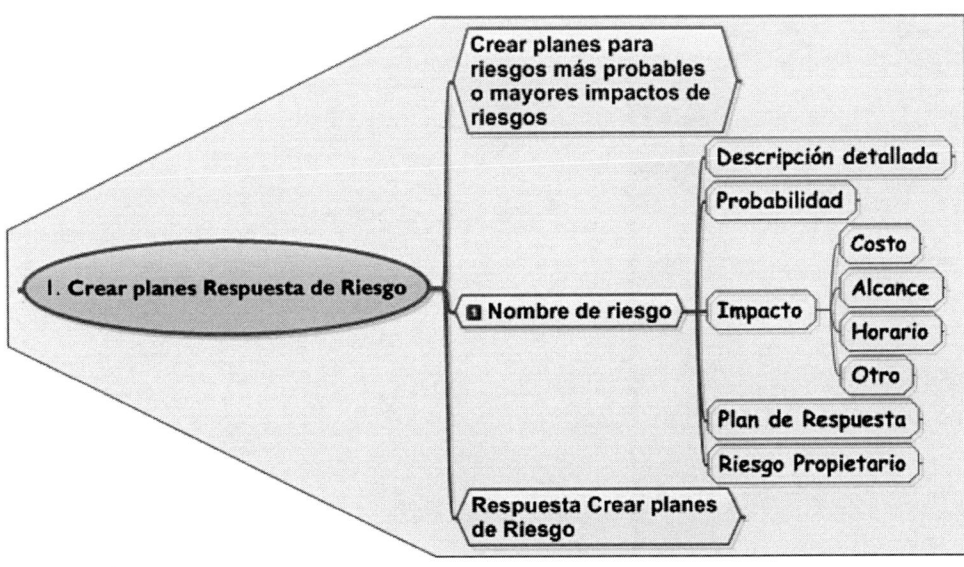

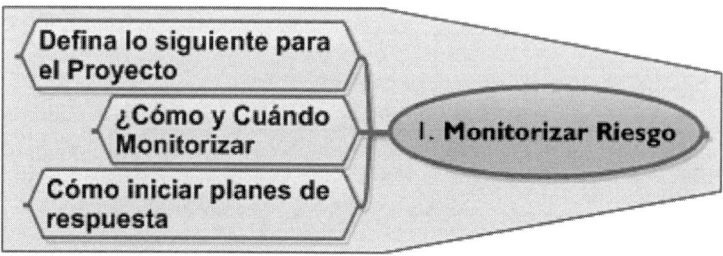

Defina lo siguiente para el Proyecto

¿Cómo y Cuándo Monitorizar

Cómo iniciar planes de respuesta

I. Monitorizar Riesgo

Mantener y revisar las reuniones de equipo

¿Qué eventos de riesgo se han producido

¿Cuál es la respuesta

¿Quién es responsable

¿Cuál fue el resultado

I. Mantener registro de riesgos

Módulo 8 Gestión de la Calidad

La única amenaza es la inercia.

San Juan Persa

1. INTRODUCCIÓN

1. INTRODUCCIÓN

La calidad se recuerda mucho tiempo después de que el precio se haya olvidado. William Royce.

La calidad es uno de los factores críticos del éxito de un proyecto y uno de los principios de la gestión moderna de proyectos.

Veamos qué es y cómo podemos definirla en la unidad 1, y cómo se gestiona en la unidad 2.

También veremos cómo se relaciona la calidad del proyecto con la gestión de riesgos, los requisitos del proyecto y las expectativas del cliente.

1.1. OBJETIVO DEL MÓDULO

- Conocer la diferencia entre Calidad y Grado de Calidad.
- La necesidad de identificar los estándares de calidad relevantes del proyecto para poder evaluar la ejecución de manera regular.
- Verificar los resultados específicos del proyecto para determinar si cumple los estándares especificados.
- Enunciar las características y usos de las principales herramientas de Calidad.
- Comparar las ventajas e inconvenientes de trabajar preventivamente frente a trabajar reactivamente

1.2. CONCEPTOS BÁSICOS

- **1.2.1. La calidad**
- **1.2.2. El grado de calidad**

1.2.1. LA CALIDAD

Calidad son todas aquellas características de una entidad (producto, servicio o resultado) que dan la aptitud para satisfacer las necesidades, tanto las establecidas como las implícitas.

La gestión de la calidad del proyecto incluye los procesos requeridos para asegurar que el proyecto satisfará las necesidades por las cuales fue emprendido.

1.2.2. EL GRADO DE CALIDAD

Calidad y grado de calidad son dos conceptos distintos:

El grado de calidad es una categoría o escala que se utiliza para distinguir elementos que tienen el mismo uso funcional pero que no comparten los mismos requisitos de calidad (diferentes características técnicas).

Ejemplo: Pensemos en dos tuberías, una para llevar el agua a presión y caliente a través del saneamiento de su casa, y otra para llevar agua a presión dentro de un reactor de una central nuclear y convertirse en vapor para mover una turbina y producir energía eléctrica.

Estas dos tuberías serán de muy buena calidad en cuanto que dan el uso para el que fueron concebidas, pero el nivel de especificaciones que deben cumplir las dos es completamente diferente.

La primera, la tubería de nuestro hogar, es de menos grado de calidad que la tubería de la central nuclear.

Baja calidad es siempre un problema; bajo grado puede no serlo.

2. LOS PIONEROS DE LA CALIDAD Y SU ENFOQUE

1. LOS PIONEROS DE LA CALIDAD Y SU ENFOQUE

Vamos a echar un breve vistazo a varias definiciones de calidad a través de varios pioneros de la gestión moderna de calidad.

2. W. EDWARDS DEMING

Deming define la calidad como un grado predecible y constante de uniformidad y fiabilidad a un bajo coste y conveniente para el mercado.

Según Deming, la mejora de la calidad continua es la estrategia imprescindible para sobrevivir en el mercado moderno, ganar beneficios y asegurar los empleos. Una empresa tiene que tener constancia en su propósito de mejorar sus productos o servicios.

Argumenta que las actividades de la calidad no causan una disminución de la productividad, sino todo lo contrario, pues al mejorar la calidad, el proceso de producción será más eficaz, con costes más bajos porque habrá menos reprocesos y desperdicios.

2.1. EL CICLO PDCA

Concibió el proceso del ciclo iterativo que se conoce como el ciclo PDCA de Deming o Shewhart:

P : Plan (Planificar): establecer los planes
D : Do (Implementar): llevar a cabo los planes
C : Check (Verificar): verificar si los resultados concuerdan con lo planeado
A : Act (Actuar): actuar para corregir los problemas encontrados y mejorar continuamente el desempeño

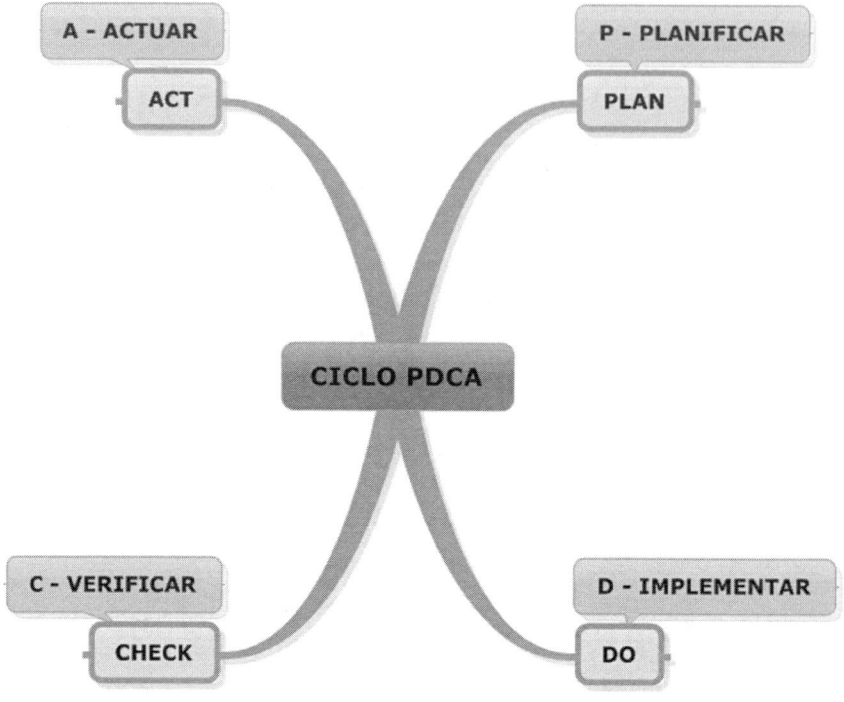

FIGURA 8.1

Una empresa tiene que recorrer este ciclo continuamente para que vaya mejorando continuamente la calidad de sus productos o servicios y la eficacia y eficiencia de sus procesos. Cuando esto ocurre la empresa entra en la espiral de la calidad ascendente que a largo plazo garantiza la producción de los mejores productos a un coste más bajo.

2.2. *CARACTERÍSTICAS DESTACABLES DE SU FILOSOFÍA*

• La filosofía de Deming con respecto a la calidad está centrada en la aplicación de técnicas estadísticas para reducir la variabilidad o margen de error de los procesos: la menor variabilidad, la mayor calidad.

• El control estadístico es la alternativa económica a la inspección en masa costosa e ineficaz.

• Otro argumento contra las inspecciones es que esta última se realiza una vez finalizado el proceso, con lo cual la buena o mala calidad ya está en el producto. Y realizar más inspecciones no garantiza la calidad.

• La mayoría de los errores y defectos son el resultado de malos sistemas, no de malos operarios. Por eso vale más invertir en acciones preventivas que inspecciones.

- Deming opina que el 85 % de los problemas de calidad son controlables por los directivos y no por los trabajadores.

- Tipos de **no** conformidades:

  o Las que pueden ser controladas por los trabajadores.

Son identificables con un individuo, lote o máquina concreta. Normalmente se trata de errores puntuales no sistemáticos.

  o Las que pueden ser controlados por la Dirección.

Son aquellas que no pueden ser evitadas por los trabajadores pues son el resultado de procesos de diseño, fabricación, recepción o entrega inadecuados, falta de recursos o formación, o malas condiciones de trabajo.

Estas causas sistemáticas solo pueden ser corregidas por los directivos invirtiendo en recursos suficientes o acciones preventivas como mejora de procesos, formación y creación de un ambiente que fomenta la calidad.

Por eso el compromiso y liderazgo de la dirección para la calidad y la mejora continua es imprescindible.

Para lograr una mejora de la calidad significativa hace falta eliminar las causas de ambos tipos de errores. Con el control estadístico del proceso y otras técnicas estadísticas se puede distinguir entre ambos tipos de causa y encontrar la forma de eliminarlas. El uso de estas técnicas es algo imprescindible para Deming.

- Otra observación de Deming es la necesidad de un sistema de gestión. Se denomina sistema al conjunto de todos los procesos interrelacionados que una empresa lleva a cabo para realizar sus actividades. Cuando una empresa tiene el enfoque del sistema para la gestión, esta es capaz de identificar, entender y gestionar todos los procesos como un sistema interrelacionado, de forma que comprende entonces cómo los fallos en un parte del sistema afectan a la calidad final del producto o servicio.

2.3. *PENSAMIENTO DESCRITO POR 14 PUNTOS*

- Crear constancia en los propósitos
- Adoptar una nueva filosofía
- Terminar con la práctica de comprar a los más bajos precios
- Establecer liderazgo
- Eliminar mensajes vacíos
- Eliminar cuotas numéricas

- Establecer entrenamiento dentro del trabajo
- Desechar temores
- Romper barreras entre departamentos
- Tomar acciones para lograr la transformación
- Mejorar constantemente el proceso de producción y el servicio
- Desistir de la dependencia en la inspección en masa
- Remover barreras para apreciar la mano de obra
- Reeducar vigorosamente

2.4. RESUMIENDO

- Calidad es conformidad consistente y uniformidad predecible
- El 85% de los problemas de calidad son controlables por la Dirección
- Determinó 14 puntos de mejora de la calidad
- Mejora de la calidad continua con el ciclo PDCA
- Necesidad de un sistema de gestión

3. JOSEPH M. JURAN

Para Juran la definición de calidad es la adecuación para el uso. La calidad está en el uso real del producto o servicio que el usuario final percibe.

Esta definición implica:

- La calidad es más que un conjunto de características determinadas en los requisitos, pues simplemente cumplirlos no garantiza la calidad o satisfacción del usuario: hay requisitos implícitos fuera del alcance inicial que el jefe del proyecto necesita aclarar en el contexto del proyecto.
- Un riesgo mayor de cada proyecto es que el usuario final considere que el producto o servicio no le sirva.
- La calidad puede variar de un usuario a otro.

También es necesario destacar que el usuario final del producto o servicio que estamos desarrollando con el proyecto no es siempre la misma persona o entidad que el cliente que ha contratado el proyecto. Muchas veces el cliente utilizará el producto o servicio contratado para dar servicio a sus propios clientes o usuarios.

3.1. LA SATISFACCIÓN DEL CLIENTE

La satisfacción del cliente y, por tanto, la adecuación para el uso se realiza por dos conceptos imprescindibles:

- Calidad del diseño, que es la medida en que el diseño es apto para el uso final.

- Control de la calidad, que es el grado en que el producto o servicio es conforme con dicho diseño.

3.2. EL CLIENTE INTERNO

Elaboró el concepto de cliente interno y, por tanto, el de proveedor interno.

Considera a la organización como una serie o cadena de procesos para llevar a cabo sus objetivos.

Cada proceso es (como en la norma ISO9000) un conjunto de actividades mutuamente relacionadas que transforman elementos de entrada en resultados.

Los elementos de entrada o salida pueden ser productos tangibles como documentos o no-tangibles como información.

El proveedor interno suministra las entradas para cumplir con los requisitos de los clientes internos. Los clientes internos transforman estas entradas en salidas que van a servir a su cliente interno. De esta manera cada cliente también es proveedor interno para otro cliente interno. Además, cada cliente tiene que controlar si las entradas que recibe de sus suministradores son conformes con sus requisitos para que los requisitos iniciales del cliente externo se trasladen correctamente de un proceso a otro.

Todos los clientes y suministradores internos trabajan juntos para satisfacer a los clientes externos.

3.3. PROCESOS DE LA GESTIÓN DE LA CALIDAD

Otra aportación de Juran son los 3 procesos con los que se lleva a cabo la gestión de la calidad. Se conocen con el nombre de la trilogía de la calidad y son:

1) *Planificación de la calidad.*

Es el conjunto de actividades de desarrollo de procesos, productos y servicios requeridos para satisfacer las necesidades de los clientes.

Es importante identificar los clientes y sus requisitos y también considerar la eficiencia y competitividad de la organización, analizando los costes y beneficios de la calidad.

2) Control de la calidad.

Es el proceso utilizado para evaluar y verificar los resultados. Sirve para solucionar los problemas esporádicos de calidad. Actúa como un bucle de retroalimentación al proceso de planificación del mismo proyecto.

3) Mejora de la calidad.

El objetivo del tercer elemento es conseguir unos resultados de calidad a un nivel significativo más alto que en periodos precedentes. Este proceso nos permite solucionar los problemas crónicos para los proyectos futuros, para que la planificación de nuevos proyectos sea más eficaz y eficiente. Juran argumenta que este proceso de mejora solo es posible con el liderazgo activo de la dirección, programas anuales de mejora de la calidad y un programa de educación del personal orientado a la calidad.

3.4. RESUMIENDO

- Calidad es la adecuación al uso.
- Cumplir los requisitos no garantiza la satisfacción.
- Calidad de diseño y Control contra el diseño.
- Concepto de cliente interno.
- Determinó una trilogía para la gestión de la calidad: planificación de la calidad, control y mejora.

4. PHILIP CROSBY

Crosby define la calidad como la conformidad con los requisitos.

Esto significa que una organización tiene que proveer los recursos, procesos y actividades necesarios para captar los requisitos del cliente y hacer que los requisitos sean comunicados y cumplidos en todas las fases de diseño, desarrollo y entrega.

También enfatizó la importancia de realizar bien el trabajo desde el principio.

4.1. IDEA CENTRAL DE SU FILOSOFÍA

La idea central de Crosby es que la calidad no cuesta, que la calidad es gratis, dicho de otro modo: "La calidad compensa económicamente".

4.2. *EL COSTE DE LA CALIDAD*

Se divide en dos partes:

A) El precio del incumplimiento con los requisitos.

Está compuesto por todos los gastos de realizar productos o servicios que no tienen calidad, que no cumplen con los requisitos.

Esto es, todos los costes que resultan de no hacer las cosas bien la 1ª vez como reprocesos, acciones correctivas, indemnizaciones, pérdidas internas y externas, hacer frente al pago/coste de las garantías, clientes insatisfechos y, finalmente, una mala imagen.

B) El precio del cumplimiento con los requisitos.

Es el coste de todas las actividades de una organización para que el producto o servicio cumpla los requisitos.

Se compone de actividades de prevención y las de evaluación o inspección.

Afirma que siempre es más barato hacer el trabajo bien la primera vez: los costes de la calidad siempre son más que compensatorios por las ganancias económicas de clientes satisfechos y la eliminación de los costes de no calidad.

Las acciones de calidad tienen que estar enfocadas principalmente en la prevención de no conformidades y en menor grado en la inspección o evaluación.

Los costes de inspección tienen un coste más alto y su inconveniente es que se efectúan una vez que el trabajo ya está realizado.

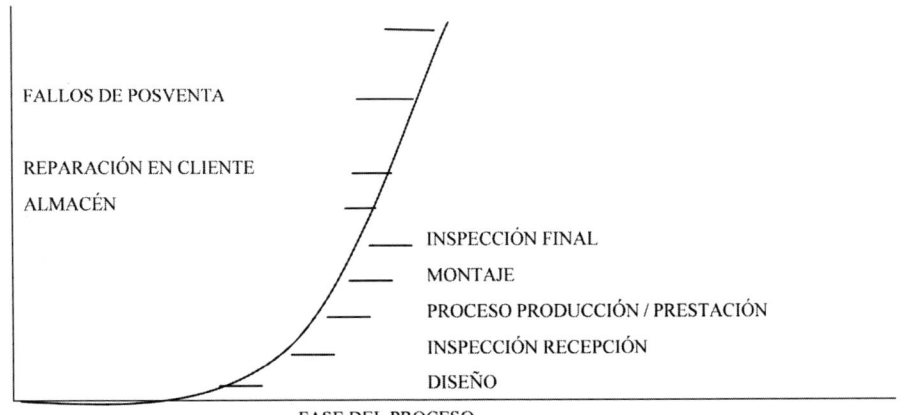

FASE DEL PROCESO

FIGURA 8.2

El único estándar de realización es "cero defectos" por acciones preventivas anticipándose a los problemas a través de controles, formación y cambio de mentalidad y eliminando las causas de errores potenciales.

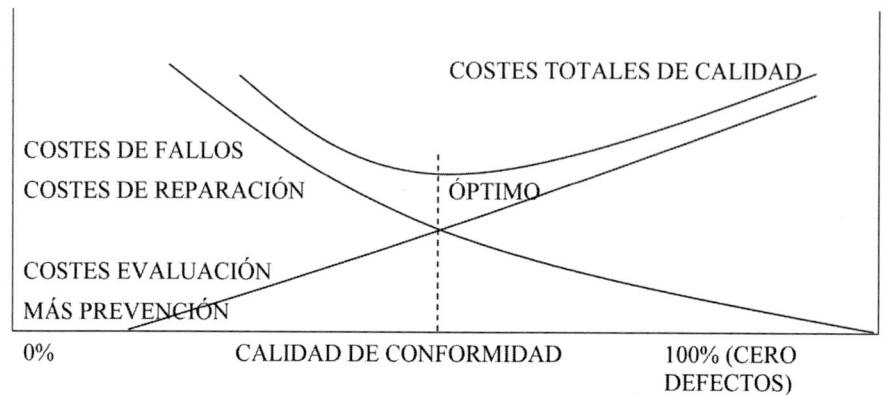

FIGURA 8.3

Crosby propone que los costes de la "no calidad" (de lo errores) son la base para medir la mejora de la calidad y para conseguir la atención de la dirección.

4.3. RESUMIENDO

- Calidad es conformidad con las especificaciones.

- El objetivo es "defectos cero".

- La calidad es gratis.

- Costes de no conformidad frente a costes de conformidad.

- La mejora de la calidad se mide con los costes de la no calidad, de los errores.

5. KAURO ISHIKAWA

Ishikawa desarrolló el diagrama de espina de pescado y otras herramientas conocidas actualmente como las 7 herramientas antiguas básicas de la calidad.

Se usa el diagrama de espina de pescado para unir causa y efecto de problemas y poder así solucionar el efecto erradicando las causas raíces.

Su filosofía de gestión de la calidad se apoyó mucho en técnicas estadísticas sencillas y fáciles de interpretar y utilizar. Proponía que estas técnicas deberían ser accesibles a cualquier empleado de la empresa, ya que el papel de los empleados en la mejora de la calidad era fundamental.

Su teoría se conoce también como Control de Calidad en Toda la Compañía, en inglés Company-Wide Quality Control (CWCQ). Su principal objetivo es involucrar a toda la empresa en el desarrollo de la calidad a través de una atmósfera donde los empleados buscan mejorar continuamente y resolver problemas.

Originó los círculos de calidad, que son pequeñas unidades de trabajo que con las herramientas de base permitieron analizar y solucionar los problemas en su campo de aplicación.

6. GENICHI TAGUCHI

Enfatiza la importancia de la calidad del diseño del producto y del proceso en lugar de la fabricación.

Quiere ir más allá de las técnicas estadísticas del control de la calidad *on-line*. La empresa debe dedicar sus esfuerzos a planificar y producir diseños robustos de productos para minimizar variaciones y crear insensibilidades a los cambios del entorno durante la fabricación. Utiliza técnicas de control de calidad *off-line* durante la fase del diseño como el diseño de experimentos.

Los gastos de diseño se recuperan con los ahorros de esfuerzo, tiempo y coste del control y mejora de la calidad *on-line*.

Para Taguchi la calidad es la conformidad con el objetivo real en lugar de conformarse sólo con estar dentro de la variación determinada por las especificaciones.

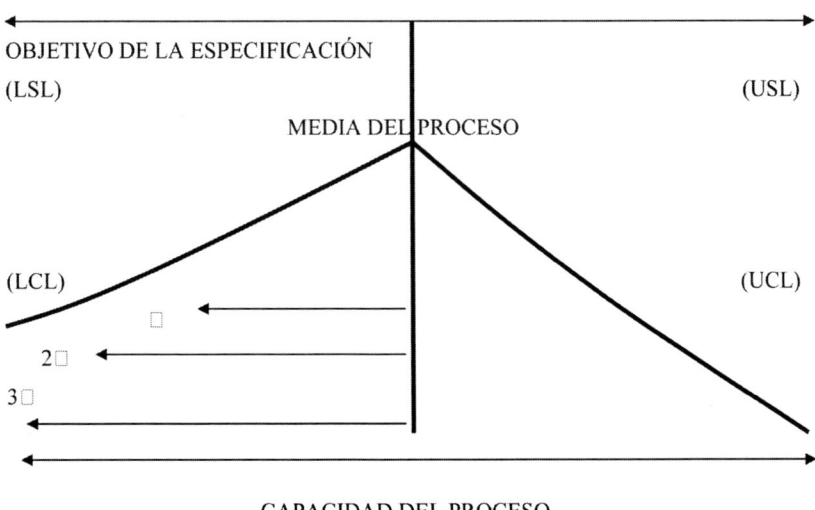

LSL: LÍMITE INFERIOR DE LA ESPECIFICACIÓN
USL: LÍMITE SUPERIOR DE LA ESPECIFICACIÓN
LCL: LÍMITE DE CONTROL INFERIOR
UCL: LÍMITE DE CONTROL SUPERIOR

FIGURA 8.4

Inventó la función de pérdida de la calidad para cuantificar la medida en que la variación del producto final se aleja del objetivo central. Considera que cada desviación de este objetivo es una pérdida para la sociedad debida a la mala calidad.

6.1. RESUMIENDO

- Calidad es conformidad con el objetivo real.

- Diseño robusto para:
  o Minimizar variaciones.
  o Crear insensibilidades a los cambios del entorno.

- Desarrolló la función de pérdida de Taguchi para evaluar la pérdida de la compañía debida a la mala calidad.

7. ARMAND V. FEIGENBAUM

Armand Feigenbaum fue la 1ª persona en acuñar la frase "Administración de la Calidad Total", en inglés Total Quality Management (TQM).

Lo define como "un eficaz sistema para integrar el desarrollo de la calidad, su mantenimiento y los esfuerzos de los diferentes grupos en una organización para mejorarla, y así permitir que la producción y los servicios en los niveles más bajos económicos que puedan permitir la satisfacción del cliente".

7.1. TEMAS CENTRALES DE SU VISIÓN

Son:

- Involucrar a todas las áreas de una organización en:
  o **A)** Las actividades de calidad.
  o **B)** La orientación hacia el consumidor.
- La calidad no solo es responsabilidad del departamento de fabricación, sino de todas las actividades del ciclo industrial, es decir, el desarrollo de un producto desde el concepto hasta su salida al mercado, y más allá, incluyendo *marketing*, diseño, instalación y elementos de servicio.

- La participación de los empleados en todos los niveles de las actividades de calidad.

- El propósito de mejorar continuamente.

8. RESUMIENDO

- 8.1. Definición de Calidad
- 8.2. Filosofía de Calidad

8.1 DEFINICIÓN DE CALIDAD

El conjunto de características de una entidad que sustenta la habilidad de satisfacer necesidades expresadas o implícitas.

Calidad no es lo mismo que grado de calidad.

8.2. FILOSOFÍA DE CALIDAD

- Satisfacción del cliente = conformidad con el objetivo (Taguchi) + conformidad con las especificaciones (Crosby) + adecuado para el uso (Juran).

- Prevención antes que Inspección (Crosby).

- Responsabilidad de la gestión: todos los miembros del equipo participan.

- El proyecto debe ser robusto, insensible a los cambios de entorno (Taguchi).

- Procesos con fases: *plan-do-check-act* (Shewhart).

3. ENFOQUES CONCEPTUALES GLOBALES DE LA CALIDAD

1. ENFOQUES CONCEPTUALES GLOBALES DE LA CALIDAD

Introducción:

La calidad total consiste en satisfacer las necesidades de los clientes al mismo tiempo que las de los empleados y todo con costes mínimos (David Garvin). Vamos a nombrar brevemente, en esta sección, 4 enfoques globales de la calidad para que nos suenen cuando hablemos de calidad.

2. METODOLOGÍA DE LA CALIDAD

- 2.1. La mejora continua
- 2.2. La gestión de la calidad total (TQM)
- 2.3. Kaizen

2.1. LA MEJORA CONTINUA

Se podría definir como la actividad recurrente para aumentar la capacidad de cumplir con los requisitos de la calidad.

Los requisitos pueden estar relacionados con:

- La eficacia o efectividad, que se define como la extensión con la que se realizan las actividades planificadas y se alcanzan los objetivos.
- La eficiencia, que es la relación entre el resultado y los recursos utilizados.

2.2. LA GESTIÓN DE LA CALIDAD TOTAL (TQM)

Es una filosofía de gestión y mejora continua de la calidad en la que todo el mundo, dentro de una organización, aspira a satisfacer al cliente, a los empleados (los clientes internos), a los accionistas y a la sociedad.

La gestión de la calidad total tiene un enfoque mucho más amplio que cumplir con los requisitos del cliente.

Ha evolucionado y se ha convertido en la metodología 6 Sigma.

2.3. KAIZEN

Concepto de origen japonés muy parecido a la mejora continua que implica un cambio cultural en todos los niveles de una organización.

Gerentes, supervisores y trabajadores, en general, comienzan a modificar su estructura de pensamientos para identificar dónde la organización genera desperdicios y cómo eliminar esos procesos por medio de las herramientas de la calidad.

Esta filosofía de crecimiento sostenido de la competitividad empresarial se basa en la aplicación de dos posibilidades:

- Mejoras incrementales continuas.
- Mejoras radicales.

3. NORMAS DE CALIDAD INDUSTRIAL

Por ejemplo: SEI/CMMi, QS-9000, familia ISO 9000, etc. Vamos a ver una de las más generales, la norma ISO 9001.

3.1. ISO 9001

La revisión de la norma ISO9001 estipula que los requisitos de un sistema de gestión de la calidad se basan en 8 principios básicos:

- **1.** *Enfoque al cliente:*

Las organizaciones dependen de sus clientes y por lo tanto deberían comprender las necesidades actuales y futuras de los clientes, satisfacer los requisitos de los clientes y esforzarse en exceder las expectativas de los clientes.

- **2.** *Liderazgo:*

Los líderes establecen la unidad de propósito y la orientación de la organización. Ellos deberían crear y mantener un ambiente interno, en el cual el personal pueda llegar a involucrarse totalmente en el logro de los objetivos de la organización.

- **3.** *Participación del personal:*

El personal, a todos los niveles, es la esencia de una organización y su total compromiso posibilita que sus habilidades sean usadas para el beneficio de la organización.

- **4.** *Enfoque basado en procesos:*

Un resultado deseado se alcanza más eficientemente cuando las actividades y los recursos relacionados se gestionan como un proceso. Un proceso se define como un conjunto de actividades mutuamente relacionadas o que interactúan, las cuales transforman elementos de entradas en resultados.

- **5.** *Enfoque de sistema para la gestión:*

Identificar, entender y gestionar los procesos interrelacionados como un sistema. Contribuye a la eficacia y eficiencia de una organización en el logro de sus objetivos.

- **6.** *Mejora continua:*

La mejora continua del desempeño global de la organización debería ser un objetivo permanente de esta.

- **7.** *Enfoque basado en hechos para la toma de la decisión:*

Las decisiones eficaces se basan en el análisis de los datos y la información.

- **8.** *Relaciones mutuamente beneficiosas con el proveedor:*

Una organización y sus proveedores son interdependientes, y una relación mutuamente beneficiosa aumenta la capacidad de ambos para crear valor.

El modelo conceptual planteado por ISO distingue las siguientes secciones aplicables:

SISTEMA DE GESTIÓN DE LA CALIDAD
RESPONSABILIDAD DE LA DIRECCIÓN
GESTIÓN DE LOS RECURSOS
REALIZACIÓN DEL PRODUCTO
MEDICIÓN ANÁLISIS Y MEJORA

FIGURA 8.5

También se distinguen 2 bucles basados en el ciclo de Deming PDCA.

- Obliga a la dirección a revisar y mejorar el sistema de calidad basado en la medición del desempeño de los procesos.

- Utiliza la retroalimentación del cliente y otras partes interesadas.

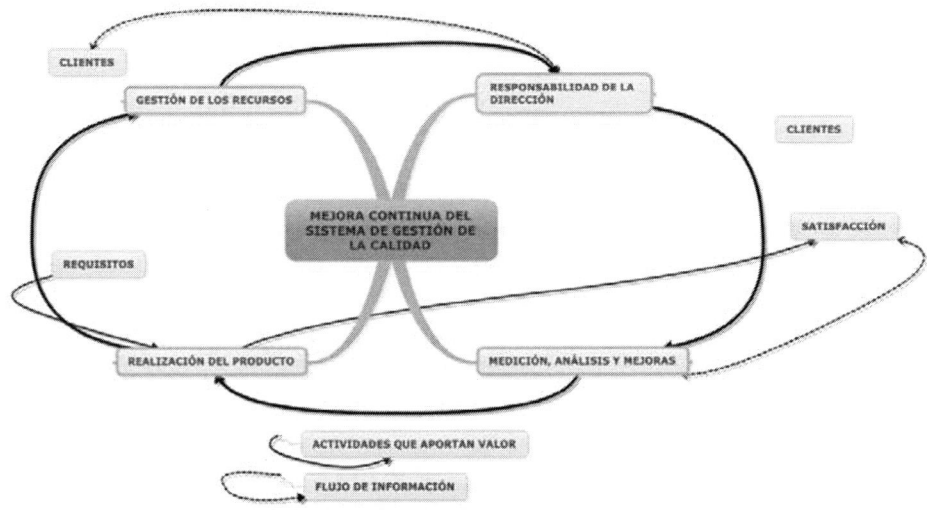

FIGURA 8.6

4. LOS PRINCIPIOS DE CALIDAD Y EL JEFE DE PROYECTO

Estos 7 puntos resumen los principios de la gestión moderna de la calidad que un jefe de proyecto tiene que ser capaz de aplicar en el contexto de su proyecto:

- *1) Traducir las necesidades implícitas en requerimientos a través de la gestión del alcance del proyecto.*

La definición de la calidad se refiere a necesidades expresadas o implícitas. Cabe distinguir el proceso de verificación del alcance del control de la calidad. El control de la calidad se diferencia de la verificación del alcance del proyecto en que está ante todo interesado en que los entregables del trabajo sean correctos, mientras que la verificación del alcance está ante todo enfocada en la aceptación de los entregables del trabajo por el cliente.

Estos procesos son generalmente realizados en paralelo para asegurar tanto la calidad como la aceptación.

- *2) Encontrar el equilibrio entre las necesidades del cliente y los objetivos de los otros interesados en el proyecto.*

Gestionar la satisfacción del cliente significa entender, manejar e influenciar las necesidades con el fin de cumplir las expectativas del cliente. Esto requiere una combinación de la conformidad con los requerimientos con la adecuación al uso, sin olvidar la diferencia entre la calidad y el grado de la calidad. Sin embargo, el jefe de proyecto no puede olvidar las necesidades de los otros interesados en el proyecto como los objetivos económicos de la organización y el bienestar del equipo de proyecto. Por ejemplo, él tiene que cuidar de no sobrecargar de trabajo al equipo de proyecto para cumplir los requisitos, porque esto puede producir consecuencias negativas, tales como un creciente agotamiento del personal.

- *3) Encontrar el equilibrio entre las acciones correctivas y preventivas.*

Desde un punto de vista económico es mejor priorizar la prevención sobre la inspección. El costo de prevenir errores es siempre mucho menor que el costo de corregirlos cuando son detectados por la inspección. Las actividades de prevención incluyen entre otras cosas invertir en la calidad de diseño, la formación del equipo y el ambiente de trabajo. Sin embargo, las actividades de inspección son importantes y eliminarlas para cumplir con objetivos de plazo o presupuesto puede producir consecuencias negativas cuando no se detectan los errores: tienen un impacto directo en la satisfacción y aceptación del cliente. Además, las inspecciones deben hacerse a lo largo del ciclo de vida del proyecto y son más eficientes cuando se hacen durante las fases de diseño del producto o servicio. Cuanto antes se detecta un error, menos costoso es corregirlo, cuanto más tarde, más costoso.

- *4) Involucrar a todo el equipo de proyecto en la gestión de la calidad.*

Cada miembro del equipo es un cliente y suministrador interno y por eso un eslabón imprescindible en la cadena de procesos llevando a cabo los objetivos del proyecto. La calidad es responsabilidad de todos.

- *5) Asumir la responsabilidad de gerencia con respecto a la calidad.*

Demostrar liderazgo y proveer de los recursos necesarios.

- *6) Saber utilizar las herramientas básicas de la calidad.*

Para planificar de una manera eficaz los esfuerzos y costes de la calidad. En otras palabras, estas técnicas ayudan a la planificación de las actividades de la calidad basada en criterios económicos.

- *7) Aplicar el ciclo PDCA.*

En todas las fases del proyecto. Los procesos iniciación, planificación, control, ejecución de cada fase corresponden a las actividades planificar, hacer, verificar y actuar del ciclo PDCA.

4. ETAPAS DE LA GESTIÓN DE LA CALIDAD

1. ETAPAS DE GESTIÓN DE LA CALIDAD

Para el PMI, la calidad es *"el grado en el que un conjunto de características inherentes satisface los requisitos"*. Y la gestión de la calidad son *"los procesos y las actividades de la organización ejecutante que determinan las políticas, los objetivos y las responsabilidades relativos a la calidad, de modo que el proyecto satisfaga las necesidades que motivaron su creación"*.

Para ello vamos a seguir las siguientes etapas para la gestión de la calidad:

- *1) Planificación de la calidad*

Identificación de los estándares de calidad relevantes para el proyecto y determinación de cómo satisfacerlos.

- *2) Aseguramiento de la calidad*

Evaluación del desempeño completo del proyecto de manera regular, para conseguir confianza en que el proyecto satisfará los estándares de calidad relevantes.

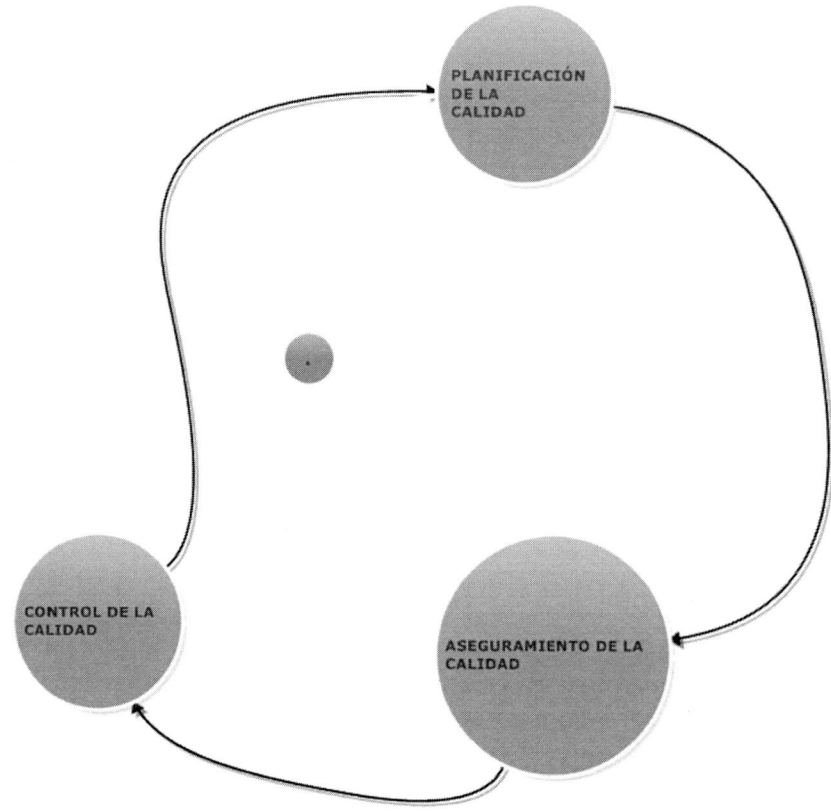

FIGURA 8.7

- *3) Control de la calidad*

Verificación de los resultados específicos del proyecto para determinar si cumplen con los estándares de calidad relevantes e identificación de modos de eliminar las causas del desempeño.

2. EJEMPLO

Para diferenciar los 3 conceptos vamos a poner un ejemplo relacionado con el sobrepeso.

Imaginémonos que el doctor en una de nuestras revisiones anuales nos recomienda que vayamos al endocrino porque seguramente nos pondrá a régimen: tenemos sobrepeso. Dicho y hecho. Vamos al especialista y nos pone un régimen a seguir para estar en nuestro peso adecuado.

Veamos cómo relacionamos los elementos del régimen con los elementos del ciclo de la calidad:

Proceso	Concepto	Elemento
Planificación de la calidad	Identificación de los estándares de calidad relevantes para el proyecto y determinación de cómo satisfacerlos	Documento con un régimen de 3.500 Kcal/día
Aseguramiento de la calidad	Evaluación del desempeño completo del proyecto de manera regular, para conseguir confianza en que el proyecto satisfará los estándares de calidad relevantes	Pesamos las cantidades de alimentos y nos ceñimos al régimen procurando no saltárnoslo
Control de la calidad	Verificación de los resultados específicos del proyecto para determinar si cumplen con los estándares de calidad relevantes e identificación de modos de eliminar las causas del desempeño	Nos pesamos en una báscula una vez a la semana, para ir viendo cómo vamos.

3. PLANIFICACIÓN DE LA CALIDAD

Implica identificar qué estándares de calidad son relevantes para el proyecto y luego determinar cómo satisfacerlos.

El equipo del proyecto debe tener en cuenta uno de los principios fundamentales de la gestión de la calidad moderna: la calidad se planifica, no se inspecciona.

3.1. ANÁLISIS COSTO/BENEFICIO

La planificación de la calidad debe considerar las relaciones costo/beneficio. Un axioma de la disciplina de la gestión de la calidad es que los beneficios superen a los costes.

El costo primario de cumplir con los requisitos de calidad es el de los gastos asociados con las actividades de la gestión de la calidad en el proyecto.

El beneficio primordial de cumplir con los requisitos de calidad es el de un menor reproceso. Esto implica:

1) Una mayor productividad.

2) Menores costes.

3) Mayor satisfacción de los interesados.

3.2. ESTUDIOS COMPARATIVOS (BENCHMARKING)

Cotejan prácticas del proyecto (reales o planificadas), con aquellas de otros ya realizados para generar ideas de mejora.

También quieren proveer de estándares con los que medir el desempeño.

Estos otros proyectos pueden ser de la organización ejecutora del proyecto o externos a ella, y pueden ser dentro de la misma área de aplicación o de otra distinta.

3.3. EL DIAGRAMA DE FLUJO

Un diagrama de flujo es un diagrama que muestra cómo se relacionan varios elementos de un sistema.

Puede servir al equipo del proyecto para:

• Anticipar cuáles pueden ser los problemas de calidad.

• Dónde pueden ocurrir los problemas de calidad.

Y, de este modo, desarrollar soluciones para su tratamiento.

Empleo:

• Mostrar el flujo de entradas y salidas entre las actividades.

• Identificar fuentes de recogida de datos.

• Identificar puntos de control de procesos.

Símbolos básicos usados:

o   Rectángulo: paso del proceso.

o   Rombo: decisión en el proceso.

o   Flecha: Flujo de entrada/salida entre las actividades y las decisiones del proceso.

o   Elipses para indicar inicio/fin.

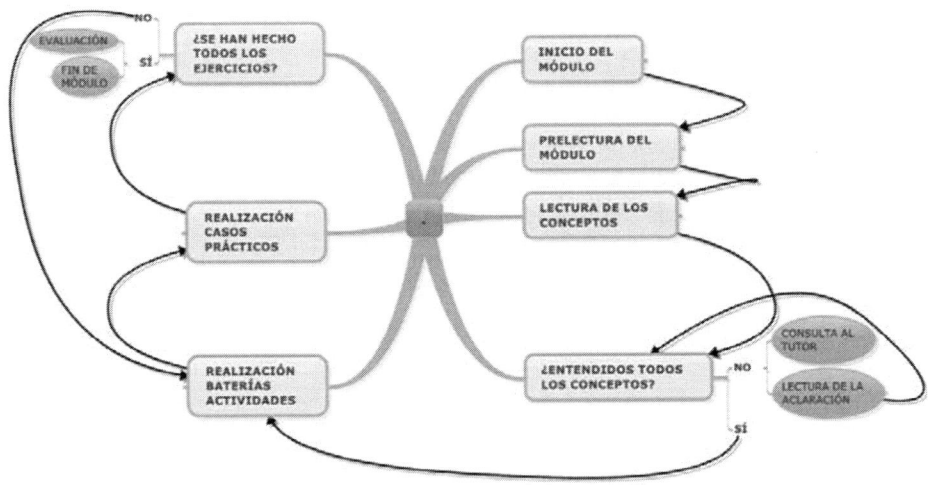

FIGURA 8.8

Procedimiento:

1) Comenzar documentando todo lo que se conoce del proceso o la actividad, teniendo en cuenta el modelo Cliente/Proveedor.

2) Utilizar "post-it" para secuenciar el proceso hasta el nivel de detalle necesario. Esto se hace mejor como se describe a continuación:
- Del Diagrama de Afinidad, ordenar las cajas de las actividades secuencialmente.

- Seguidamente ordenar los puntos de decisión donde se toman y en la secuencia de las actividades.

- Seleccionar una entrada y seguir la secuencia de las actividades y decisiones hasta que sea consumida o termina como una salida de un proceso. Repetir para todas las salidas.

3) Enseñar el gráfico a los expertos en la materia y pedir opinión. Pueden confirmar si el flujograma realmente representa el proceso o pueden mejorarlo con su opinión experta.

4) Poner fecha. Documentar. Distribuir.

3.4. *DISEÑO DE EXPERIMENTOS*

El diseño de experimentos es un método estadístico que permite identificar qué factores pueden influir sobre determinadas variables.

Esta técnica se aplica más frecuentemente al producto del proyecto.

Ejemplo: los diseñadores de automóviles pueden querer determinar qué combinación de suspensión y neumáticos producirá las mejores características de rodaje a un costo razonable.

También puede aplicarse a aspectos de la dirección de proyectos, tales como los intercambios de costo y tiempo.

Ejemplo: los ingenieros experimentados tendrán un costo mayor que los que tienen poca experiencia, pero también podrán completar la tarea asignada en un tiempo menor. Un diseño de "experimento" apropiado (en este caso, calcular los costes del proyecto y las duraciones para varias combinaciones de ingenieros experimentados y sin experiencia) permitirá establecer una solución óptima a partir de un número limitado de casos.

3.5. *COSTE DE LA CALIDAD*

Se refiere al coste total de todos los esfuerzos para lograr la calidad del producto/servicio e incluye todos los trabajos para asegurar la conformidad con los requerimientos, así como todo trabajo resultante por las no-conformidades con los requerimientos.

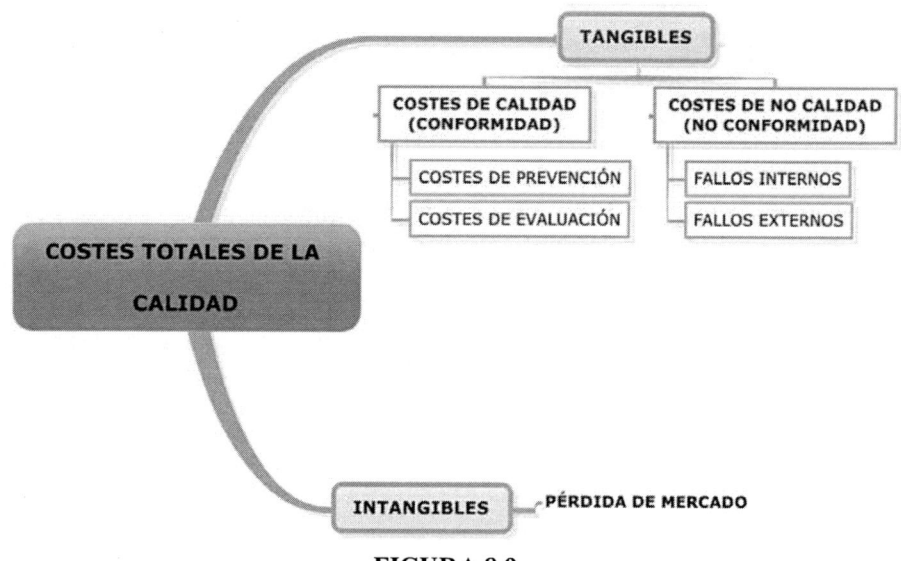

FIGURA 8.9

Existen tres tipos de costes en que se incurre:

- Costes de prevención.

- Costes de evaluación.

- Costes por fallos:

o Costes internos.

o Costes externos.

3.6. LISTAS DE VERIFICACIÓN (CHECK LIST)

Una lista de verificación es una herramienta estructurada utilizada para comprobar que un grupo de pasos requeridos ha sido llevado a cabo.

Muchas organizaciones han estandarizado las listas de verificación disponibles, para poder asegurar la consistencia en tareas llevadas a cabo frecuentemente.

En algunas áreas de aplicación hay listas de verificación disponibles de asociaciones profesionales o provenientes de proveedores comerciales.

Usos:

Ordenación de los atributos y conteo de su frecuencia de ocurrencia durante la inspección manual.

Organización de los datos con el fin de crear un Diagrama de Pareto.

Características deseables de una Hoja de Chequeo incluyen:

- Listado exhaustivo de atributos en la columna de la categoría. En la mayoría de los casos se consigue colocando el atributo "n" = "Otros".

- Los atributos son mutuamente excluyentes de manera que en la recolección de los datos no se cuenta dos veces el mismo atributo.

- Los atributos no son ambiguos, de manera que se mantiene la consistencia a lo largo del proceso de recolección de datos.

- La Hoja es tan simple como sea posible para facilitar su rellenado.

- La competencia del inspector ha sido validada antes del comienzo de la recolección de datos.

CATEGORÍA	CUENTA	FRECUENCIA
ATRIBUTO 1		
ATRIBUTO 2		
ATRIBUTO 3		
ATRIBUTO N		

IDENTIFICACIÓN DE LOS CAMPOS

FIGURA 8.10

4. ASEGURAMIENTO DE LA CALIDAD

Son aquellas actividades, planificadas y sistemáticas, realizadas en el sistema de calidad, para que el proyecto cumpla los estándares de calidad.

Las técnicas y herramientas analizadas anteriormente pueden ser también usadas para asegurar la calidad.

4.1. AUDITORÍA DE CALIDAD

Es una revisión estructurada de otras actividades de gestión de la calidad.

El objetivo de una auditoría de calidad es identificar las lecciones aprendidas que puedan mejorar el desempeño del proyecto actual o de otros proyectos de la organización ejecutante.

Pueden ser planificadas o aleatorias y pueden ser realizadas por auditores internos adecuadamente entrenados o por terceras partes, tales como los organismos de certificación de sistemas de calidad.

4.2. MEJORA DE CALIDAD

Implica tomar acciones para incrementar la efectividad y eficiencia del proyecto para brindar beneficios adicionales a los interesados en el proyecto.

En muchos casos, implementar la mejora de calidad requerirá preparar requerimientos de cambio o la realización de acciones correctivas.

5. CONTROL DE LA CALIDAD

Se verifican los resultados específicos del proyecto para:

- Determinar si cumplen con los estándares de calidad relevantes.
- Identificar modos de eliminar las causas de los insatisfactorios.

Los resultados del proyecto incluyen tanto los referidos al producto del proyecto (por ejemplo, a sus entregables), como a los referidos a la dirección del proyecto (por ejemplo, los desempeños de costo y cronograma).

5.1. TÉRMINOS

Al equipo puede resultarle útil conocer las diferencias entre:

- Prevención (mantener los errores fuera del proceso) e inspección (evitar que los errores lleguen a manos del cliente).

- Muestreo por atributos (los resultados conforman o no) y muestreo por variables (los resultados son clasificados según una escala continua que mide el grado de conformidad).

- Causas especiales (sucesos inesperados) y causas aleatorias (variación normal del proceso).

- Tolerancias (el resultado es aceptable si cae dentro del rango especificado por la tolerancia) y límites de control (el proceso está bajo control si los resultados caen dentro de los límites de control).

5.2. INSPECCIÓN

La inspección incluye actividades tales como:

- Medir.

- Examinar.

- Ensayar.

Estas actividades se llevan a cabo para determinar si los resultados están conformes a los requerimientos.

Las inspecciones pueden llevarse a cabo en cualquier nivel. Por ejemplo, pueden inspeccionarse los resultados de una simple actividad, o bien el producto final del proyecto.

Son denominadas de varias maneras:

- Revisiones.

- Revisiones de Producto.

- Auditorías.

- Revisiones Generales.

5.3. GRÁFICOS DE CONTROL

Los gráficos de control son representaciones gráficas de los resultados de un proceso a lo largo del tiempo.

Se utilizan para establecer si un proceso se encuentra "bajo control", esto es, ¿son las diferencias en los resultados producidas por variaciones aleatorias o se están produciendo sucesos inusuales cuyas causas deben ser detectadas y eliminadas?

Los gráficos de control pueden ser usados para controlar cualquier tipo de variable de salida, aunque su mayor aplicación es para actividades repetitivas, tales como lotes de producción.

También pueden usarse para supervisar las variaciones de:

1. Costo.

2. Cronograma.

3. Volúmenes y frecuencia de las modificaciones del alcance.

4. Errores en los documentos del proyecto.

5. Resultados de gestión que permitan establecer si el proceso de gestión del proyecto está bajo control.

Un gráfico de control es esencialmente un diagrama de tendencias de un único atributo y que tiene las siguientes propiedades estadísticas:

*   Media aritmética (media de una observación, media de medias muestrales)

*   UCL Límite de Control Superior = media + 3 desviaciones estándar o +3σ

*   LCL Límite de Control Inferior = media – 3 desviaciones estándar o –3σ

Dentro de una muestra o población y para no complicarnos con las fórmulas, podemos asumir que:

$6\sigma = valor\_max - valor\_min$

O sea, que:

$1\sigma = (valor\_max - valor\_min)/6$

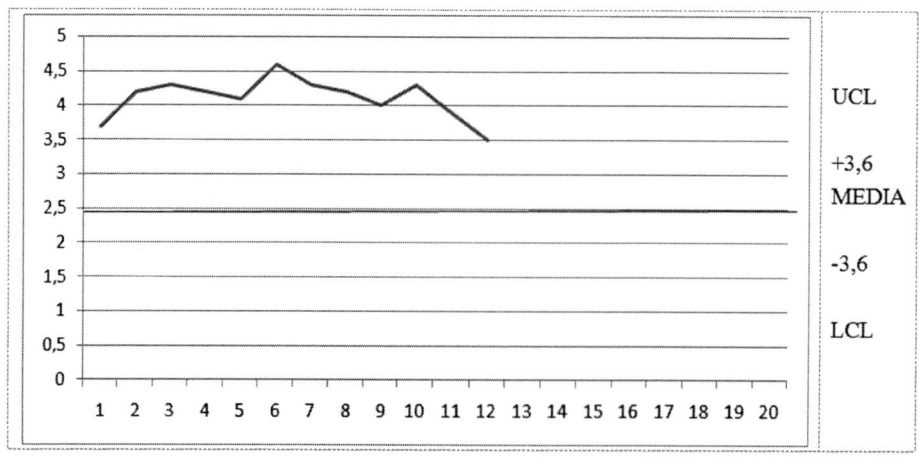

FIGURA 8.11

Usos:

- Determinar la capacidad del proceso.

- Evaluar la estabilidad del proceso para controlar la calidad.

- Como información visual: es un error muy común pensar que los Diagramas de Control no son herramientas útiles de comunicación.

Características de un gráfico de control:

- Los datos están agrupados alrededor de la media.

- Los datos caen dentro de unos límites predecibles (UCL y LCL).

- Los datos se distribuyen aleatoriamente de manera que la localización de un punto en concreto es impredecible.

Se dice que el proceso se encuentra fuera de control cuando todos los puntos caen dentro de los límites de control pero tienen tendencias, ciclos, recorridos o comportamientos especiales.

Basándose en la teoría de la probabilidad, se han creado reglas para determinar recorridos o tendencias. Las siguientes son reglas de uso generalmente aceptado para indicar tendencias (regla del siete):

- 7 u 8 puntos consecutivos por encima de la media

- 7 u 8 puntos consecutivos por debajo de la media

Ejemplo: Para cada uno de los módulos del curso, hacemos la media de las calificaciones de los alumnos. Las calificaciones pueden valer:

VALOR	SIGNIFICADO
1	DEFICIENTE
2	NO MUY BUENA
3	BUENA
4	MUY BUENA
5	EXTREMADAMENTE BUENA

Los resultados de uno de los últimos cursos realizados han arrojado los siguientes datos:

MÓDULO	MEDIA
1	3,75
2	4,20
3	4,30
4	4,15
5	4,10
6	4,55
7	4,25
8	4,20
9	4,00
10	4,30
11	3,95
12	3,60

Vamos a analizar los datos con un diagrama de control. Para hallarlo hemos usado la fórmula:

$$\sqrt{\frac{\sum (X - \overline{X})^2}{(N-1)}}$$

Donde

$$\overline{X}$$

Es la media, **X** es el valor de cada muestra y **N** el número total de muestras empleadas.

Los cálculos para realizar el diagrama serían:

Media	4,11
Máximo	4,55
Mínimo	3,60
1σ	0,26
UCL	4,89
LCL	3,34

El gráfico que obtenemos es el siguiente:

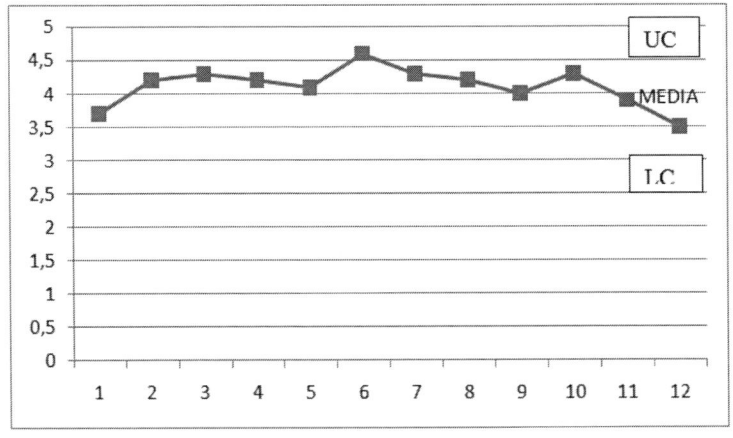

FIGURA 8.12

5.4. *DIAGRAMAS DE PARETO*

Muestra los datos ordenados por la frecuencia de ocurrencia, o sea, cuántos resultados fueron generados por cada tipo o categoría de causa identificada.

El ordenamiento por categoría es usado como guía para la acción correctiva: el equipo del proyecto debe tomar acciones para corregir primero los problemas que están provocando el mayor número de defectos.

Los diagramas de Pareto están conceptualmente relacionados con la ley de Pareto, que sostiene que un número relativamente menor de causas provocará generalmente el mayor número de los problemas o defectos. Esto se conoce comúnmente como el principio 80/20. Donde el 80 por ciento de los problemas se debe al 20 por ciento de las causas.

Usos:

* Identificar los puntos por la frecuencia de ocurrencia
* Identificar los puntos por el impacto en la consecuencia

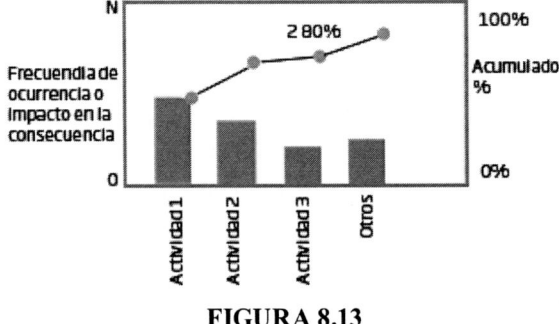

FIGURA 8.13

Propiedades:

1) Los conceptos de una Hoja de Chequeo se pueden aplicar al Diagrama de Pareto. A menudo se utiliza para recoger los datos para la construcción del Diagrama de Pareto.

2) El Diagrama de Pareto visualiza el Principio de Pareto: el 80 % de un efecto se produce por aproximadamente el 20 % de las causas potenciales.

3) A tener en cuenta:
- Incluyendo la categoría de "otros", nunca incluir más de 7 atributos en gráficos de barras
- Después de que se alcance el valor acumulado del 80 %, las categorías remanentes se agrupan bajo la genérica "otros". Si alguna categoría llegase al 10 % se podría señalar por separado.

4) Las categorías se clasifican en orden descendente por frecuencia de ocurrencia. La categoría "otros" siempre irá en último lugar, aunque tenga más frecuencia de ocurrencia.

5.5. MUESTREO ESTADÍSTICO

El muestreo estadístico implica elegir parte de una población que se desea inspeccionar.

Por ejemplo: elegimos al azar 7 violines de una lista de setenta para comprobar su calidad y acabado.

Un muestreo apropiado, a menudo, puede reducir el costo del control de calidad.

5.6. DIAGRAMA DE FLUJO

A los diagramas de flujo ya los describimos en la planificación de la calidad. También son usados en control de calidad para ayudar a analizar cómo ocurren los problemas.

5.7. REPROCESO

Es la acción llevada cabo para lograr que un artículo defectuoso o no conforme cumpla los requerimientos o especificaciones.

El reproceso, especialmente el reproceso imprevisto, es una de las causas frecuentes de sobrecostes en el proyecto, en la mayoría de las áreas de aplicación.

El equipo de proyecto debe hacer todo el esfuerzo razonable para minimizar el reproceso.

5. HERRAMIENTAS DE LA GESTIÓN DE LA CALIDAD

1. HERRAMIENTAS DE LA GESTIÓN DE LA CALIDAD

A continuación vamos a ver otras herramientas que son ampliamente empleadas para gestionar la calidad.

2. DIAGRAMAS DE AFINIDAD

Es una técnica de organización usada para estructurar un gran número de ideas relacionadas entre sí.

Esta técnica agrupa dichas ideas en categorías para identificar temas de mayor orden.

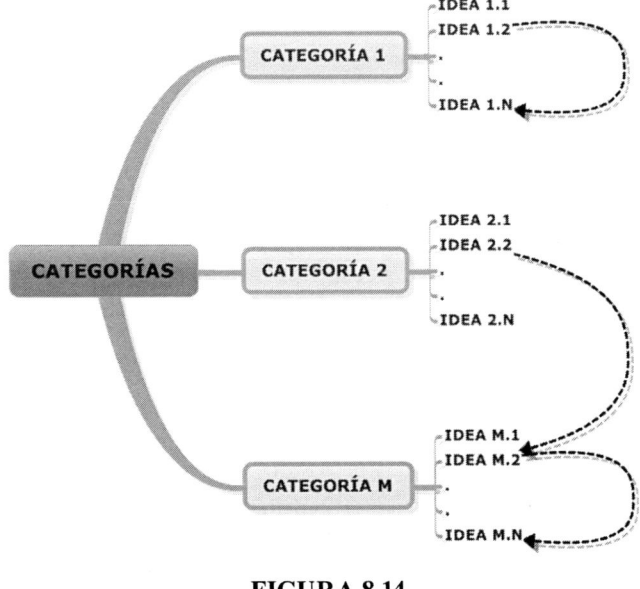

FIGURA 8.14

Empleo de este tipo de diagrama:

- Se necesita pensamiento original/innovador.
- El equipo tiene un mar de ideas.
- Los asuntos generales deben ser identificados.

Aplicaciones a la gestión de proyectos:

- Crear la EDT.
- Identificación de riesgos.
- Crear planes de contingencias.
- Pensamiento innovador/original en las limitaciones del proyecto.
- **Creación de árboles de decisión.**
- **Creación de la RAM (Resource Assignment Matrix).**
- **Creación de diagramas de interrelaciones.**

Procedimiento básico:

1) Obtener espacio suficiente en la sala de reunión.
2) Enunciar el tema a tratar en términos neutros y claros.
3) Generar y registrar ideas usando frases completas.
4) Agrupar las ideas relacionadas.
5) Revisarlo con *stakeholders* claves.

3. DIAGRAMAS DE DISTRIBUCIÓN DE FRECUENCIAS (HISTOGRAMA)

Con este diagrama resumiremos los datos del proceso que hemos ido recolectando durante un tiempo. Presentaremos gráficamente la distribución de frecuencia de dichos datos en forma de barras.

Empleo de este tipo de diagramas:

- Visualizar de forma gráfica a la muestra o población.
- Identificar de forma teórica la distribución.
- Dibujar frecuencias relativas para cada clase de intervalo.

Ejemplo: lanzamos 5 monedas al aire y contamos el número de caras que vamos obteniendo. Al cabo de n lanzamientos hemos obtenido los siguientes resultados:

EVENTO = NÚMERO CARAS RESULTANTES	FRECUENCIA = NÚMERO LANZAMIENTOS
0	38
1	144
2	342
3	287
4	164
5	25
SUMA	1000

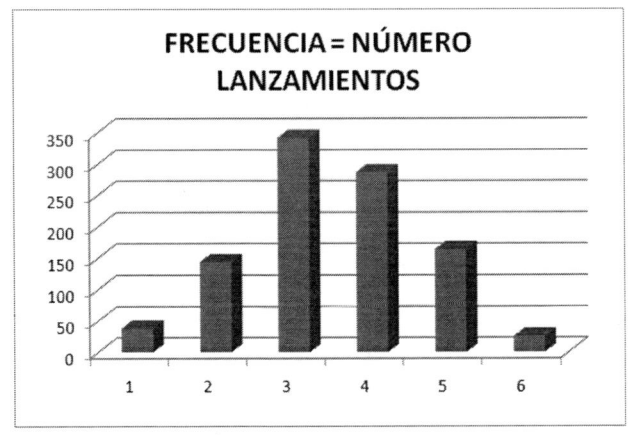

NÚMERO DE CARAS

FIGURA 8.15

Procedimiento:

1) ¿Qué medida vamos a usar? Tienen que ser datos continuos: tiempo, temperatura, velocidad, etc.

2) Recoger los datos y contar el número de eventos.

3) Preparar una tabla de frecuencias a partir de los datos.

4. DIAGRAMA CAUSA-EFECTO (DIAGRAMA DE ESPINA DE PESCADO)

Método gráfico usado para unir una o más variables explicativas (causas) con una variable respuesta (efecto).

Facilita la identificación de causas raíces, primero mirando las causas de alto nivel para ver la foto global, luego bajando a los detalles. El efecto forma la cabeza de la espina de pescado y se enuncia como la diferencia entre lo planificado y el resultado actual.

Uso: cuando las relaciones entre el efecto y las causas son simples o de moderada complejidad.

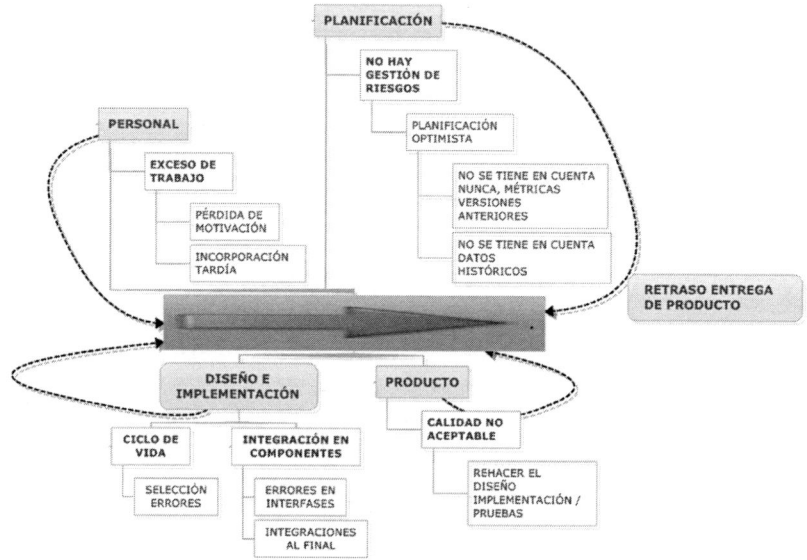

FIGURA 8.16

5. MUESTRAS DE ACEPTACIÓN

La aceptación de muestras es una alternativa a la inspección 100% o a la no inspección.

Con este método, una muestra de tamaño "n" se inspecciona del lote en consideración.

Si el número de no-conformidades (defectos) en la muestra es igual o menor que el número de aceptación "c", el lote entero es aceptado. Si es mayor que "c", el lote entero es rechazado.

La curva OC (Características Operativas) del plan de inspección relaciona la probabilidad de aceptar un lote (eje vertical) con un porcentaje de defectos (eje horizontal). Estas probabilidades están basadas en la distribución de probabilidad binomial.

Ejemplo, tenemos dos planes:

- Plan#1: n =1 00 y c = 5
- Plan#2: n = 100 y c = 10

A medida que el número de aceptación "c" crece, la probabilidad de aceptar un lote con un mayor número de defectos va creciendo.

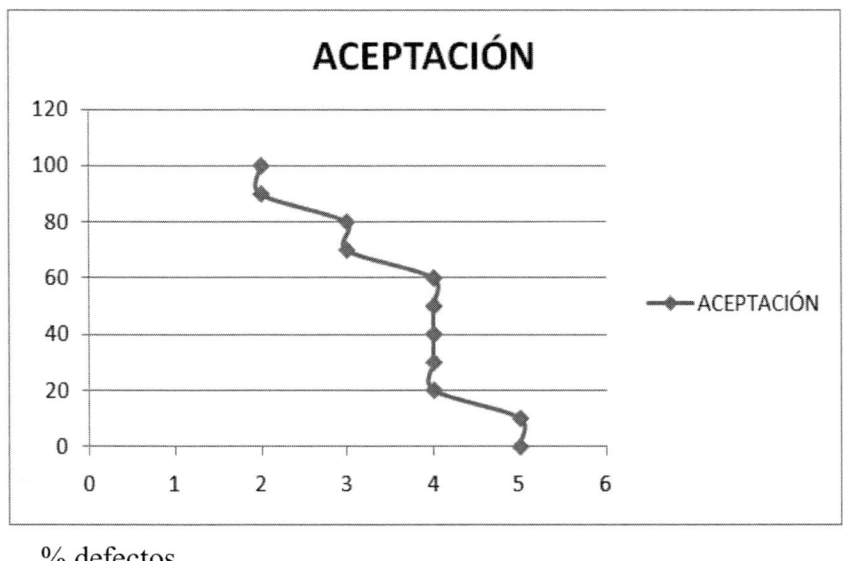

% defectos

FIGURA 8.17

5.1. RIESGO EN LA ACEPTACIÓN DE MUESTRAS

En aceptaciones a través de muestras la "buena calidad" se define como el nivel de no-conformidades que el consumidor está dispuesto a aceptar en todo momento.

"Pobre calidad" se define como el nivel de no conformidades que el consumidor está dispuesto a tolerar solamente en un pequeño porcentaje de las veces.

5.2. RIESGO DEL PRODUCTOR

Riesgo de rechazar un lote de buena calidad, basado en un plan de inspección en particular.

Esta es la probabilidad de error tipo I o "Alfa".

5.3. RIESGO DEL CONSUMIDOR

El riesgo de aceptar un lote de poca calidad, basado en un determinado plan de inspección.

Esta es la probabilidad de un error tipo II o "Beta".

5.4. EJEMPLO

El siguiente gráfico OC es para un plan de inspección con n = 300 y c = 10.

Suponiendo que para una determinada aplicación:

- El 2 % de defectos se considera buena calidad
- El 5 % se considera pobre calidad

Entonces, el riesgo que se observa gracias a la curva OC sería:

CURVA OC

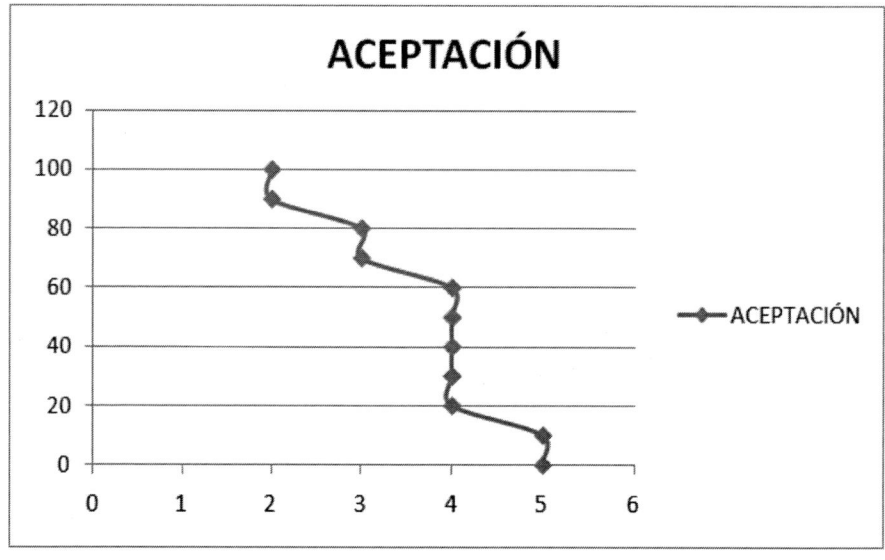

% DEFECTOS

FIGURA 8.18

Ejemplo de Iniciación Proyectos

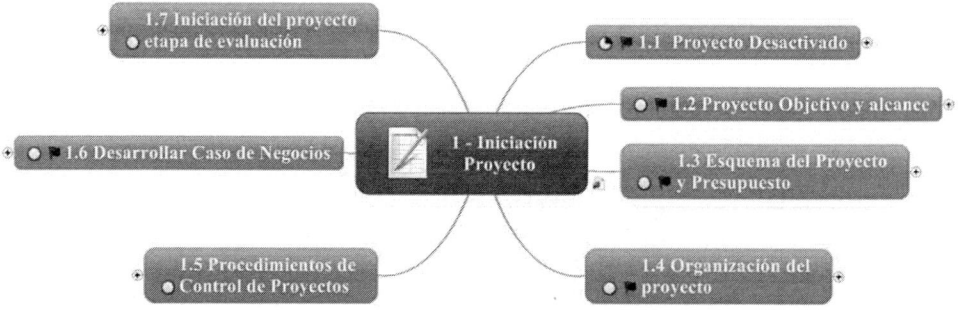

1.1 Proyecto Desactivado

Seguimiento del estado

1.1 Proyecto Desactivado
- Reclutar Patrocinador del Proyecto
  17/10 ; 17/10
  R: Stephanie Martin
- Reclutar Gerente de Proyecto
  17/10 ; 17/10
  R: Steve Lewis
- Proyectos relacionados Revisión y Análisis de Resultados
- Proyecto de Plan de Iniciación Preparar
- Sumario El proyecto inicial del equipo
- Proyecto de Revisión de los planes de lanzamiento y Mapa Presentación
- Mantenga la reunión de lanzamiento del proyecto

1.2 Proyecto Objetivo y alcance
- Objetivo del proyecto Establecer
- Alcance del Proyecto Establecimiento de
- Mapa de Requerimientos
- Mapa de la solución
- Mapa del requisito de capacitación
- Examen del Alcance del Proyecto

1.3 Esquema del Proyecto y Presupuesto
- Determinar enfoque del proyecto, etapas y pasos
- Estimación duración de los proyectos
- Establecer los requisitos de recursos
- Preparar Planificación del proyecto y presupuesto
  - Plan de Negocios
  - Plan de Desarrollo de Software
  - Plan Exposición
- Preparar Estructura de Trabajo
- Documento Criterios de Éxito
- Examen de Planificación del proyecto

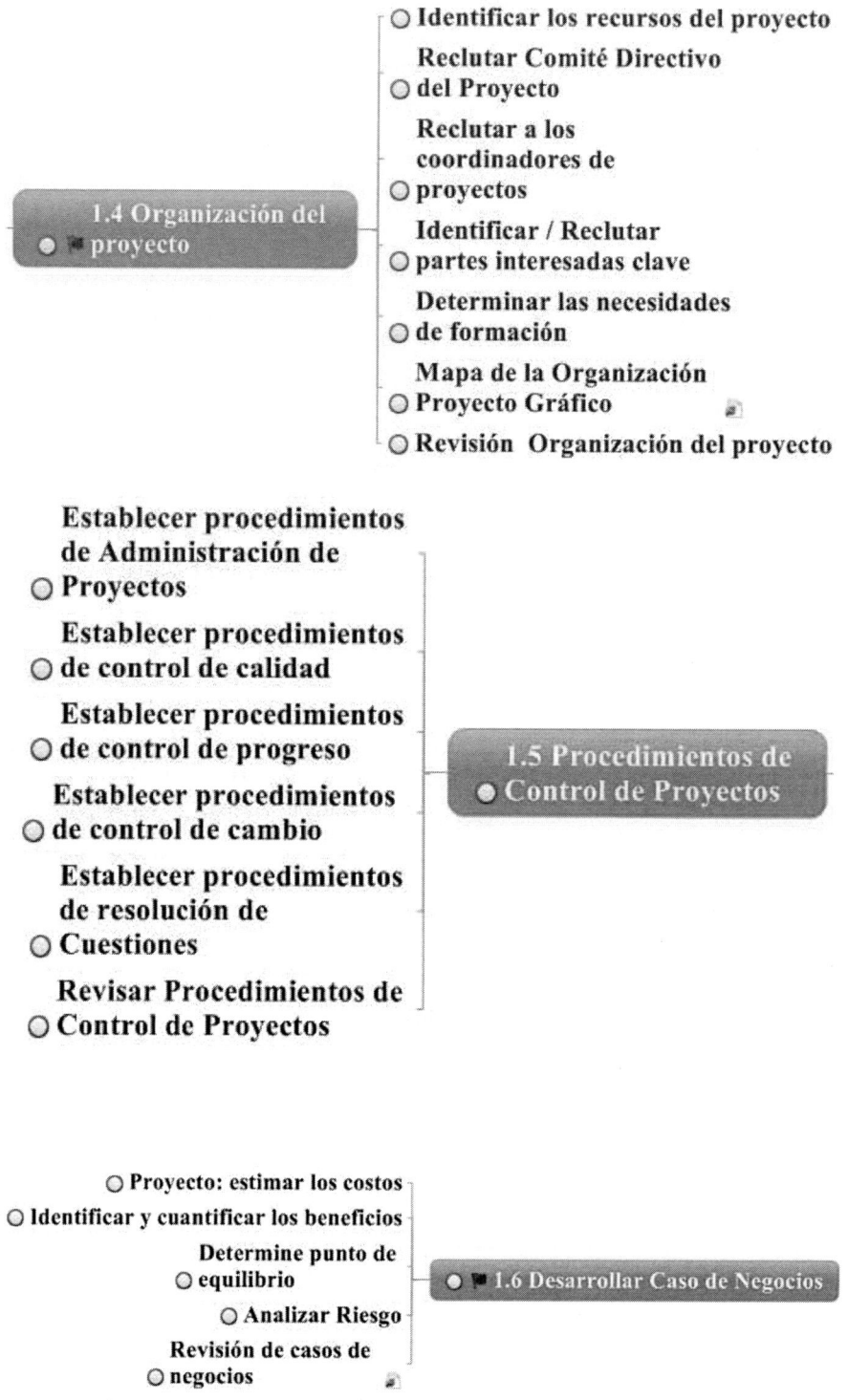

1.4 Organización del proyecto

- Identificar los recursos del proyecto
- Reclutar Comité Directivo del Proyecto
- Reclutar a los coordinadores de proyectos
- Identificar / Reclutar partes interesadas clave
- Determinar las necesidades de formación
- Mapa de la Organización Proyecto Gráfico
- Revisión Organización del proyecto

1.5 Procedimientos de Control de Proyectos

- Establecer procedimientos de Administración de Proyectos
- Establecer procedimientos de control de calidad
- Establecer procedimientos de control de progreso
- Establecer procedimientos de control de cambio
- Establecer procedimientos de resolución de Cuestiones
- Revisar Procedimientos de Control de Proyectos

1.6 Desarrollar Caso de Negocios

- Proyecto: estimar los costos
- Identificar y cuantificar los beneficios
- Determine punto de equilibrio
- Analizar Riesgo
- Revisión de casos de negocios

Iniciación Preparar etapa
○ **de evaluación**

    Revisar Opinión Inicio
  ○ **etapa de evaluación**

Seguimiento de Evaluación
○ **Etapa Iniciación**

    Compilar Informe
  ○ **Iniciación Proyecto**

1.7 Iniciación del proyecto
● etapa de evaluación

Módulo 9 Gestión de la Comunicación

Debes hacer aquello que crees que no puedes hacer.

Eleanor Roosevelt

1. INTRODUCCIÓN

1. INTRODUCCIÓN

No es suficiente con saber lo que hay que decir, también hay que saber cómo decirlo. Aristóteles.

La comunicación es el combustible que nos lleva a la meta, al éxito del proyecto, pero… ¿qué son las comunicaciones del proyecto? Pues son todos los medios y formas con que un proyecto interactúa con sus *stakeholders*.

La gestión de las comunicaciones del proyecto comprende los procesos necesarios para, en el momento y manera adecuados, asegurar la elaboración, recopilación, distribución, archivo y disposición definitiva de la información del proyecto.

2. ELEMENTOS DE COMUNICACIÓN

Según el PMI, los jefes de proyecto pasan alrededor del 90% de su tiempo comunicándose. Por esta razón son muy importantes las habilidades interpersonales: Liderazgo, Creación y Gestión de equipos, Motivación, Influenciación, Toma de Decisiones, Negociación y una buena capacidad de Comunicación.

Básicamente podemos encontrar dos tipos de comunicación:

2.1. GESTIÓN DEL PROYECTO

- Informes de…
- Estado del proyecto
  o Ejecutivos
  o Financieros
  o Organización del proyecto
- Reuniones de…
  o Comienzo o *Kick-off*
  o Revisión del progreso

- o Gestión de Riesgos
- Registros de…
  - o Riesgos
  - o Problemas
  - o Peticiones de cambios
- Presentaciones
- Matriz de función-responsabilidad
- Cualquier entregable del proyecto

2.2. GESTIÓN DE LA ORGANIZACIÓN DEL PROYECTO

- Nombre/identidad del proyecto
- Página web del proyecto
- Boletines
- Referencia a las preguntas más frecuentes (FAQ)
- Notas de relaciones públicas
- Reuniones cara a cara con cada implicado
- Campañas de concienciación

3. LA GESTIÓN DE LAS COMUNICACIONES

Características que tiene:

- Proporciona las conexiones clave entre personas, ideas e información, que son necesarias para el éxito del proyecto.
- Cualquier persona implicada en el proyecto debe estar preparada para enviar y recibir comunicaciones en el "lenguaje" del proyecto
- Las comunicaciones que se realizan entre personas afectan al proyecto en su conjunto.
- La comunicación desde el punto de vista de la dirección general está relacionada, pero no es igual, con la gestión de las comunicaciones del proyecto:
- Comunicación es un término general y comprende una gran cantidad de aspectos que no se circunscriben solamente al contexto del proyecto.

Tenemos:

- **Modelos emisor – receptor**

Lazos de retroalimentación, barreras de la comunicación, etc.

- **Elección del medio**

Cuándo comunicar por escrito y cuándo hacerlo oralmente. Cuándo escribir informalmente o cuándo hacerlo formalmente, etc.

- **Estilo de redacción**

Voz activa frente a voz pasiva, estructura de las oraciones, elección del vocabulario, etc.

- Técnicas de presentación

Lenguaje del cuerpo, ayudas visuales, etc.

- **Técnicas de gestión de reuniones**

4. EL CICLO DE LA GESTIÓN DE LAS COMUNICACIONES DEL PROYECTO

- **Planificar las comunicaciones**

Determinando las necesidades de información y comunicaciones de los *stakeholders,* involucrados en el proyecto: *quién* necesita *qué* tipo de información, *cuándo* la van a necesitar y *cómo* les será enviada.

- **Distribuir la información**

Poniendo a disposición de los *stakeholders* del proyecto la información necesaria y en el momento adecuado.

- **Informar del rendimiento**

Recopilando y distribuyendo la información sobre el desarrollo del proyecto, esto es:

  o Informes de situación o estado.
  o Evaluaciones del progreso.
  o Previsiones o proyecciones.
- Gestionar a los *stakeholders* (interesados)

Gestionando las comunicaciones para satisfacer los requisitos de los *stakeholders* del proyecto y resolviendo las polémicas que surjan entre ellos.

2. LA PLANIFICACIÓN DE LAS COMUNICACIONES

1. INTRODUCCIÓN

Os escribo una carta larga porque no tengo tiempo de escribirla escueta.
Voltaire.

La planificación de las comunicaciones comprende la determinación de la información y comunicaciones que necesitan cada uno de los *stakeholders* del proyecto, esto es, quiénes necesitan información, cuándo la van a necesitar y cómo se les va a proporcionar.

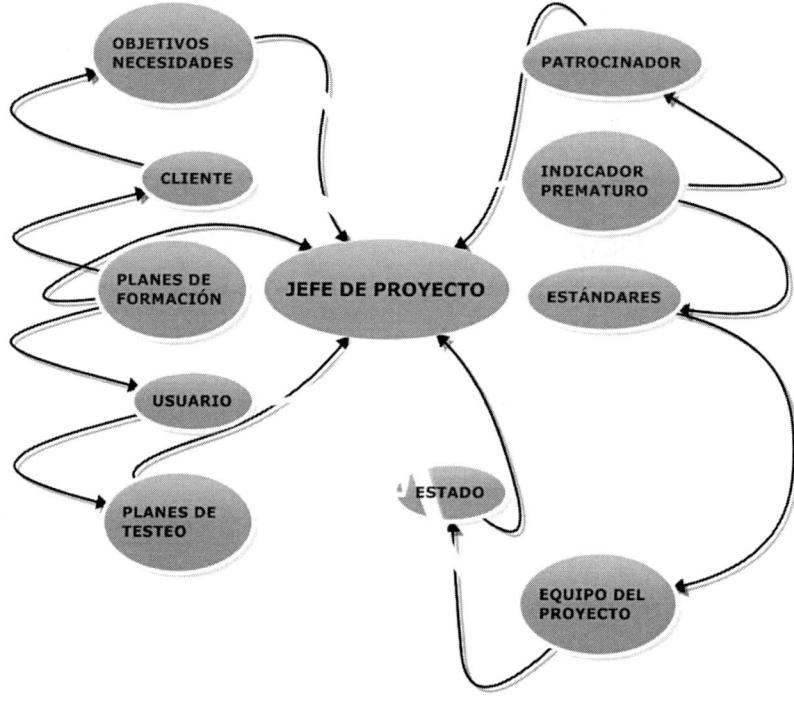

FIGURA 9.1

Todos los proyectos necesitan emitir información, sin embargo, las necesidades informativas y los medios de distribución pueden variar mucho de un proyecto a otro, siendo un factor importante para su éxito.

En la mayoría de los proyectos, la mayor parte de la planificación de las comunicaciones se realiza como una parte de la fase inicial del proyecto. Los resultados de este proceso deben ser reconsiderados con regularidad a lo largo del proyecto y revisados cuando sea necesario para asegurar su vigencia.

Con frecuencia, la planificación de las comunicaciones estará muy ligada con la planificación de la organización (RR.HH. implicados y demás *stakeholders*), pues su estructura tendrá un efecto importante en los requerimientos de comunicaciones del proyecto.

Los elementos de un plan de comunicaciones podrían ser:

* Proceso de Comunicación

* Herramientas disponibles

* Calendario de hitos del Plan de Comunicaciones

* Informes y revisiones
    o Tipo
    o Frecuencia
    o Responsabilidad
    o Receptores

* Agenda y minutas de reuniones

* Contactos con el cliente

* Contactos con Terceros

* Otros planes:
    o Riesgos
    o Acuerdo internos
    o Intercambio de Datos

2. LAS HABILIDADES DE COMUNICACIÓN

La habilidad de comunicar bien es el mejor recurso del jefe del proyecto.

Todos los aspectos de tu trabajo como jefe de proyecto llevarán implícita la comunicación. Y como ya os apuntamos, los jefes de proyecto emplean hasta el 90% de su tiempo comunicando de una u otra manera. Por esto, las habilidades de comunicación son indiscutiblemente las habilidades más importantes que puede tener un Gestor de Proyecto. Tan importantes o más que las habilidades técnicas.

En esta sección, discutiremos el acto de la comunicación, el comportamiento en la escucha y la resolución de conflictos. Se utilizará cada una de estas técnicas con el equipo de proyecto, con las entidades involucradas, los clientes y el equipo de dirección.

El valor añadido del jefe de proyectos está en la disposición de la información, su correcto uso y la correcta comunicación de esta información.

3. EL INTERCAMBIO DE INFORMACIÓN

La comunicación es el proceso de intercambiar información. Hay tres elementos en toda comunicación:

1. Emisor
2. Receptor
3. Mensaje

FIGURA 9.2

3.1. EL EMISOR

Es la persona responsable de poner toda la información junta de una manera clara y concisa.

La información debe estar completa y ser presentada de manera que el receptor sea capaz de entenderla correctamente.

Hagamos el mensaje relevante para el receptor. La información que no corresponde de ninguna manera al receptor no es más que un mensaje molesto, como mínimo.

La responsabilidad de que el mensaje sea entendido es del emisor, no del receptor.

Errores al actuar como emisor:

- Errores de información
- Redundancia
- Ambigüedad
- Defectos en la expresión
- Actitudes: hacia sí mismo, hacia el tema, hacia el receptor

3.2. EL RECEPTOR

Es la persona a la cual va dirigido el mensaje.

Es responsable de entender la información de manera correcta y asegurarse de haberla recibido toda.

Tengamos en cuenta que los receptores filtran la información que reciben bajo su conocimiento del tema, influencias culturales, idioma, emociones, actitudes y localización geográfica. El emisor deberá tener en cuenta estos filtros cuando envíe un mensaje para que el receptor entienda de manera clara y concisa el mensaje enviado.

Errores al actuar como receptor:

- Inferencias
- Tensión emocional
- Defensas perceptivas
- Tendencia a evaluar
- Estereotipos
- Ruidos

3.3. EL MENSAJE

Es la información que ha sido enviada y recibida.

Puede ser:

- Escrito, oral y no verbal

- Formal o informal

- Interno o externo

- Horizontal o vertical

  o La comunicación horizontal son mensajes enviados y recibidos a tus iguales.

  o La comunicación vertical son mensajes enviados y recibidos a los subordinados y por encima, a la dirección ejecutiva.

FIGURA 9.3

Haz tu mensaje tan sencillo como puedas para ser certero. No compliques el mensaje con detalles innecesarios y argot técnico que los otros puedan no entender.

Un truco simple que permite aclarar tu mensaje, especialmente los mensajes verbales, es repetir la información básica de forma periódica.

Se enseña a los oradores que la mejor manera de organizar un discurso es:

- Romper el hielo con una anécdota corta o historia

- Informar primero a la audiencia de lo que se les va a hablar

- Segundo, contárselo

- Tercero, repetirles lo que ya les has dicho

- Acabar con otra anécdota corta o historia

Repetimos: la responsabilidad de que el mensaje sea entendido es del emisor, no del receptor.

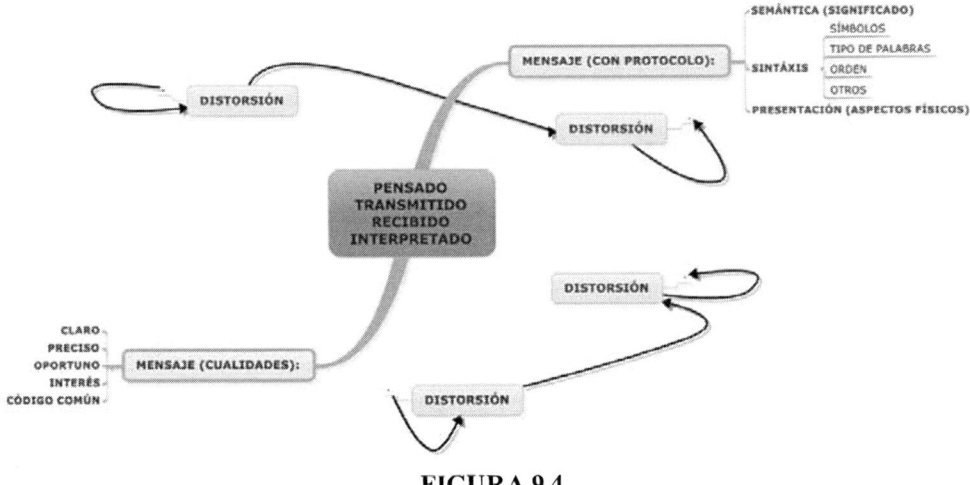

FIGURA 9.4

Un aspecto muy importante de los mensajes y que siempre hay que tener en cuenta es que los mensajes se emiten para provocar respuestas, tienen una finalidad. Nunca se envían porque sí.

4. MÉTODOS DE INTERCAMBIO DE INFORMACIÓN

Emisores, receptores y mensajes son los elementos de la comunicación.

La manera de "empaquetar", codificar y transmitir la información por parte del emisor, y la manera en la que el receptor "desempaqueta" o decodifica el mensaje son los métodos del intercambio de información.

4.1. LA CODIFICACIÓN

Los emisores codifican los mensajes. Codificar es un método para poner la información en un formato que el receptor pueda entender.

El vocabulario (idioma), los dibujos y los símbolos son formas de codificar un mensaje.

Resumiendo, la codificación da formato a la información para su transmisión.

4.2. *LA TRANSMISIÓN*

Es la manera en la que la información llega del emisor al receptor.

Palabras dichas, documentos escritos, memorándums, *e-mails*, correos de voz, etc., son métodos de transmisión.

4.3. *LA DECODIFICACIÓN*

Decodificar es lo que hace el receptor con la información cuando le llega: la convierten a un formato inteligible.

Normalmente, significa leer los memorándums, o escuchar al comunicante, etc.

5. FORMAS DE COMUNICACIÓN

La comunicación se lleva a cabo primariamente de forma oral o escrita. A su vez puede ser formal o informal.

5.1. *COMUNICACIÓN ORAL-ESCRITA*

La comunicación verbal es más fácil y menos complicada que la escrita, es habitualmente el método más rápido de comunicación y que más tenemos trabajado (más dominamos).

Por otro lado, la comunicación escrita es una manera excelente de enviar un mensaje detallado y complejo. Las instrucciones detalladas se dan mejor de manera escrita, ya que da al lector la posibilidad de volver de nuevo sobre la información que no le quedó demasiado clara.

5.2. *¿COMUNICACIÓN FORMAL O INFORMAL?*

Ambas formas de comunicación, bien sea oral o escrita, pueden dirigirse de una manera formal o informal.

Los discursos o conferencias son una manera formal de comunicación oral. La mayoría de las reuniones de avance de proyecto adoptan una manera algo más formal así como se hace en los Informes de estado del proyecto, aunque de forma escrita.

Generalmente, cuando hablamos, el jefe de proyecto debe adoptar una forma de comunicación informal cuando trata con los *stakeholders* y los miembros del proyecto que no pertenecen al tatus de la reunión. Esto hace que parezcas más abierto y amigable, más cercano a la hora de hacer preguntas y conclusiones.

Formas de comunicación	Situación
Formal Escrita	Problemas complejos, Planes de Proyectos, Acta del Proyecto, Comunicaciones a larga distancia, etc.
Formal Oral	Presentaciones, Discursos, etc.
Informal Escrita	Memos, *e-mails*, Notas, etc.
Informal Oral	Mítines, Conversaciones, etc.

6. BENEFICIOS DE UNA BUENA COMUNICACIÓN

- La transmisión de los aspectos generales de la organización (misión, visión, valores, estrategia, etc.)
- Coordinación entre departamentos
- Coordinación entre las actividades del proyecto
- La toma de decisiones
- Favorecer la participación
- La movilización
- La mejora de la eficiencia
- La motivación

7. PERJUICIOS DE UNA MALA COMUNICACIÓN

- Falta de identificación del personal con la empresa
- Falta de identificación del personal con el proyecto
- Falta de especificación de objetivos y cometidos de los miembros del equipo
- Generación de conflictos y rivalidades
- Creación de sistemas informales de comunicación

8. BARRERAS O RUIDOS EN LA COMUNICACIÓN

Nos podemos encontrar con:

- Palabras: significados, tecnicismos...
- Prejuicios: culturales, raciales, condición social, sexo, religión...

- Encasillamientos o colocar "etiquetas" a la gente
- La semejanza: lo que es bueno para mí es bueno para todo el mundo
- Filtros: oír y entender lo que nos interesa.
- Suposición: cuidado con lo que damos por cierto
- La dimensión y la estructura de la organización
- Los conflictos, rivalidades o falta de claridad en los objetivos
- El estilo de dirección
- Falta de competencia en la comunicación
- Temor a perder el poder
- Utilización de canales de comunicación insuficientes o no adaptados a los receptores
- La situación del entorno laboral

9. LÍNEAS DE COMUNICACIÓN

En las comunicaciones de un proyecto siempre intervienen más de una persona. Los modelos de cadena de comunicación han sido ideados para tratar de explicar las relaciones entre las personas y el número o tipo de interacciones necesarias entre los participantes en el proyecto.

Los modelos de la cadena o línea de comunicación consisten en nodos con líneas que conectan otros nodos, lo que indica el número de canales de comunicación.

La figura nos muestra un ejemplo de comunicación en estrella entre 6 participantes.

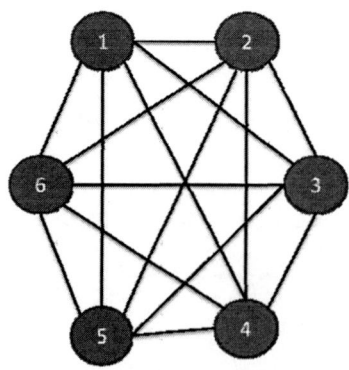

FIGURA 9.5

Los nodos son los participantes, y las líneas nos muestran la conexión entre todos ellos. Dados N participantes, puedes dibujarlo como en el ejemplo y contar las líneas, o usar la fórmula para calcular los canales de comunicación:

$$\text{N}^{\text{o}} \textbf{ Canales} = [\textbf{n} \times (\textbf{n} - \textbf{1})] / \textbf{2}$$

Ejemplo: si tuviéramos 10 participantes, el número de canales de comunicación sería:

$$10 \times 9 / 2 = 45$$

Diferentes tipos de redes cumplen diferentes cometidos.

Ejemplos de redes:

EN CADENA

FIGURA 9.6

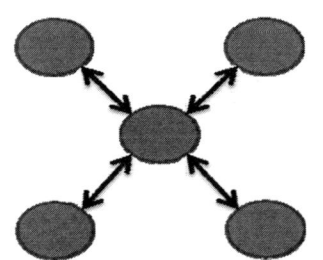

RED CENTRALIZADA – RUEDA

FIGURA 9.7

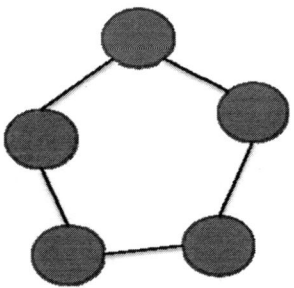

CÍRCULO

FIGURA 9.8

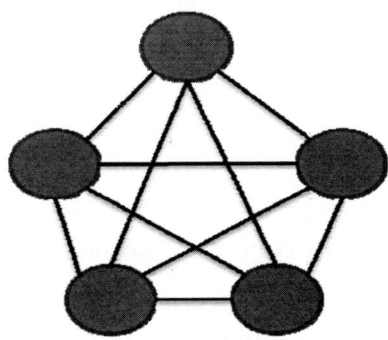

ESTRELLA

FIGURA 9.9

10. HABILIDADES EFECTIVAS DE ESCUCHA

– ¿Qué has dicho?

– Creí que me habías entendido.

Muchas veces pensamos que estamos escuchando cuando realmente no lo estamos haciendo. Sinceramente, es imposible dejar tu mente en blanco para captar la información que recibes. Pero es importante realizar una escucha activa cuando alguien está hablando.

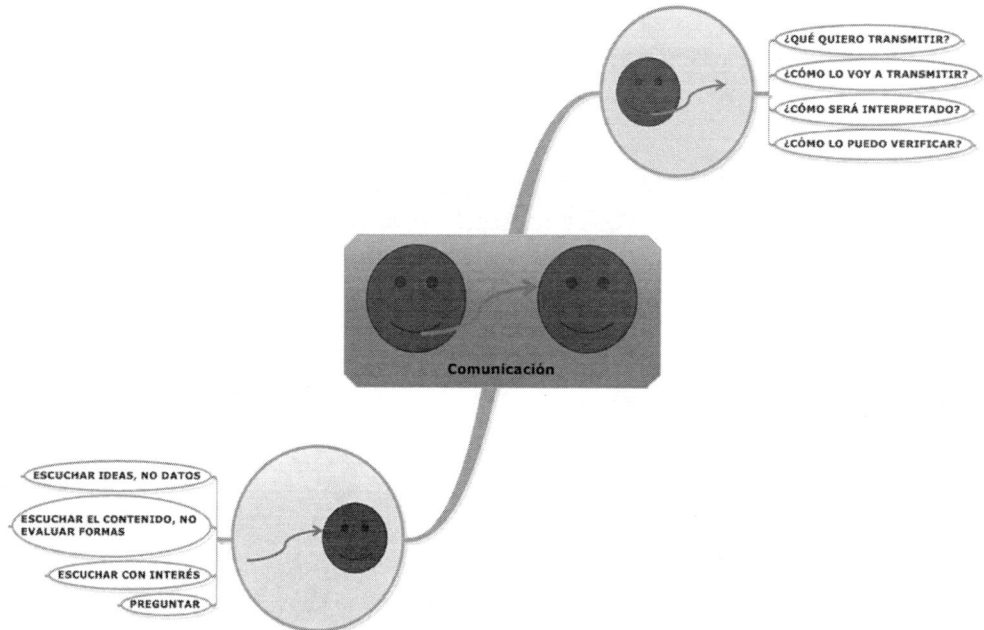

FIGURA 9.10

Como jefe de proyecto, estarás la mayor parte del tiempo comunicándote con los miembros del equipo, con las entidades involucradas, los clientes, los vendedores y otros. Esto significa que tendrás que ser tan buen escuchador como comunicador.

10.1. TÉCNICAS DE ESCUCHA

• Para escuchar de una forma más activa, hay que mostrarse interesado. Esto hará sentir al comunicante cómodo, y también te beneficiará a ti.

• Mantener un contacto visual con el comunicante es otra forma efectiva de escucha. Esto permite al comunicante saber que estás prestando atención a lo que está diciendo y que te interesa.

- Pónselo fácil a los comunicantes haciéndoles ver de antemano que estás interesado en lo que van a contar y que estás ansioso por saber lo que van a decir. Mientras hablen mueve la cabeza, sonríe y haz comentarios cuando sean apropiados para que el comunicante vea que estás entendiendo su mensaje.

- Si no entiendes algo haz preguntas clarificadoras.

- Recapitula lo que el comunicante ha dicho con tus propias palabras y repíteselo a él. Comienza con algo como: "Déjame ver si te he entendido correctamente, dices que...", y pregunta al comunicador si le has entendido bien.

10.2. PASOS HACIA UNA ESCUCHA EFECTIVA

Escuchar es una de las operaciones más difíciles que llevamos a cabo y para facilitarnos la vida es recomendable seguir los siguientes pasos:

1. Percibiendo: oyendo el mensaje y no únicamente oyendo el ruido.

2. Comprendiendo: apreciando el mensaje, cuál es su valor y qué significado tiene para nosotros.

3. Respondiendo: haciendo algo con el mensaje.

11. LAS REUNIONES

Es un método útil de recoger y compartir la información.

Existen varios tipos de reuniones, como las informativas, revisión del progreso, ejecutivas o resolución de problemas, de tratamiento de riesgos, de inicio, etc.

Datos que tener en cuenta:

- Cada tema debe durar como máximo entre 15 y 20 minutos.

- Una reunión debe tratar como máximo 4 temas.

- Una reunión de más de 7 personas no puede ser ejecutiva pues es muy difícil llegar a un consenso sobre una posible solución. Sería una reunión informativa.

11.1. TÉCNICAS

Para que las reuniones sean efectivas y eficientes:

- Planificar la reunión:

  o Determinar los objetivos de la reunión.

- o   Invitar a las personas adecuadas.

- o   Determinar la preparación necesaria de los participantes para que resulte útil.

- Enviar el 'Orden del día'.

- Facilitar la marcha de la reunión:

  - o   Actúa como el director de la reunión.

  - o   Al comienzo, revisa las reglas base de la reunión.

  - o   Mantén a todo el mundo involucrado.

  - o   Haz que la reunión fluya.

  - o   Solicita respuestas.

  - o   Resume los puntos principales.

- Permanecer centrado en los asuntos:

  - o   Centra la reunión en el tema o temas.

  - o   Estructura y divide el tiempo para los distintos elementos que haya en la agenda.

- Tomar notas.

- Cerrar adecuadamente la reunión:

  - o   Resume los resultados de la reunión

  - o   Programa las posibles futuras reuniones necesarias.

  - o   Agradece la asistencia y participación del personal.

- Enviar las actas:

  - o   En un plazo máximo de 24 horas.

  - o   A los participantes y a las partes afectadas.

3. DISTRIBUCIÓN DE LA INFORMACIÓN

1. INTRODUCCIÓN

El 60% de los problemas empresariales son consecuencia de una mala planificación. Peter Druker.

La distribución de información implica poner a disposición de los *stakeholders* la información necesaria de manera oportuna.

Se hace para mantener informados a los *stakeholders* de manera periódica para dar a conocer los progresos del proyecto.

Formas de distribuir la información: informes de estatus, reuniones de proyecto, reuniones de revisión, etc.

2. SISTEMAS DE GESTIÓN DE LA INFORMACIÓN

Los sistemas de gestión son herramientas o dispositivos en los que la información está almacenada y gracias a los cuales se puede compartir de una forma eficiente por todos los miembros del equipo de proyecto.

Incluyen sistemas como el *software* empleado en el proyecto, sistemas manuales de archivo y bases de datos electrónicas.

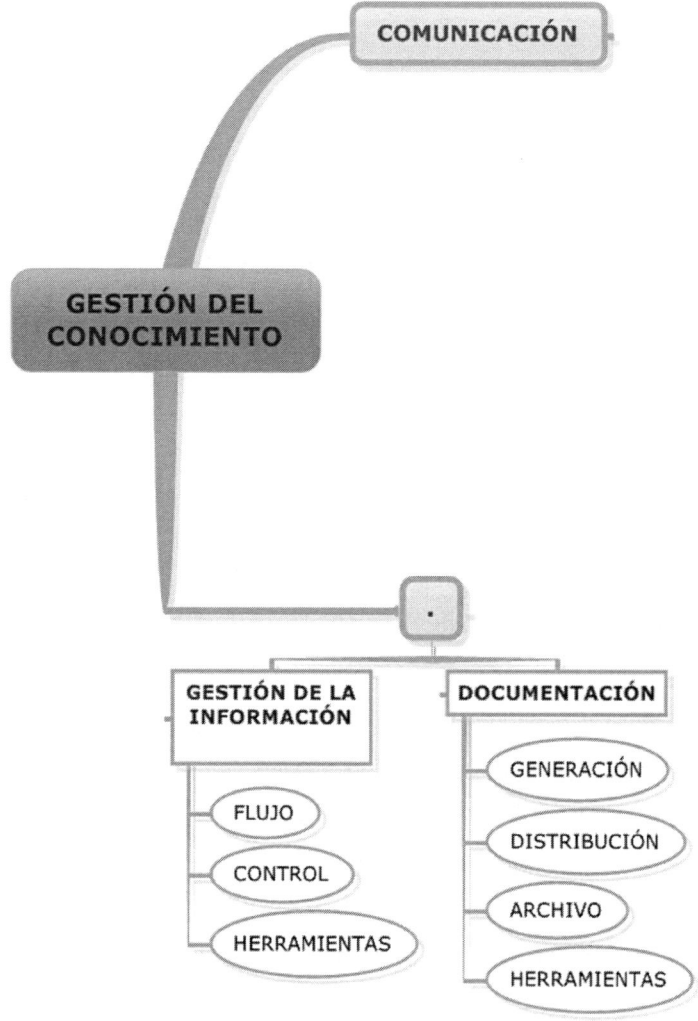

FIGURA 9.11

No se debe confundir el propio sistema de gestión con los métodos de distribución de la información (comunicación).

3. MÉTODOS DE DISTRIBUCIÓN DE LA INFORMACIÓN

Los métodos de distribución son los caminos que utilizan los miembros del proyecto y las entidades involucradas para obtener o difundir la información del proyecto.

Serían: correo electrónico, correo tradicional, mensajes de voz, video conferencias, etc.

4. LOS REGISTROS DEL PROYECTO

Es un de los tres tipos de documentos que emplearemos para distribuir la información.

Incluye memoranda, correspondencia y otros documentos relativos al proyecto. También los podemos encontrar con el nombre de actas.

El mejor lugar para guardar información de este tipo es en un archivador del proyecto y serán mantenidos por el jefe de proyecto o por la oficina del proyecto. Contienen toda la información generada por el proyecto.

Estas actas sirven de registro histórico una vez que el proyecto ha concluido (lecciones aprendidas).

5. LOS INFORMES DEL PROYECTO

Son el segundo tipo de documento para distribuir la información.

Pueden ser:

• Los informes de estado del proyecto.

• Las actas de las reuniones del proyecto.

5.1. TÉCNICAS

Para generar un informe inteligible y de valor para sus lectores, tenemos una serie de técnicas muy eficaces:

• **Detalle apropiado:**

Según la audiencia a la que se envíe, les interesarán unos elementos u otros, así como un mayor o menor detalle de información.

• **Página resumen y detalles en anexos:**

El informe no debe pasar de 2 páginas a lo sumo y plantéalas como un resumen de lo que se encontrarán en los distintos anexos.

La existencia de anexos también nos permite crear informes que con pocas variaciones puedan ser enviados a diferentes audiencias.

• **Emplea métodos visuales:**

Diagramas, gráficos, etc. Una imagen vale más que 1000 palabras.

• **Empleo de lista con viñeta**s:

Muy útiles para resumir factores claves.

6. PRESENTACIONES DEL PROYECTO

Son 'ventanas' de comunicación para dar a conocer la información del proyecto a los *stakeholders* y, si es necesario, a otras partes. Como ventanas que son, tienen un tiempo limitado de oportunidad.

La presentación puede ser formal o informal, dependiendo de la audiencia y de la información que sea comunicada.

4. LOS INFORMES DE RENDIMIENTO

1. INTRODUCCIÓN

Este informe, gracias a lo largo que es, está protegido contra el riesgo de ser leído. Winston Churchill.

Estos informes reúnen y distribuyen la información sobre el desarrollo del proyecto para proporcionar a los *stakeholders* la información sobre *cómo* se están utilizando los recursos para conseguir los objetivos del proyecto.

El informe de rendimiento del proyecto generalmente deberá proporcionar información sobre:

1. El alcance / la calidad

2. El cronograma o plan de tiempos

3. Los costes

4. Muchos proyectos también requieren información sobre el riesgo y el aprovisionamiento

Estos informes pueden prepararse sobre todo el proyecto, o bien sobre aspectos específicos del mismo.

Proveen los tipos de información y el nivel de detalle requerido por los *stakeholders*. Son herramientas muy poderosas de comunicación.

2. TIPOS DE INFORMES DE RENDIMIENTO

- **Informes de estado**

Describe dónde se encuentran los proyectos

- **Informes de progreso:**

Describe lo que ha sido logrado (conseguido).

- **Informes de tendencia:**

Se examinan los resultados del proyecto contra el tiempo (lo planificado) para

- **Informes de desviaciones:**

Compara los resultados actuales con lo planificado.

- **Informes del Valor Ganado (Earned Value):**

Integra las mediciones de Alcance, Coste y Cronograma para asegurar los resultados del proyecto (PV, EV, AC, etc.)

3. TÉCNICAS PARA ESTE TIPO DE INFORMES

- Detalle apropiado:
  - o   En función del tipo de *stakeholder* al que se envíe.
- Empleo de lista con viñetas:
  - o   Abrevia, resume los factores claves con este tipo de listas.
  - o   Haz que el lector pueda evaluar rápidamente el estado del proyecto.
- Emplea métodos visuales:
  - o   Busca oportunidades para presentar la información en formato visual (gráficos, tablas, diagramas, etc.)
- Usa códigos de colores para permitir lecturas rápidas del estado general del proyecto:
  - o   Emplea 3 umbrales para las medidas del proyecto y/o para los factores críticos de éxito.
  - o   Cada umbral tendrá los colores del semáforo: rojo, amarillo y verde.
  - o   Emplea estos tres colores para comunicar el estado de cada medida en el informe de rendimiento que envías.
- Enfoque basado en excepciones:
  - o   Utiliza la 1ª parte del informe de rendimiento para resaltar cualquier excepción o variación al plan del proyecto.
- Página resumen y detalles en anexos:
  - o   Emplea anexos para proporcionar más detalles al que esté interesado en ellos.

o   Usa la técnica de la página resumen para dar a conocer el informe y nunca pases de 2 páginas (preferible no pasar de una1).

4. HERRAMIENTAS Y TÉCNICAS DE LOS INFORMES DE RENDIMIENTO

Para hacerlos vamos a emplear diversas técnicas y herramientas. Son 4:

1. Revisiones de Rendimiento.

2. Análisis de Variación.

3. Análisis de Tendencias.

4. Análisis del Valor del Trabajo Realizado (Earned Value Analysis).
   De estas 4, las más importantes serían: los análisis de variación, los análisis de tendencias y los análisis de valor del trabajo realizado.

4.1. REVISIONES DE RENDIMIENTO

Son reuniones del estado del proyecto mantenidas con el equipo de proyecto y *stakeholders* apropiados, para recoger la situación y progreso del proyecto.

4.2. ANÁLISIS DE VARIACIÓN

Consiste en comparar los resultados reales del proyecto con los resultados planificados o esperados.

Aunque las variaciones de costes y del cronograma son las más frecuentemente analizadas, a menudo también se miden las variaciones respecto al plan de la calidad, de las especificaciones del rendimiento, del riesgo y del alcance.

4.3. ANÁLISIS DE TENDENCIAS

Este tipo de análisis determina si el proyecto está mejorando o empeorando con su transcurrir. Se debe realizar de forma periódica.

Los resultados del análisis se estudian con fórmulas matemáticas que intentan pronosticar las tendencias del proyecto, basándose en información "histórica" y en los propios resultados.

4.4. *ANÁLISIS DEL VALOR DEL TRABAJO REALIZADO (EARNED VALUE ANALYSIS)*

Es el método de medida que más frecuentemente se utiliza. El otro método es el de análisis de hitos valorados.

Compara lo que se ha realizado con lo que se ha gastado.

Os remitimos al módulo de costes.

5. PETICIONES DE CAMBIO

A menudo se requiere introducir cambios que resultan del análisis de las mediciones y de la aplicación de las acciones correctoras.

Para tratar estos cambios debe existir el proceso de Control de Cambios.

5. LA GESTIÓN DE *STAKE-HOLDERS* (INTERESADOS)

1. INTRODUCCIÓN

La información, sin duda alguna, es importante pero más importante aún son las personas.

El propósito de la gestión de los *stakeholders* es la fijación del objetivo integrado del proyecto y para ello es básico mantener una comunicación fluida con ellos y que, además, les aporte valor añadido.

El siguiente esquema muestra la relación entre los diferentes interesados:

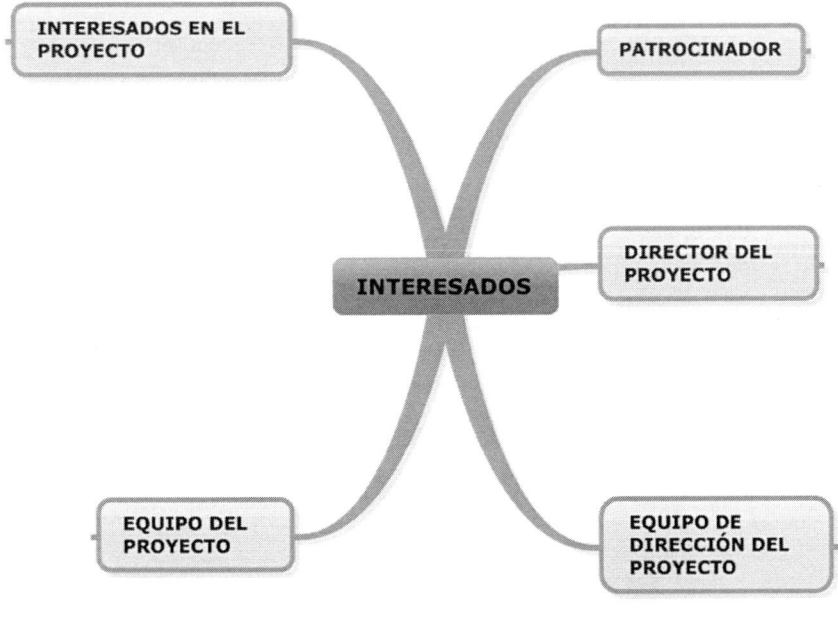

FIGURA 9.12

2. TÉCNICAS Y HERRAMIENTAS

Disponemos de lo siguiente:

* Matriz Poder / Influencia de los *stakeholders*.

* Diagrama de Venn

Para analizar las relaciones entre *stakeholders*.

* Matriz de participación de los principales *stakeholders*.

Para definir nuestra estrategia de actuación.

3. PASOS PARA ANALIZAR LOS STAKEHOLDERS

1. Desarrollar una *lista* de *stakeholders* (individuos, grupos y/u organizaciones) que aportan recursos, conocimientos o simplemente pueden reaccionar positiva o negativamente ante el proyecto.

2. Identificar el *papel* de cada *stakeholder*.
   Por un lado: patrocinador, equipo, competidor, consultor, etc.
   Por otro: toma decisiones, pone recursos, aporta experiencia, etc.

3. Identificar el impacto que el proyecto tendrá para los diferentes *stakeholders*.
   Beneficios o perjuicios. Conflictos por distintos intereses.

4. Identificar su interés.
   Ejemplo: ¿positivo 1, negativo –1, neutral 0, no lo sé?

5. Valorar su influencia en el éxito del proyecto
   Ejemplo: desde 0 (sin influencia), a 5 (puede hacer que el proyecto fracase).
   (¿Controlan algún recurso crítico?)

6. Identificar las relaciones entre los *stakeholders*.

   Para ello sirve un diagrama de Venn. **Ejemplo:**
STAKEHOLDER DEL SISTEMA DE RESERVAS DE PISTAS DE PÁDEL

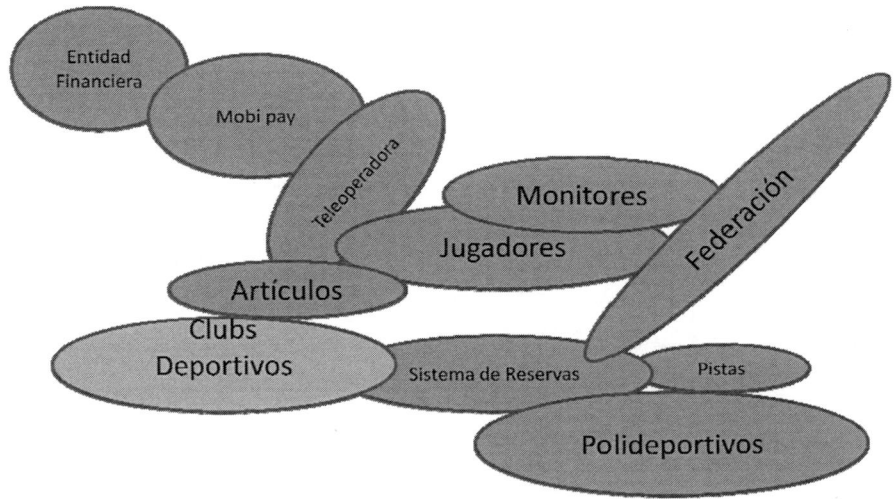

FIGURA 9.13

7. Identificar el objetivo / necesidad de cada *stakeholder*

8. Establecer el orden de prioridad

9. Establecer la estrategia para asegurar el objetivo del *stakeholder*

	Informar	Consultar	Permitir Participar	Permitir Controlar
Inicio				
Planificación	▉			
Ejecución				
Control		▉		
Cierre				

Stakeholder ▉

FIGURA 9.14

4. IDENTIFICACIÓN DE LOS DIFERENTES NIVELES DE PODER

¿Cómo podemos saber el poder que tiene tal o cual *stakeholder*? Veamos las fuentes de poder y sus indicadores:

Fuentes de Poder	Indicadores de Poder	
	Dentro de la Organización	De los *stakeholders* externos
• Jerárquica (poder formal)	• Estatus	• Estatus.
• Influencia (poder informal)	• Derecho a los recursos	• Dependencia de los recursos
• Control de los recursos	• Representación	• Negociación de acuerdos
• Posesión de conocimientos o habilidades	• Símbolos	• Símbolos
• Control del entorno		
• Implicación en la aplicación de la estrategia (autoridad para tomar iniciativas)		

5. EL GRADO DE INFLUENCIA

El poder dentro de la organización no solo está determinado por el lugar que ocupe dentro de la jerarquía, sino que también es clave lo bien que se esté conectado con la organización informal.

Este grado de conectividad de una persona en la organización informal determina en mayor medida su nivel de influencia y la información que maneja.

6. LA MATRIZ PODER/INTERÉS

La relación que tengamos con los *stakeholders* y las acciones necesarias para orientarlos a favor del proyecto vendrán en función de su posición dentro de la matriz poder-interés:

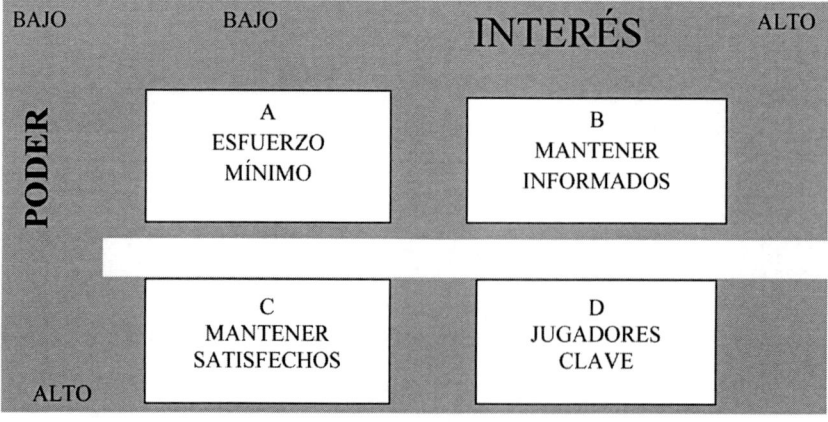

FIGURA 9.15

6. PRIORIDAD DE LOS *STAKEHOLDERS*

Todos estos resultados servirán para establecer el orden de prioridad de los interesados y la estrategia para su gestión.

Se pueden documentar con la siguiente tabla:

STAKEHOLDER	PAPEL QUE JUEGA EN EL PROYECTO	CÓMO LE IMPACTA EL PROYECTO	INTERÉS	PODER / INFLUENCIA	RELACIONES CON OTROS	OBJETIVO / NECESIDAD	PRIORIDAD	ESTRATEGIA

Ejemplo Control Proyecto

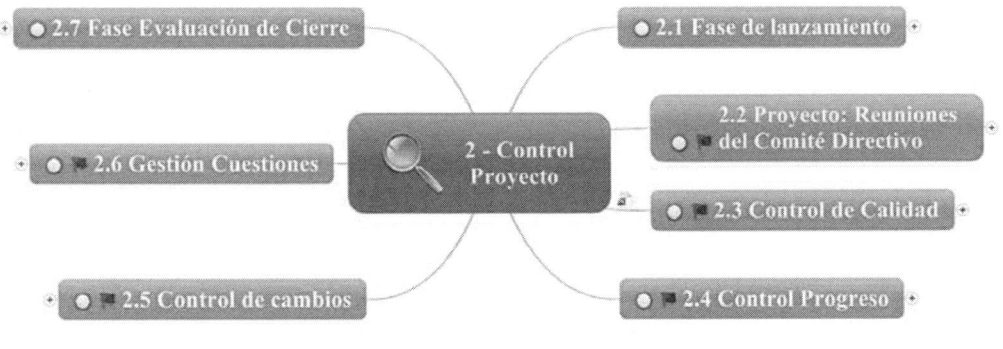

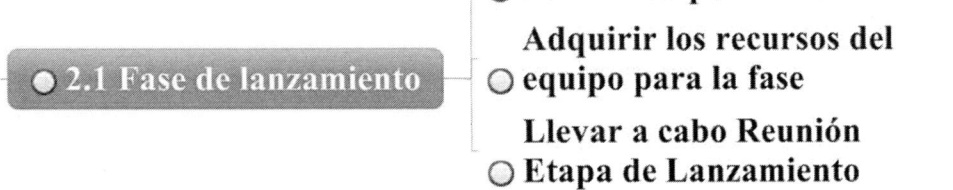

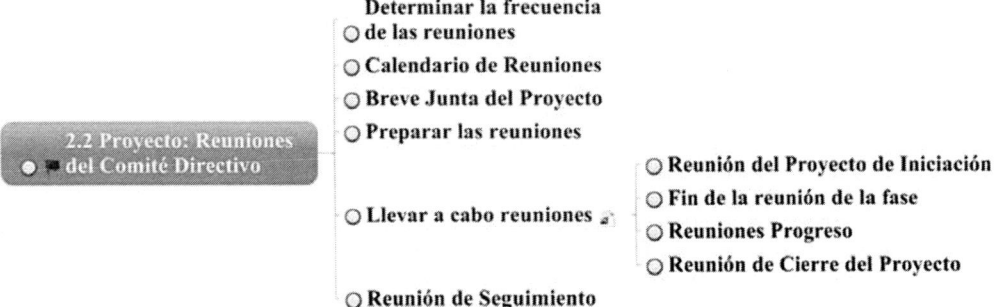

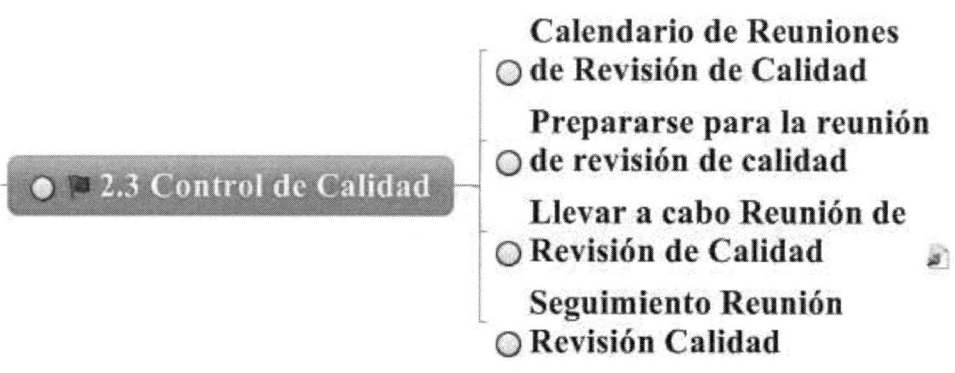

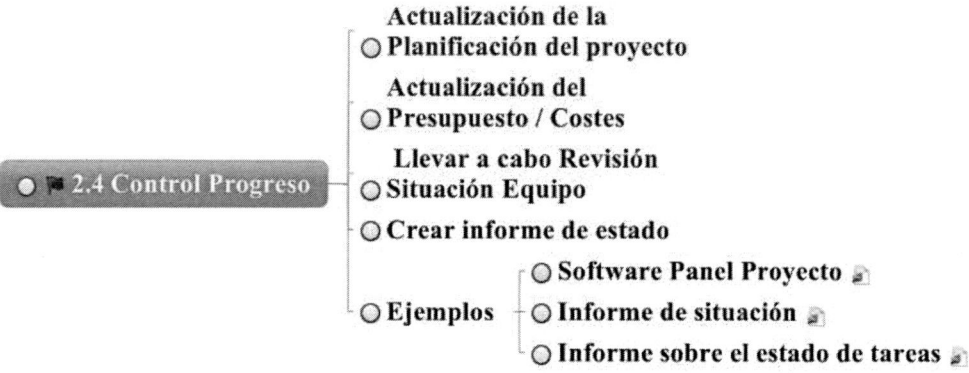

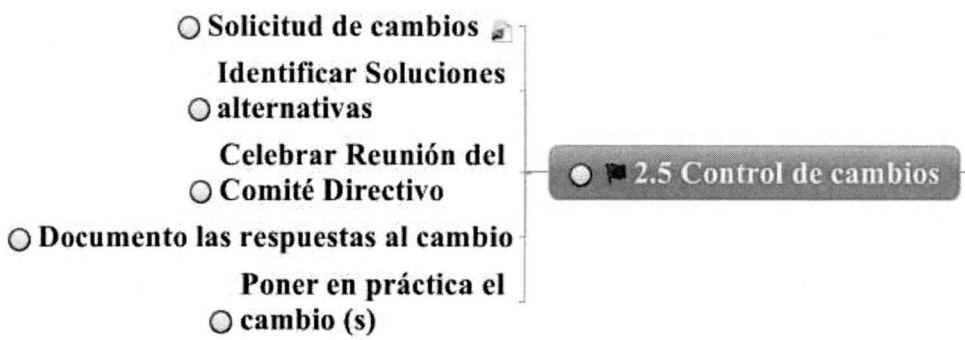

○ Identificar problemas del proyecto

Evaluar impacto de los
○ problemas

○ Asignar los recursos

○ Resolver la cuestión

● ▰ 2.6 Gestión Cuestiones

Determinar la etapa
○ siguiente Tareas

Determinar las
○ dependencias de tareas

○ Estimación de esfuerzo

○ Asignar los recursos

Preparar Calendario
○ siguiente etapa

Preparar Presupuesto
○ siguiente etapa

Actualización de la
○ Planificación del proyecto

Actualización del
○ presupuesto del proyecto

○ Revisión Caso Negocio

○ Revisión Organización del Proyecto

Revisión Alcance del
○ Proyecto

Preparar fase de la
○ evaluación

○ Examen de Evaluación de la etapa

Seguimiento Etapa de
○ Evaluación

○ Compilar Informe Etapa Cierre

● 2.7 Fase Evaluación de Cierre

Módulo 10 Gestión de los Recursos Humanos

Un hombre con una idea es un loco hasta que triunfa.

Mark Twain

1. INTRODUCCIÓN

1. INTRODUCCIÓN

Y fue Jetro, el suegro de Moisés, a visitarlo y vio que pasaba todo el día aten-diendo directamente a todos los integrantes del pueblo, y le dijo: "No está bien lo que haces. Desfallecerás del todo tú y también este pueblo que está contigo; porque el trabajo es demasiado pesado para ti; no podrás hacerlo tú solo". Y continuó dándole consejo: "Escoge de entre todo el pueblo varones de virtud, temerosos de Dios, varones de verdad, que aborrezcan la avaricia; y ponlos sobre el pueblo por jefes. Y enseña a ellos las ordenanzas y las leyes; y muéstrales el camino por donde deben andar y lo que deben hacer" (Éxodo, 18).

Esta cita bíblica (¿de más de 5000 años?), surgida de una sociedad tribal de pastores, tiene vigencia actual en la gestión de los RR.HH. de nuestro proyecto, pues nos habla de nuestro papel como **líderes** del proyecto:

- Delegaremos funciones en otros líderes.

- Entrenaremos a quienes habrán de ser líderes.

No olvidemos nunca que son personas las que llevan a cabo las tareas para obtener el/los entregable/s del proyecto. Vamos, que trabajamos con personas para satisfacer las necesidades de otras personas.

También tenemos que tener en cuenta que uno de los factores clave en la planificación, ejecución y control de nuestro proyecto, y que determinará el éxito o el fracaso del mismo, es disponer del personal adecuado en el momento adecuado.

1.1. GESTIONAR LOS RECURSOS HUMANOS DEL PROYECTO, ¿QUÉ ES?

La Gestión de los Recursos Humanos del Proyecto incluye los procesos que organizan y dirigen el equipo del proyecto.

El equipo del proyecto estará compuesto por personas a quienes les asignaremos roles y responsabilidades para concluir el proyecto, esto es, lo que esperamos de ellos. Su participación temprana aporta experiencia durante el proceso de planificación y fortalece el compromiso con el proyecto. El tipo y la cantidad de sus miembros suele cambiar a medida que avanza el proyecto.

El equipo de dirección del proyecto es un subgrupo del equipo del proyecto y es responsable de las actividades de dirección de proyectos: planificación, control y cierre.

El patrocinador del proyecto trabaja con el equipo de dirección del proyecto, ayudando en cuestiones como la financiación del proyecto, aclarando preguntas sobre el alcance y ejerciendo influencia sobre otros a fin de beneficiar al proyecto.

1.2. EL OBJETIVO DE LA LECCIÓN

Esta lección va a tratar dos aspectos importantes: (1) nuestras competencias necesarias para ser un buen director de proyecto y (2) las competencias necesarias para formar y crear equipo.

También vamos a poner la tercera pata al taburete para realizar proyectos tan eficaces como eficientes desde nuestra perspectiva como jefes de proyecto. Ya pusimos las dos primeras:

- **1** Vimos que conocer las necesidades del cliente (intentando averiguar lo que realmente necesita), las de nuestra organización y del resto de los *stakeholders* nos proporciona el objetivo integrado que tenemos que lograr (estamos orientados a resultados).

Este objetivo integrado tiene que estar en consonancia con la estrategia de la empresa (misión y visión), esto es, **a dónde** nos dirigimos. Recordemos que los proyectos son una oportunidad, un motor de cambio de nuestra empresa e integración en el mercado.

- **2** Después hemos visto procesos para conseguir realizar el trabajo, esto es, *cómo* lo haremos, o sea, convertir la visión general (las metas) en tareas específicas y tenerlas bajo control.

Y ahora:

- **3** La gestión de los RR.HH. nos permitirá decir *quién* lo hará. Si no tienes al personal adecuado y, en el lugar preciso tendrás pobres resultados al ejecutar lo planeado. ¿Cómo los conseguiremos?

1.3. NUESTRO PAPEL

Nosotros, como jefe de proyecto, somos el líder del proyecto (lo cual no significa que no lo podamos 'ceder' temporalmente si nos conviene), y como tal, (1) tendremos que tener la "visión global", pero también (2) estaremos al tanto de los detalles de cómo se va a ejecutar nuestro proyecto.

Se espera de nosotros que...

• Seamos capaces de pensar estratégicamente y estar alineados con nuestra organización y su visión, misión y estrategia.

• Los miembros del equipo, o "personal del proyecto", participen en la planificación y toma de decisiones del proyecto, pues son los técnicos expertos.

• Nuestro estilo de liderazgo varíe según la fase del proyecto en la que estemos.

• Asesoremos en los aspectos relacionados con la Ética Profesional.

Repasemos nuestro desempeño, nuestro rol:

• Tener 'Visión Global'

• Gestionar las comunicaciones del proyecto.

• Gestión de los riesgos.

Características de nuestro papel:

• Estamos orientados a conseguir los resultados.

• Somos los responsables de la marcha y resultados del proyecto.

• Nuestra implicación en la ejecución debe ser total.

¿Qué competencias tendremos que aplicar?

FIGURA 10.1

- **Actitudes de Dirección General:** Liderazgo, comunicación, negociación, etc.

- **Trato Personal:** Delegación, motivación, enseñanza, apadrinamiento, etc.

- **Trato en Grupo:** Creación de equipos, resolución de conflictos, etc.

- **Administración de Recursos Humanos:** Análisis del grado de preparación, reclutamiento, retención, relaciones laborales, seguridad e higiene, etc.

- **Pensamiento estratégico:**

Proceso de especificar objetivos, políticas y planes de una organización para alcanzar dichos objetivos, y asignar recursos para poner los planes en ejecución. Tiene tres niveles:

o **Corporativa**

La gerencia estratégica más alta. Tiene un enfoque a largo plazo. Da los valores, la cultura, las metas y los objetivos corporativos. Es la que decide los negocios a desarrollar y los negocios a eliminar, la sinergia entre las distintas unidades de negocio, etc.

enfasis está en los planes a largo plazo.

o **De negocios**

Específica para cada unidad de negocio, tratando de determinar cómo desarrollar lo mejor posible las actividades correspondientes a la unidad estratégica.

enfasis está en los planes a medio plazo.

o **Funcional**

Se refiere a la estrategia de cada función de cada unidad de negocios e incluye: estrategias de comercialización, de desarrollo de nuevos productos, de recursos humanos, financieras, legales y de tecnología de información.

Énfasis en planes a corto plazo y se limita al dominio de la responsabilidad funcional de cada departamento.

- La disciplina de la Ejecución:
- Es un proceso sistemático y riguroso que consta de:
- discutir los cómos y los que's,
- dudar y preguntarse al respecto,
- llevar a cabo el proyecto tenazmente,
- asegurar la responsabilidad.
- Es El gran trabajo del líder.
- Debe ser el elemento central de la cultura de la organización.

1.4. EL EQUIPO DEL PROYECTO

Características del equipo del proyecto:

- La participación temprana de los miembros del equipo aporta experiencia durante el proceso de planificación y fortalece el compromiso con el proyecto.
- El tipo y el número de miembros del equipo del proyecto a menudo pueden cambiar, a medida que avanza el proyecto: las relaciones personales y de la

organización serán, generalmente, temporales y nuevas.

Debe prestar especial atención en utilizar las técnicas apropiadas a las necesidades actuales del proyecto, pues técnicas aptas en una fase determinada, pueden no ser efectivas en otra fase.

2. LA GESTIÓN DE RECURSOS HUMANOS DEL PROYECTO

1. LA GESTIÓN DE RECURSOS HUMANOS DEL PROYECTO

Lo que diferencia a una empresa que tiene éxito de otra que no lo tiene, son ante todo, las personas, su entusiasmo, su creatividad, todo lo demás se puede comprar, aprender o copiar. Besseyre des Horts.

Ese es el verdadero peso de los RR.HH. dentro de nuestro proyecto y tendremos que organizar y dirigir al equipo del proyecto de la siguiente forma:

- **1. Planificar los Recursos Humanos:** Realizar el plan de Recursos Humanos: Definición de Roles, Organigrama del Proyecto y Plan de Incorporación/Designación de personas al equipo.

- **2. Adquirir el Equipo del Proyecto:** Obtiene los recursos humanos necesarios para completar el proyecto y Calendario.

- **3. Desarrollar el Equipo del Proyecto:** Mejora las competencias y la interacción de los miembros del equipo para lograr un mejor rendimiento del proyecto.

- **4. Gestionar el Equipo del Proyecto:** Hacer un seguimiento del rendimiento de los miembros del equipo proporciona retroalimentación, resuelve polémicas y coordina cambios a fin de mejorar el rendimiento del proyecto.

3. TIPOS DE ORGANIZACIONES

1. TIPOS DE ORGANIZACIONES

Tenemos ciertos puntos que forman parte de nuestra filosofía empresarial; crecimiento sostenido en vez de avances espectaculares; solidez financiera, que nos conduce a la autofinanciación; enraizamiento social que es la voluntad de conectar con la sociedad a la que pertenecemos; edificios en propiedad; una política de personal que busca que el empleado sienta la empresa como propia, y todo ello con la clara orientación de dar el mejor servicio a nuestros clientes. Isidoro Álvarez (El Corte Inglés).

Después de esta definición para una empresa de éxito vamos a ver los tipos básicos de organizaciones que podemos encontrarnos:

1. **Funcional**

2. **Proyectizada**

3. **Matricial**

El tipo de organización suele ser función del sector industrial. En el caso de encontrarnos con organizaciones complejas que aparentemente no se ajustan a ninguno de los anteriores modelos, hemos de efectuar un análisis más preciso para descubrir los componentes mezclados de estos tres tipos básicos.

1.1. ORGANIZACIÓN FUNCIONAL

Gráficamente presenta la siguiente estructura:

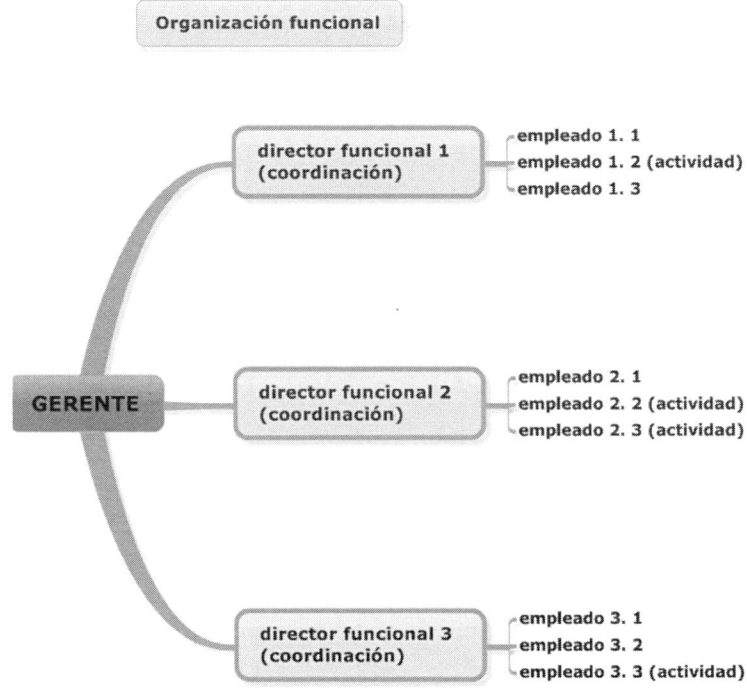

FIGURA 10.2

VENTAJAS:

- Relaciones jerárquicas claras

- Expertos, especialización

- Grupo homogéneo

- Enfoque en la excelencia técnica

RIESGOS:

- El ámbito de la disciplina limita la implicación en el proyecto

- No hay punto único de contacto para clientes

- Existen barreras para influir al cliente y satisfacerle

- Las oportunidades de desarrollo de los empleados son limitadas

- El Director de Proyecto depende de sus habilidades de influencia

- Decisiones jerárquicas siguiendo la línea de mando

- Los requisitos técnicos prevalecen frente a los de proyecto

- Fomenta los trabajos a tiempo partido

1.2. ORGANIZACIÓN PROYECTIZADA

Gráficamente presenta la siguiente estructura:

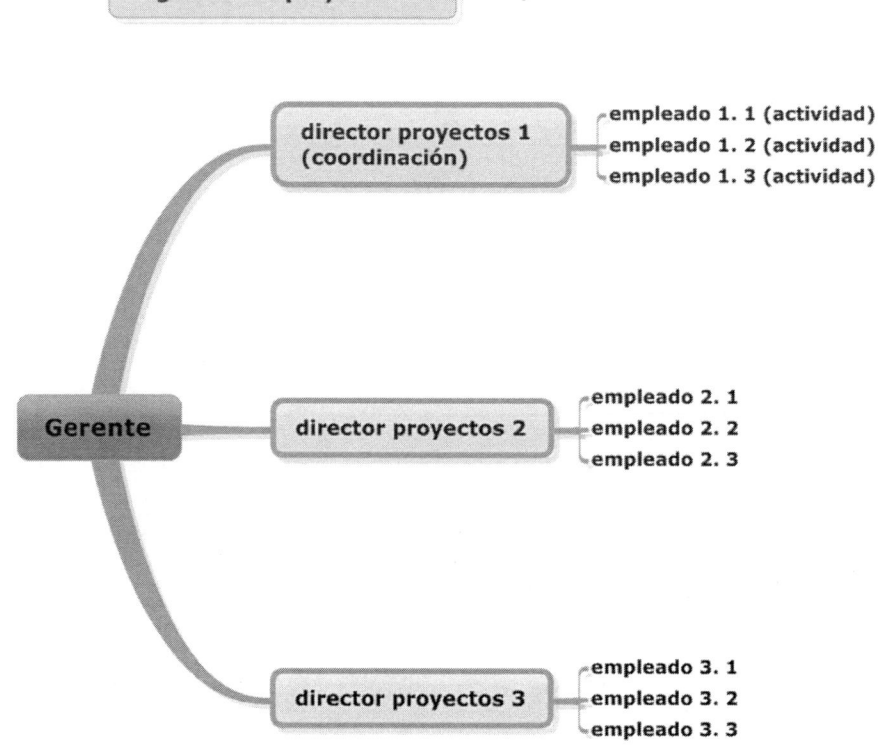

FIGURA 10.3

VENTAJAS:

- El jefe de proyecto tiene poder

- Personal administrativo asignado al 100 %

- Responsabilidades claras

- Fomenta la colocación

- Mejora del enfoque

- Seguimiento del coste y desarrollo

- Toma de decisiones

- Relaciones con clientes

- Procesos comunes

- Lealtad al proyecto

- Mejora en las comunicaciones

RIESGOS:

- Pérdida de la identidad 'profesional'

- El personal no tiene 'hogar'

- Duplicación de funciones e infraestructura

- Uso de los recursos no efectivo

- Menor enfoque en la competencia técnica

- Liderazgo de personas no técnicas

- Enfoque en trabajo administrativo y no técnico

- Devaluación de los directores funcionales

1.3. ORGANIZACIÓN MATRICIAL

Gráficamente presenta la siguiente estructura:

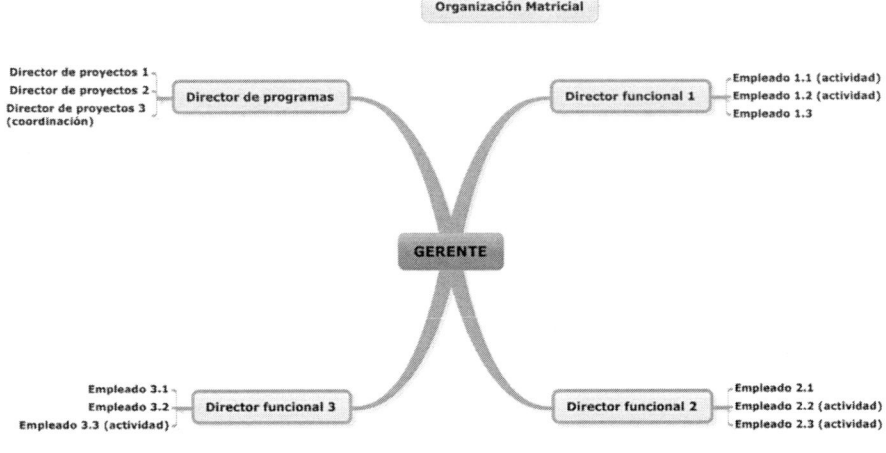

FIGURA 10.4

VENTAJAS:

- Objetivos de proyecto muy visibles

- Mejora del control del PM sobre los recursos

- Maximización en la utilización de los recursos escasos

- Mejor coordinación

- Mejor difusión de la información vertical y horizontalmente
- El personal tiene un 'hogar'

RIESGOS:

- Uso de personal extra de administración
- Los equipos tienen más de un jefe
- Más difícil de controlar y monitorizar
- Problemas en la asignación de recursos
- Necesita muchos procesos y procedimientos
- Los jefes funcionales tienen prioridades distintas que los Directores de Proyecto
- Potencial de duplicación de esfuerzos y conflicto

1.4. COMPARACIÓN ENTRE LOS TIPOS DE ORGANIZACIONES

ESTRUCTURA DE LA ORGANIZACIÓN / CARACTERÍSTICAS DEL PROYECTO	FUNCIONAL	MATRICIAL			PROYECTIZADA
		Matriz débil	Matriz balanceada	Matriz fuerte	
Autoridad del director del proyecto	poca o ninguna	limitada	baja o moderada	moderada o alta	alta o casi total
Porcentaje del personal asignado a tiempo completo al proyecto	virtualmente nadie	cero a 25%	15 a 60%	50 a 95%	85 a 100%
Rol de director del proyecto	tiempo parcial	tiempo parcial	tiempo completo	tiempo completo	tiempo completo
Título común para el director del proyecto	Coordinador del proyecto/líder del proyecto	Coordinador del proyecto/líder del proyecto	director del proyecto/líder del proyecto	director del proyecto/director del programa	director del proyecto/director del programa
Personal administrativo en el proyecto	tiempo parcial	tiempo parcial	tiempo parcial	tiempo completo	tiempo completo

FIGURA 10.5

1.5. ORGANIZACIÓN DE LA OFICINA DE PROYECTOS (PMO)

Es un área funcional especialmente dedicada a ofrecer soporte operativo a los proyectos en curso dentro de la organización.

Esquemáticamente las tres formas principales que puede adoptar una oficina de proyectos serían:

- 1.5.1. **Oficina de soporte a proyectos**

- 1.5.2. **Centro de excelencia**

- 1.5.3. **Oficina responsable de proyectos**

1.5.1. OFICINA DE SOPORTE A PROYECTOS

Ofrece soporte centralizado para herramientas, técnicas y procesos. Se prestan especialistas a los proyectos.

FIGURA 10.6

1.5.2. CENTRO DE EXCELENCIA

Definición de procesos y estándares, mejores prácticas, bases de datos, tutores, etc.

FIGURA 10.7

1.5.3. OFICINA RESPONSABLE DE PROYECTOS

Controla todos los proyectos. Se crea una gran sinergia entre proyectos y produce un gran ahorro de costes

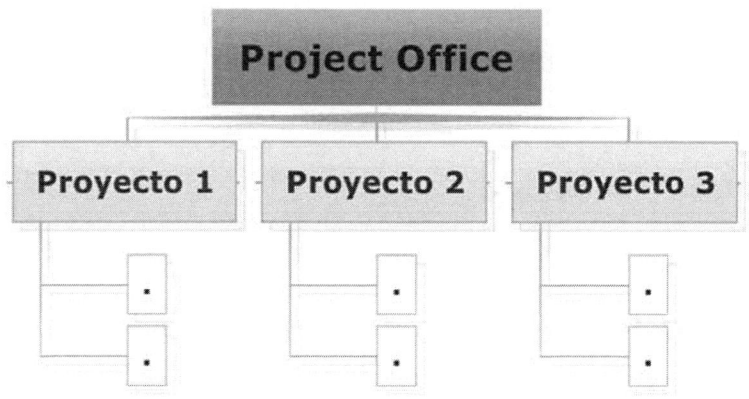

FIGURA 10.8

2. EL EQUIPO DEL PROYECTO

Características del equipo del proyecto:

* La participación temprana de los miembros del equipo aporta experiencia durante el proceso de planificación y fortalece el compromiso con el proyecto.

* El tipo y el número de miembros del equipo del proyecto a menudo pueden cambiar, a medida que avanza el proyecto: las relaciones personales y de la organización serán, generalmente, temporales y nuevas.

Debe prestar especial atención en utilizar las técnicas apropiadas a las necesidades actuales del proyecto, pues técnicas aptas en una fase determinada pueden no ser efectivas en otra fase.

4. PRINCIPALES ACTORES Y ROLES EN LOS PROYECTOS

1. PRINCIPALES ACTORES Y ROLES EN LOS PROYECTOS

La mejor forma de imponer una idea a los demás, es conseguir que crean que la han generado ellos. Alphonse Daudet.

Como entidad con personalidad propia e independiente del tipo de organización en la que se ejecutan, todos los proyectos involucran una serie de actores que han de ser conocidos y gestionados de forma apropiada. Son:

- Patrocinador de Proyecto
- Director Sénior
- Entidades Involucradas
- Director Funcional
- Director de Proyecto
- Equipo de Proyecto

1.1. PATROCINADOR DEL PROYECTO (Project Sponsor)

o Persona (o entidad) que provee de recursos financieros al proyecto.

o Junto al cliente, el patrocinador formalmente acepta el producto del proyecto (aceptación formal) durante la "verificación del Alcance" y el "Cierre Administrativo".

o Junto al cliente y las otras entidades involucradas (*stakeholders*) deben datar fechas clave de reuniones, eventos, entregas, etc.

o Junto al cliente se deben significar los principales riesgos a tomar en cuenta.

o El patrocinador no firma el Acta del Proyecto. Esto lo hará un Director Sénior.

1.2. DIRECTOR SÉNIOR (Senior Manager)

- Ayudan a organizar el trabajo en sus diferentes proyectos (visión global de la suma de proyectos).

- Proveer al Equipo de Proyecto con el suficiente tiempo para planificar.

- Determinar las prioridades entre la triple restricción

- Ajustar las prioridades entre los diferentes proyectos.

- Publicar el *Project Charter* (Acta del proyecto)

- Identificar muchos riesgos.

- Proteger el proyecto de influencias externas.

- Ofrecer su ayuda durante urgencias (*Crashing, Fast tracking, re-estimating...*)

- Determinar los informes que necesitará la dirección para gestionar el proyecto.

- Aprobación del Plan final de proyecto durante el Desarrollo del Plan de Proyecto (*output* de la 1.a fase de la Integración).

- Resolver los conflictos que estén por encima del control del Project Manager.

1.3. INVOLUCRADOS (Stakeholders)

- Deben necesariamente ser identificados y sus necesidades de comunicación deben ser determinadas.

- Estos recibirán información a lo largo de la vida del proyecto.

- Reciben notificaciones de los cambios del proyecto.

- Están involucrados en:

  o Desarrollo del Plan del Proyecto (integración).
  o Aprueban los cambios del proyecto, forman parte del Comité de Control de Cambios (Change Control Board-CCB).
  o Verificación del Alcance.
  o Identifican las restricciones.
  o Dirección y Gestión de los Riesgos.

- Sus necesidades de información son analizadas a través de los diferentes procesos del proyecto como parte del "análisis de los *stakeholders*".

- Están identificados en el Directorio de equipo del proyecto.

- Están al día de los Informes de Rendimiento (Comunicación).

- Tienen identificadas sus tolerancias a riesgos e incorporadas al Proceso de Gestión de Riesgos.

- Llegan a ser los propietarios de los riesgos.

1.4. DIRECTOR FUNCIONAL

- Las actividades específicas a realizar por el Director Funcional, como hemos visto, variarán dependiendo de los diferentes tipos de organizaciones. En general:

  o Asignan personas al equipo del proyecto y negocia con el Director del Proyecto la utilización de recursos.
  o Participan en la planificación inicial hasta que los *work packages* o tareas estén identificadas y asignadas.
  o Están involucrados en las decisiones de "adelante – parar" (*Go – No-go decissions*).
  o Aprueban el cronograma final (*output*) durante el Desarrollo del Cronograma.
  o Aprueban el Plan del Proyecto Final (*output*) durante el Desarrollo del Plan del Proyecto.
  o Asisten y toman "acciones correctivas".
  o Desarrollan y mejoran la correcta utilización de "su" plantilla.
  o Ponen en conocimiento del Director del Proyecto otros proyectos que puedan interferir en el trabajo de "su" proyecto.

1.5. DIRECTOR DEL PROYECTO (Project Manager)

- Responsable de gestionar el proyecto.

- Asignado al proyecto tan pronto como sea posible.

- Debe tener la autoridad y responsabilidad necesarias para realizar el trabajo.

- Debe ser capaz de gestionar los conflictos, gestionar los alcances poco realistas, calidad, tiempos, riesgos y otros requerimientos.

- Es el único que puede integrar los componentes del proyecto de modo que satisfaga las necesidades del cliente.

- Es proactivo.

- Debe tener la autoridad de decir "no" cuando sea necesario.

- Es responsable del fallo en el proyecto.

- Conoce su responsabilidad profesional.

- Está a cargo del proyecto pero no necesariamente de los recursos.

- No es necesario que sea un experto desde el punto de vista técnico.

- Asiste a los miembros del equipo y a las "entidades" involucradas durante la fase de ejecución.

- Mantiene el control sobre el proyecto tomando medidas y sus acciones correctivas.

1.6. EQUIPO DE PROYECTO (Team Project)

Generalmente el rol del equipo del proyecto es el de ayudar a planificar el trabajo que ha de hacerse (WBS) y crear las estimaciones de tiempo para sus tareas.

Durante la ejecución del proyecto los miembros del equipo completan los paquetes de trabajo (*work packages*) o tareas y ayudan a localizar cambios en el Plan de Proyecto, también:

- Toman algunas decisiones en el ámbito del proyecto.

- Crean el WBS.

- Identifican restricciones y asunciones.

- Atienden a las reuniones del equipo del proyecto.

- Crean el Sistema de control de cambios.

- Identifican las dependencias (tiempo – secuenciación de las actividades).

- Proveen las estimaciones de coste y tiempo.

- Determinan las reservas de gestión.

- Revisan los informes de rendimiento (Comunicaciones).

- Determinan y miden las acciones correctivas.

- Establecen la definición de calidad sobre el proyecto y cómo esta será satisfecha.

5. DEFINICIÓN DE ORGANIZACIÓN Y PROYECTO

1. DEFINICIÓN Y ORGANIZACIÓN DEL PROYECTO

Dirigir a muchos es lo mismo que dirigir a pocos. Lo importante es la organización. Sun Tzu.

Un buen director / gestor de proyectos (*Project Manager*) debe mostrar claramente los roles y responsabilidades de todas las Entidades involucradas en el proyecto (*stakeholders*)

Miembros del equipo (*team members*) y de la Dirección.

Nos vamos a valer de la Matriz de Asignación de Responsabilidades (RAM, Responsability Assignment Matrix), que combina dos herramientas ya vistas:

- EDT/WBS.- Estructura de Descomposición del Trabajo (Work Breakdown Structure).

- EDO/OBS.- Estructura de Descomposición de la Organización (Organizational Breakdown Structure).

De forma que los roles y responsabilidades de todo proyecto están unidos al alcance del mismo reflejado en la WBS. La RAM refleja de forma gráfica como queda cubierta a nivel de responsabilidad cada una de las actividades en las que se ha descompuesto el alcance el proyecto.

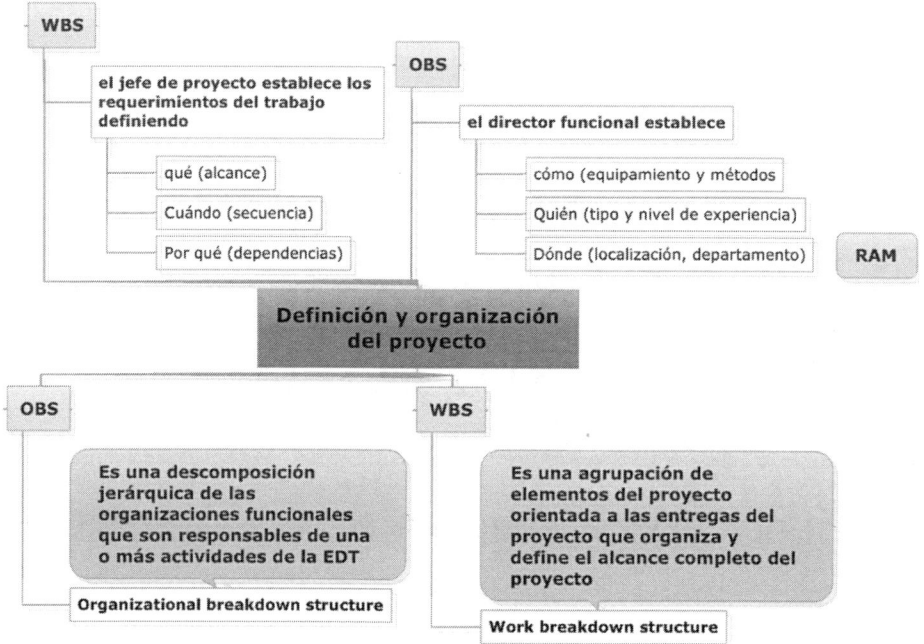

FIGURA 10.9

Como podéis ver por la imagen hay dos roles fundamentales:

El Director de Proyecto, que establece los requerimientos del trabajo definiendo:

- QUÈ (Alcance),
- CUÁNDO (secuencia) y
- POR QUÉ (dependencias).

El Director Funcional, que establece:

- CÓMO (equipamiento y métodos),
- QUIÉN (tipo y nivel de experiencia) y
- DÓNDE (localización, departamento).

1.1. EJEMPLO DE RAM

OBS

FIGURA 10.10

WBS

FIGURA 10.11

Combinando ambas herramientas obtendremos la matriz **RAM** de la siguiente manera:

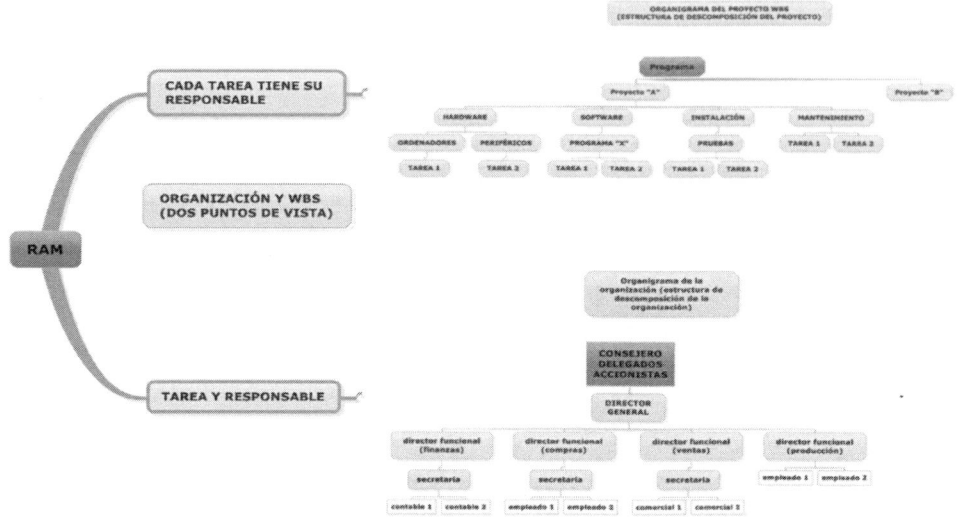

FIGURA 10.12

Además de la información que a nivel gráfico se obtiene, cada uno de los participantes en las tareas tiene definido su nivel de implicación mediante la asignación de roles concretos en cada una de las intersecciones de la matriz.

Por ejemplo:

PERSONA /						
FASE	A	B	C	D	E	F	. . .
REQUISITOS	F	R	A	P	P		
FUNCIONALIDAD	F		A				
DISEÑO	I		R				
DESARROLLO		R	F				
PRUEBAS			F				

P = PARTICIPANTE A = RESPONSABLE R = REVISIÓN NECESARIA

I = INFORMACIÓN REQUERIDA F = FIRMA REQUERIDA

FIGURA 10.13

- A nivel de *Work Package*
- Componentes
- Actividad WBS
- Organización responsable
- Persona o cargo responsable
- Tipo de responsabilidad
- Autoridad de aprobación
- Responsable principal de ejecución
- Soporte
- Notificación

6. EL HISTORIOGRAMA DE RECURSOS

1. EL HISTORIOGRAMA DE RECURSOS

Cada empresa tiene los empleados que se merece.

Para tener una visión clara y precisa de los elementos importantes que tienen que ver con la utilización y dedicación de los recursos en el proyecto relativo a su:

- % de dedicación

- Horas imputables (duración)

- N₀ de recursos utilizados

- Sobrecargas

- Carga de trabajo por fase / subproyecto

Empleamos histogramas, que es una herramienta que nos permite de una forma rápida y gráfica, obtener esa información.

1.1. EJEMPLO

GRÁFICA DE UTILIZACIÓN DE RECURSOS				
CONCEPTO	PEDRO	JUAN	LUCAS	GRÚA A
REQUERIMIENTOS	275	23	2	
FUNCIONAL	124	28	10	
DISEÑO	160	125	80	
DESARROLLO	38	140	120	200
PRUEBAS	2	50	175	25

FIGURA 10.14

HISTORIOGRAMA DE RECURSOS

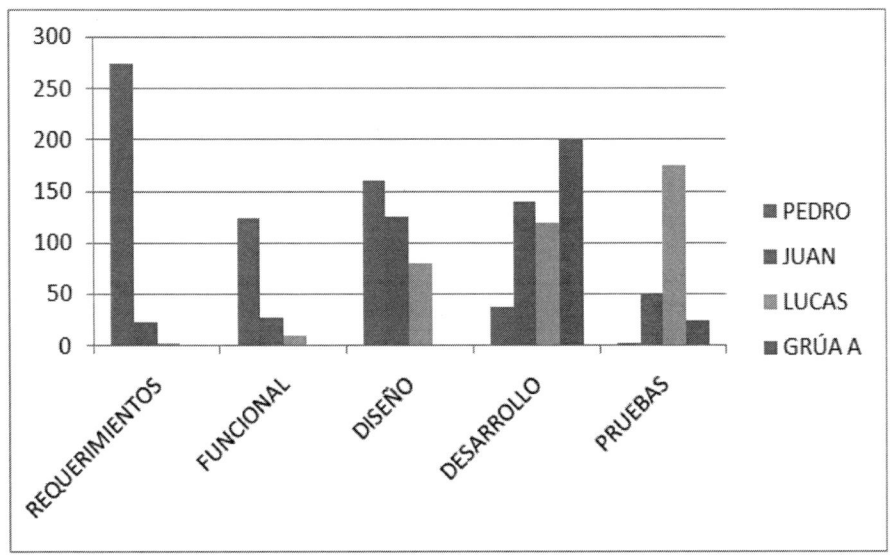

FIGURA 10.15

PERSONAS / RECURSOS (HORAS) Y FASES

1.2. *UTILIZACIÓN: NIVELACIÓN DE RECURSOS*

El histograma es una herramienta que nos permite anticipar y gestionar de una manera eficaz situaciones como:

- Un recurso tiene una utilización mayor de la prevista o de lo posible (**sobrecargado**).

- Un recurso está siendo **infrautilizado** cuando otro, de perfil similar, está sobrecargado.

- Mal dimensionamiento de fases, balanceos equivocados, etc.

También nos va a servir para optimizar nuestro plan de tiempos a través de las holguras, aunque puede hacer que cambie el camino crítico original.

7. EL EQUIPO DE TRABAJO

1. EL EQUIPO DE TRABAJO

Para aumentar la productividad hay que formar a mejores empleados y tener menos plantillas. William Wooddisde. *Raramente se despide a una persona por incompetente. La causa principal de los despidos es no caer bien.* Stuart Margulies.

El factor fundamental para el éxito de un proyecto está basado en el eficaz rendimiento y gestión del equipo de trabajo por nuestra parte.

Podemos definir el trabajo en equipo como un grupo de dos o más individuos trabajando juntos que son interdependientes, comparten el mismo objetivo, aceptan un código de conducta, que tienen recompensas compartidas.

La energía de un grupo de individuos, con distintas personalidades y aptitudes, se enfoca para lograr los objetivos del proyecto de forma óptima.

El equipo está compuesto por personas a quienes se les han asignado roles y responsabilidades para concluir el proyecto. El perfil y cantidad de miembros del equipo del proyecto a menudo cambia a medida que avanza el proyecto.

1.1. FORMACIÓN DE EQUIPOS

Está ligada a una evolución que afectará a su efectividad y que deberá ser tenida en cuenta por nuestra parte, en calidad de director de proyecto. Sus etapas son:

- *Form* (**Formación**). Periodo en el que las personas se incorporan al equipo inicialmente.

- *Storm* (**Tormenta**). Los individuos se conocen y reconocen los diferentes roles, se producen conflictos por motivos de carácter o relevancia individual en el proyecto.

- *Norm* (**Normalización**). Llega el momento de la acomodación, el rendimiento empieza a incrementarse y los miembros del grupo centran sus objetivos en el éxito de proyecto.

- *Perform* (Desempeño).

Se alcanza el nivel óptimo de rendimiento salvadas las etapas anteriores.

Finalmente y asociada a la finalización del proyecto puede aparecer una fase de declive como consecuencia de la incertidumbre producida ante la nueva situación y que dará lugar a la repetición del ciclo anterior.

Siempre que sea posible y como objetivo prioritario a la hora de diseñar un equipo de trabajo, se han de buscar una serie de características que debe tener un equipo:

- Formación y experiencia.
- Liderazgo y habilidades interpersonales.
- Conocimiento y aceptación del cliente.
- Habilidades de planificación, organización, administración, comunicación, resolución de problemas y toma de decisiones.
- Conocimientos técnicos

Una vez que el equipo ha alcanzado el periodo de Normalización adoptará su propia personalidad como entidad independiente, que vendrá fundamentalmente marcada por el/los líder/es que tenga. Esta condición de liderazgo no está asociada a la capacidad técnica, sino a las dinámicas de grupo y relaciones interpersonales que lógicamente se desarrollan en el seno de todo grupo.

1.2. VENTAJAS

En todo caso, el trabajo en equipo siempre proporciona, más allá de los inconvenientes reflejados en el ciclo anterior, una serie de notables beneficios tanto para la organización como para los individuos que lo componen.

Para la Organización

- Más productividad
- Mejor comunicación
- Mayor compromiso con los objetivos
- Mejora del clima laboral
- Mayores cotas de éxito en tareas complejas
- Facilita la dirección y la coordinación
- Mejora los niveles de satisfacción

Para el Individuo

- Satisface la necesidad de afiliación y pertenencia
- Aumenta la seguridad personal
- Facilita el desarrollo personal y profesional
- Estimula la creatividad

1.3. ACTITUDES TÍPICAS

Las actitudes típicas que nos encontraremos son las siguientes:

- Proactivo. Trabajar en tareas del camino crítico. Tomar acciones de gestión para asegurar que el proyecto se desarrolla según lo planeado, y que lo no planeado no ocurre.
- Reactivo. Trabajar en tareas del camino crítico que se han retrasado. Las variaciones del plan se corrigen.
- Inactivo. No hacer nada.
- Contraactivo. Añade requisitos incontrolados.
- Distraído. Trabajo en tareas no prioritarias.
- Retroactivo. "Se podía haber hecho mejor".

1.4. PRINCIPALES CARACTERÍSTICAS Y REQUISITOS DE UN EQUIPO DE TRABAJO:

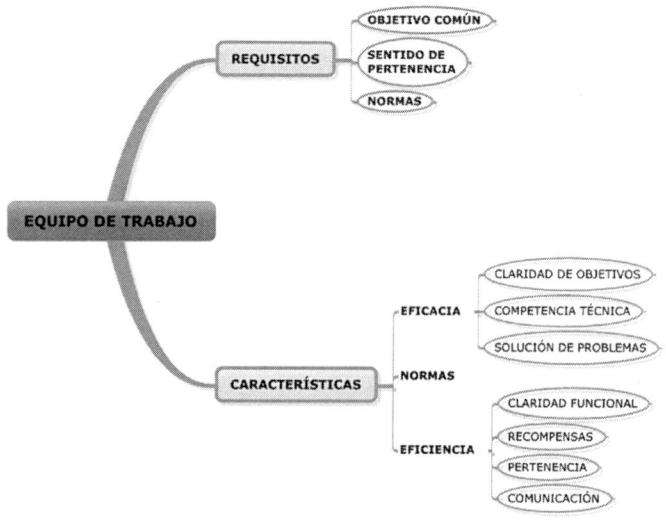

FIGURA 10.16

8. HABILIDADES DE GESTIÓN Y DIRECCIÓN DE PROYECTOS

1. HABILIDADES DE GESTIÓN Y DIRECCIÓN DE PROYECTOS

Dirigir empresas es simplemente motivar personas. Lee Iacocca.

La dirección de proyectos comparte muchas (sino todas) de las habilidades necesarias para la dirección ejecutiva y en general de gestión. Estas habilidades y aptitudes fundamentales son:

Factores	Características Principales
Pensamiento	• Pensar estratégicamente • Analizar Asuntos • Utilizar Juicios acertados • Ser innovador
Administrativo	• Establecer Planes • Estructurar y buscar personal • Desarrollar sistemas y procesos • Administrar el desempeño • Trabajar de manera eficiente
Liderazgo	• Dar Dirección • Dirigir con valor • Alentar el trabajo de equipo • Motivar a los demás • Dirigir y Desarrollar • Apoyar el Cambio

Interpersonal	• Cultivar relaciones • Astucia • Relaciones de Influencia • Valorar la diversidad • Manejar desacuerdos
Comunicación	• Hablar efectivamente • Alentar la comunicación abierta • Escuchar a los demás • Hacer presentaciones • Preparar comunicaciones escritas
Motivación	• Trabajar para obtener resultados • Demostrar dedicación a su trabajo
Manejo de sí mismo	• Actuar con Integridad • Demostrar Adaptabilidad • Desarrollarse a sí mismo
Conocimiento de la organización	• Usar datos financieros y cuantitativos • Utilizar conocimientos técnico/funcionales • Conocer el Negocio
Estrategia de la organización	• Lograr utilidades • Comprometerse para lograr buena calidad • Enfocarse en las necesidades de los Clientes • Promover acciones de ciudadanía a nivel corporativo • Reconocer implicaciones globales

1.1. FACTOR DE PENSAMIENTO

Pensar estratégicamente

Considera un margen amplio de factores internos y externos para resolver problemas y tomar decisiones; identifica estrategias críticas que pueden ser muy remunerativas y ordena por prioridades los esfuerzos de los equipos de trabajo como corresponden; usa la información del mercado y la competencia para tomar sus decisiones; reconoce las oportunidades estratégicas para el éxito; ajusta las acciones y las decisiones para enfocarse hacia aspectos estratégicos críticos (clientes, calidad, competencia, etc.).

Analizar asuntos

Recoge la información pertinente en forma sistemática; considera una amplia gama de factores; se da cuenta de las complejidades y percibe las distintas relaciones entre los problemas o asuntos; solicita las opiniones de los demás; utiliza un razonamiento lógico en el análisis.

Utilizar juicios acertados

Toma decisiones acertadas y a tiempo; toma decisiones bajo condiciones inciertas.

Ser innovador

Genera nuevas ideas; supera el statu quo; reconoce la necesidad de planteamientos nuevos y modificados; juntos las perspectivas y los planteamientos, combinándolos de maneras creativas.

1.2. FACTOR ADMINISTRATIVO

Establecer planes. Desarrolla planes de corto y largo plazo que consideran la totalidad del asunto, que son realistas y eficaces para alcanzar metas; integra esfuerzos de planificación entre unidades de trabajo.

Estructurar y buscar personal. Busca y contrata a las personas adecuadas para tareas permanentes y temporales; forma equipos fuertes con habilidades complementarias; logra continuidad en su personal; forma las estructuras y los equipos más adecuados.

Desarrollar sistemas y procesos. Identifica y pone en práctica procesos y procedimientos eficientes y efectivos para llevar a cabo su trabajo.

Administrar el desempeño. Asigna responsabilidades; delega y da poder a los demás; retira obstáculos; hace disponibles y contribuye con los recursos necesarios; coordina esfuerzos de trabajo cuando es necesario; supervisa el progreso.

Trabajar de manera eficiente Asigna eficazmente su propio tiempo; puede trabajar con múltiples demandas y prioridades igualmente importantes; conduce las reuniones de manera efectiva.

1.3. FACTOR DE LIDERAZGO

Dar dirección

Alienta el desarrollo de una visión colectiva; suministra dirección y prioridades claras; clarifica papeles y responsabilidades.

Dirigir con valor

Toma la iniciativa para abordar los temas difíciles; se arriesga para encarar los problemas importantes; es firme cuando es necesario.

Influir en los demás

Afirma sus propias ideas y convence de ellas a otros; gana el apoyo y el compromiso de otros; moviliza a la gente para que tome acción.

Alentar el trabajo de equipo

Construye equipos efectivos dedicados a alcanzar las metas de la organización; alienta la colaboración entre miembros del equipo y entre equipos; utiliza equipos para tratar temas importantes.

Motivar a los demás

Alienta y da poder a los demás para que obtengan resultados; establece elevados niveles de rendimiento; es fuente de entusiasmo, de un sentimiento de dedicación y de un deseo de realizar una excelente tarea.

Dirigir y desarrollar

Estima en forma precisa los puntos fuertes y necesidades de desarrollo de los empleados; da retroinformación específica y oportuna; da tareas que son un reto y oportunidades para el desarrollo.

Apoyar el cambio

Desafía el statu quo y alienta las nuevas iniciativas; actúa como agente catalizador para el cambio y estimula a los demás a que cambien; prepara el camino para los cambios necesarios; administra su implementación en forma efectiva.

En lo que respecta al liderazgo es importante señalar las diferencias entre términos que a menudo se entienden como sinónimos pero que a nuestros efectos representan diferentes características:

- **SUPERVISIÓN.** Significa guiar a los individuos o equipos a través de la secuencia del proceso de trabajo.

- **LIDERAZGO.** Supone inspirar y motivar a individuos o equipos en su enfoque del proyecto. Los **LÍDERES** cambian las cosas. El factor indispensable para ser un líder es la **CREDIBILIDAD**.

1.3.1. PODER Y AUTORIDAD

La jerarquía establecida formalmente en el *Project Charter* otorga **poder** en el sentido en que éste es delegado por los superiores.

Sin embargo, la **autoridad** ha de ser reconocida por los subordinados y por tanto tiene que ser merecida.

Autoridad "de facto" o poder significa la capacidad de influir en otros.

Tipos de poder:

FORMAL

Derivado de la posición en la organización. También llamado legítimo.

RECOMPENSA

Basado en dar recompensas.

CASTIGO

Basado en sanciones. También llamado coercitivo.

EXPERTO

Reconocido por ser experto técnico o en gestión de proyectos.

REFERENCIA

Autoridad de referencia para los demás.

1.3.2. ESTILOS DE LIDERAZGO

El liderazgo siempre tiene dos dimensiones diferenciadas, en el contexto empresarial estas son la preocupación por la gente y los resultados. Dependiendo de las inclinaciones particulares de cada líder, su estilo tendrá características particulares:

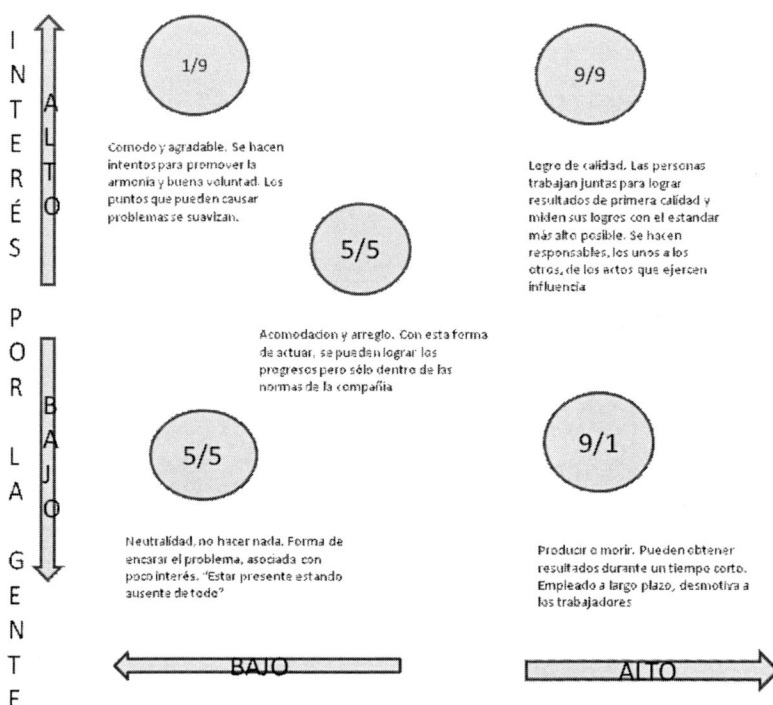

INTERÉS POR LOS RESULTADOS

FIGURA 10.17

No obstante, el éxito puede depender de adecuar el tipo de liderazgo a la situación concreta, fase del proyecto, situación de riesgo, desviaciones, conflictos, etc.

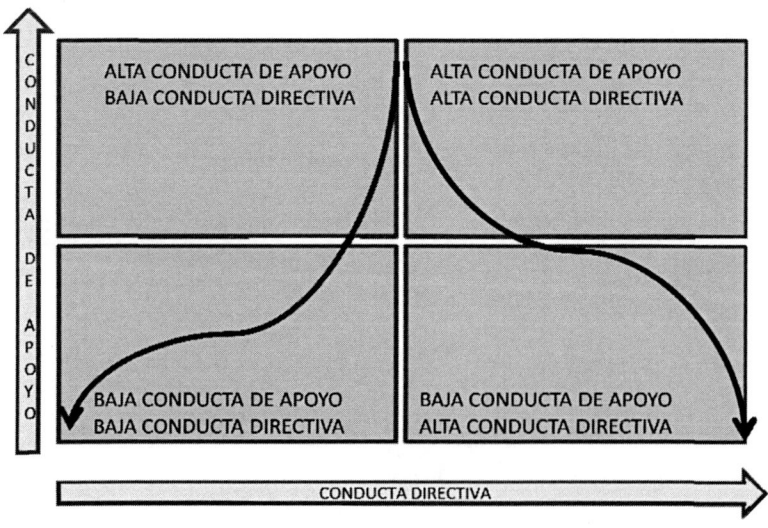

FIGURA 10.18

Dirección (Sl): Instrucciones paso a paso. Muy directivo/poco soporte. Este estilo se caracteriza por la comunicación en un solo sentido. El jefe resuelve los problemas y toma las decisiones. El líder da instrucciones específicas al subordinado. Las soluciones y las decisiones son comunicadas por el líder y el desarrollo es supervisado de cerca por el líder.

Entrenamiento (S2): Recordar cómo debe hacerse.

Muy directivo/mucho soporte. El jefe explica las decisiones y pide sugerencias al subordinado, pero continúa dando órdenes sobre las actividades. Se incrementa la comunicación en los dos sentidos y se da más soporte. Con ello el jefe intenta percibir cómo se sienten las decisiones por el subordinado y cuáles son sus ideas y sugerencias. Aunque aumenta el nivel de soporte, el control sobre la toma de decisiones sigue con el jefe.

Dar soporte (S3): Responder a las preguntas que se hagan.

Mucho soporte/poco directivo. El líder y el subordinado comparten la resolución de problemas y la toma de decisiones. El nivel de comunicación en los dos sentidos aumenta y el papel del jefe es la escucha activa para facilitar la resolución de problemas y la toma de decisiones por parte del subordinado. Esto es posible puesto que el subordinado tiene la habilidad y el conocimiento para hacer la tarea.

Delegar (S4): Sin intervención.

Poco soporte/poco directivo. El jefe discute el problema con el subordinado hasta que se alcanza acuerdo sobre la definición del problema, y entonces el proceso de toma de decisión es completamente delegado al subordinado. Ahora es el subordinado quien tiene control significativo sobre cómo se deben hacer las tareas. El subordinado puede seguir sus propias directrices puesto que tiene la habilidad y la confianza para tomar la responsabilidad para dirigir su propio comportamiento.

Un factor influyente en el estilo de liderazgo tiene que ver con el grado de independencia del líder respecto de los colaboradores. Tenemos:

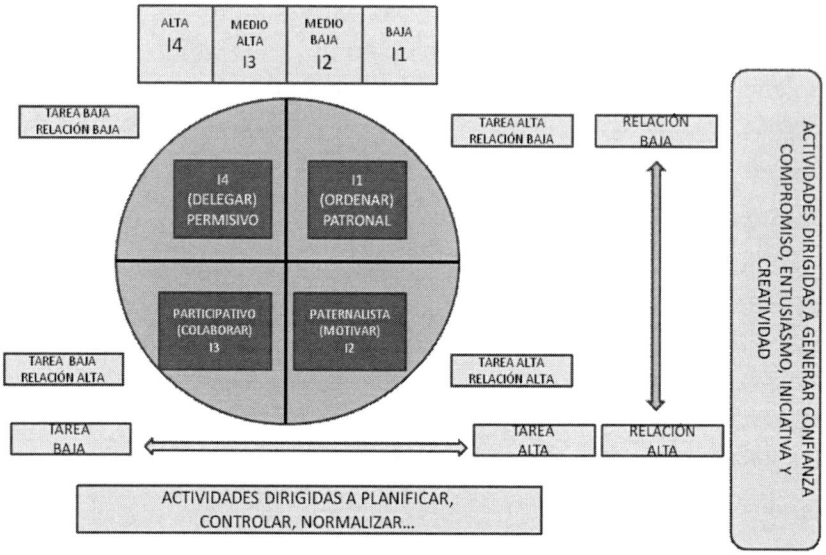

FIGURA 10.19

I1. En el primero, típico de *aprendices*, con poca experiencia en la función a desarrollar, el estilo de liderazgo más adecuado es el *patronal*. Se trata de *dar instrucciones claras y supervisar los resultados* de las tareas en plazos breves.

I2. El segundo nivel de independencia, propio de *técnicos noveles*, corresponde con una madurez profesional suficiente y una madurez personal insuficiente. Requiere de un estilo de liderazgo *paternalista*. Una vez que *se dominan las tareas y procedimientos necesarios* para realizar el trabajo, es el análisis de los valores y las prioridades de la organización el que permitirá que el empleado mejore sus rendimientos mediante la aportación de su energía a la innovación y el perfeccionamiento de los procesos.

I3. El tercer nivel de independencia es el propio de los *técnicos cualificados*, supone la competencia para realizar la mayor parte de las tareas y la pertenencia a los equipos que se ocupan de resolver problemas nuevos, o de buscar nuevas maneras de solucionar los problemas habituales. En esta etapa, se debe adoptar un estilo *participativo* y *colaborar con sus colaboradores* como un técnico más, cediendo el control de la situación a cambio de la mejora en la motivación y en la calidad de las decisiones.

I4. El cuarto nivel de independencia, que se reconoce como *experto*, lo configura la capacidad para solucionar todos los problemas con mejores posibilidades que el propio superior. En esta etapa, el estilo de liderazgo más adecuado es la *delegación*, determinando exclusivamente los resultados que se espera alcanzar, y proporcionando los recursos disponibles para ello, con pautas de comportamiento de tipo *permisivo*.

1.4. FACTOR INTERPERSONAL

Cultivar relaciones

Se relaciona con la gente en forma amigable, abiertamente y mostrando aceptación; muestra un sincero interés en los demás y en sus preocupaciones; inicia y desarrolla relaciones con los demás como prioridad esencial.

Demostrar astucia en el funcionamiento de la organización

Desarrolla relaciones efectivas de reciprocidad con los demás; comprende los planes y perspectivas de los demás; reconoce y sopesa en forma efectiva los intereses y necesidades de su propio grupo con los de la organización en su conjunto; sabe cuáles batallas vale la pena pelear.

Cultivar relaciones de influencia

Identifica y cultiva relaciones con personas clave que representan un amplio margen de funciones y niveles; usa relaciones de trabajo informales para llevar a cabo los trabajos; cultiva firmes relaciones externas con gente de la misma industria o profesión.

Valorar la diversidad

Demuestra y fomenta el respeto y la apreciación para todas las personas, independientemente de sus antecedentes, raza, edad, sexo, incapacidad, valores, estilo de vida, perspectivas o intereses; trata de entender la visión que los demás tienen del mundo; percibe las diferencias en la gente como oportunidades para aprender y plantear las cosas de manera diferente.

Manejar desacuerdos

Trae a la luz los conflictos y desacuerdos importantes e intenta resolverlos en colaboración; crea un consenso general.

- **CONFRONTACIÓN:** el método más usado por el PM, analizar las ventajas e inconvenientes de las diferentes posturas.
- **RETIRADA:** retirarse o posponer la decisión.
- **FORZAR:** forzar una decisión, situación de perder/ganar.
- **COMPROMISO:** satisfacción para ambas partes, el toma y daca o *trade-off*.
- **SUAVIZAR:** minimizar las diferencias y enfatizar los acuerdos.

1.5. FACTOR DE MOTIVACIÓN

Trabajar fuerte para obtener resultados

Trabaja fuerte para obtener resultados y éxito; invoca un sentido de urgencia y trabaja hasta obtener resultados concretos; persevera a pesar de los obstáculos y la oposición.

Demostrar dedicación a su trabajo

Promueve altos niveles de rendimiento; se trazan metas agresivas y trabaja duro para alcanzarlas.

1.5.1. TEORÍAS X E Y DE MCGREGOR

Existen diferentes teorías asociadas a las técnicas y elementos incluso psicológicos que intervienen y afectan a la motivación del ser humano. Douglas McGregor es asociado con la teoría X y la teoría Y de la gestión que se incluyen en su libro *The Human Side of the Enterprise.*

En la teoría X, el ser humano medio es visto como alguien a quien no le gusta el trabajo y tiende a evitarlo. El trabajador medio prefiere ser dirigido, evita la responsabilidad, tiene poca ambición y quiere la seguridad por encima de todo. Este tipo de trabajador requiere un alto nivel de supervisión. Está por tanto asociado con la motivación por amenazas y sobornos.

En la teoría Y los trabajadores son vistos como aplicados y responsables, buscan los retos y responden a ellos. Son gente que se automotiva y ama el trabajo. El trabajo les satisface. Los jefes tenderán a usar el estilo que mejor concuerda con el punto de vista del subordinado. McGregor fue cuidadoso y evitó decir que la teoría Y es el mejor estilo en todas las situaciones. Èl indicó que en algunas situaciones, guerra, emergencias, la teoría X parece funcionar mejor. Este estilo de gestión suele ser usado en las cadenas de producción y tiene que ver con el reto y el entorno.

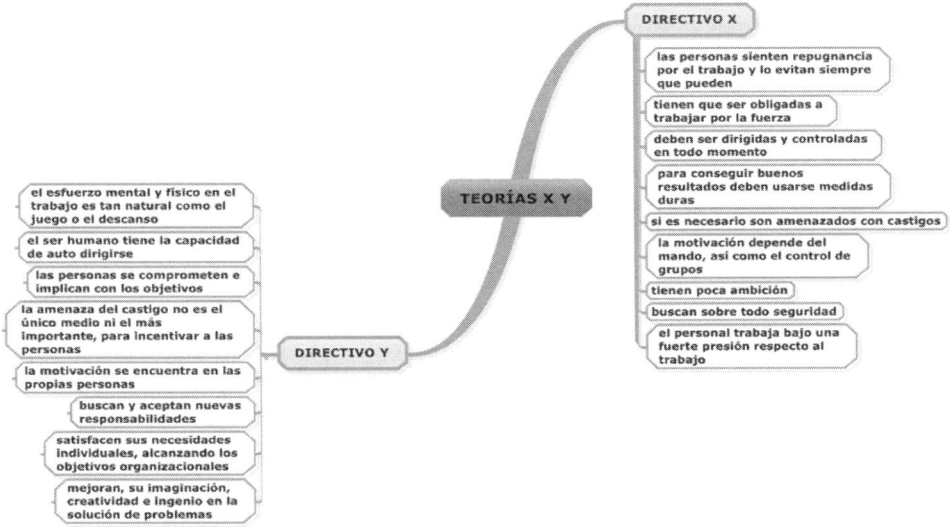

FIGURA 10.20

1.5.2. TEORÍAS Z DE OUCHI

William Ouchi revisó la teoría Z en su libro *Theory Z: How American Business can Meet the Japanese Challenge*. La Teoría Z es el estilo de gestión japonés: un estilo de gestión participativo. Aquí, el jefe y el subordinado deciden cómo se completan las tareas. Haciendo a los trabajadores partícipes es la clave para incrementar la productividad. Se basa en la motivación por procesos de grupo y aplicación de decisiones.

1.5.3. PIRÁMIDE DE MASLOW

La teoría de la motivación creada por Maslow habla de la relación que existe entre el acto realizado para motivar y el resultado que se desea obtener.

Según esta teoría, la gente se comporta mal solo cuando alguna de sus necesidades fundamentales no está satisfecha, especialmente las de seguridad, amor, afecto y autoestima. La pirámide proporciona un orden de prioridades empezando por requisitos fisiológicos y terminando por autoactualización. Las necesidades de alto nivel no son fuentes de motivación si las de más bajo nivel no están cubiertas.

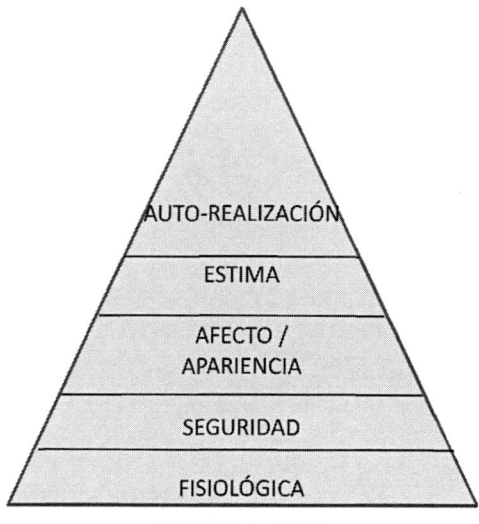

FIGURA 10.21

1.5.4. TEORÍA DE HERZBERG

Casi en oposición a las teorías de McGregor, Herzberg postuló por el compromiso natural de las personas con el trabajo, incluso como elemento principal de motivación.

También identificó una serie de agentes de motivación principales (que están en nuestras manos):

- Responsabilidad

- Autoactualización

- Crecimiento personal

- Reconocimiento

Desarrolló también el concepto de factores de higiene, tener factores de higiene pobres puede destruir la motivación, pero mejorándolos, generalmente, no se obtiene una mejora de la motivación (y no dependen de nosotros):

- Condiciones de trabajo

- Salario

- Vida personal

- Relaciones en el trabajo

- Seguridad

- Estatus

1.6. FACTOR DE MANEJO DE SÍ MISMO

Actuar con integridad

Demuestra liderazgo en lo tocante a principios y ética de negocios honesta; muestra consistencia entre principios, valores y comportamiento; fomenta confianza en los demás a través de su propia autenticidad y por ser fiel a sus compromisos.

Demostrar adaptabilidad

Se maneja con confianza en los desafíos diarios; está dispuesto y sabe cómo adaptarse a múltiples demandas, cambios de prioridades, ambigüedades y otros cambios rápidos; muestra elasticidad al enfrentar restricciones, frustraciones o adversidades; demuestra flexibilidad.

Desarrollarse a sí mismo

Aprende de la experiencia; busca activamente aprender y desarrollarse; busca que le den retroalimentación y recibe bien los comentarios no solicitados; modifica su comportamiento a la luz de la retroalimentación.

1.7. FACTOR DE CONOCIMIENTO DE LA ORGANIZACIÓN

Usar datos financieros y cuantitativos

Establece presupuestos realistas; usa información financiera y cuantitativa en forma eficaz para administrar.

Utilizar conocimientos técnicos/funcionales

Posee conocimiento actualizado sobre la profesión y la industria; es conocido como un experto en el área técnica/funcional; accede y utiliza otras fuentes expertas cuando es apropiado hacerlo.

Conocer el negocio

Muestra entendimiento de los asuntos pertinentes a la globalidad de la organización y del negocio; mantiene dicho conocimiento actualizado; tiene y utiliza conocimiento interfuncional.

1.8. FACTOR DE ESTRATEGIA DE LA ORGANIZACIÓN

Lograr utilidades

Hace énfasis en la necesidad de contribuir para que la organización obtenga utilidades; toma decisiones para mejorar la posición financiera de la organización.

Comprometerse para lograr buena calidad

Hace énfasis en la necesidad de ofrecer productos y/o servicios de alta calidad; define normas para la calidad y evalúa los productos, procesos y/o servicios basándose en esas normas; controla la calidad.

Enfocarse en las necesidades de los clientes

Prevé las necesidades de los clientes; actúa para satisfacer esas necesidades; busca continuamente maneras de aumentar la satisfacción de los clientes.

Promover acciones de ciudadanía a nivel corporativo

Fomenta el uso prudente de los recursos escasos; trabaja en aspectos de la comunidad que son pertinentes al negocio; dedica tiempo y esfuerzo a los recursos del futuro.

Reconocer implicaciones globales

Trata de entender los problemas, las tendencias y las perspectivas de diversas culturas y países; reconoce que lo que da buenos resultados en un país, no necesariamente tendrá el mismo éxito en otro; toma en cuenta las diferencias culturales y geográficas en sus estrategias y planteamientos.

1.9. FACTOR DE COMUNICACIÓN

Hablar efectivamente

Habla en forma clara y se expresa bien en grupos y en conversaciones personales.

Alentar la comunicación abierta

Crea una atmósfera en la que la información de alta calidad y actualidad fluye sin problemas entre él/ella y los demás; alienta la expresión abierta de ideas y opiniones.

Escuchar a los demás

Demuestra atención y comprensión de los comentarios y preguntas de los demás; escucha bien en grupo.

Hacer presentaciones

Prepara y hace presentaciones claras y fluidas; sabe conducirse frente a un grupo.

Preparar comunicaciones escritas

Transmite la información en forma clara y eficaz por medio de documentos formales e informales; revisa y edita constructivamente los trabajos escritos.

Ejemplo Cierre Proyecto

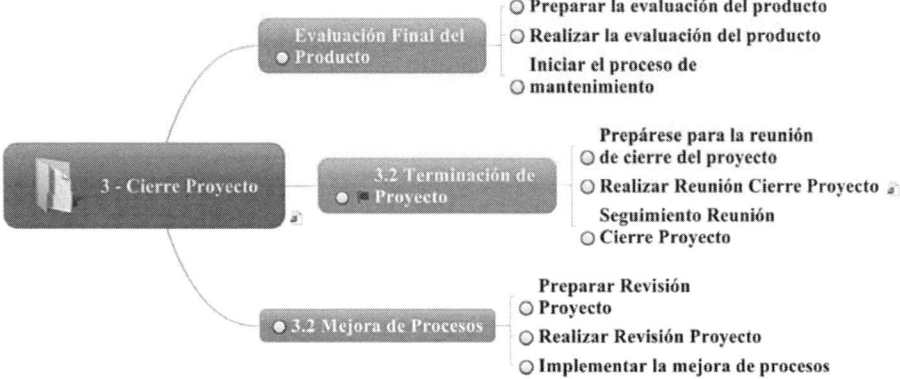

Módulo 11 Gestión del Aprovisionamiento

El hombre nunca sabe de lo que es capaz hasta que lo intenta.

Charles Dickens.

1. INTRODUCCIÓN

1. INTRODUCCIÓN

Nadie es una isla, completo en sí mismo. John Donne.

Una empresa para ser competitiva no puede suministrar todos los bienes y servicios que se le demandan desde cero. Igual que tiene clientes, tiene proveedores. Las empresas son parte de la sociedad y, como tal, están interrelacionadas, ya sea en su papel de cliente o de proveedor.

Tanto para los productos materiales como para los servicios, se tiene que decidir (en función de las circunstancias del mercado, de la empresa y del proyecto) cuál será la fuente de suministro, creando una estrategia de aprovisionamiento adecuada al proyecto.

Por esto es necesario que el Director de Proyectos incluya el aprovisionamiento entre sus prioridades y conocer:

- Las herramientas básicas para adquirir esos bienes y servicios.
- Cómo debe ser nuestra relación con los proveedores.
- El contenido de los contratos y las técnicas de negociación.

2. OBJETIVOS DE LA LECCIÓN

- Integrar el aprovisionamiento en el Plan de Proyecto como uno de los elementos clave.
- Utilizar eficientemente el proceso de aprovisionamiento sobre la base de las diferentes estrategias de gestión del mismo.
- Recomendar la mejor opción dentro de los diferentes tipos de contratos y cláusulas.
- Administrar el contrato.

2. ¿QUÉ ES APROVISIONAR?

1. INTRODUCCIÓN

Puede suceder que las empresas no puedan o no estén interesadas en suministrar directamente todos los servicios y productos que sus clientes les demandan, sino que recurran a otras compañías para que suministren una parte más o menos importante, bien directamente al cliente final, bien a través de nuestra empresa, de esos productos y servicios.

La actividad de conseguir ese suministro de otras compañías se llama aprovisionamiento (*procurement*). Por tanto, lo podemos **definir** como: "*comprar o adquirir bienes o servicios necesarios fuera del equipo de proyecto*".

2. CICLO DE VIDA DEL APROVISIONAMIENTO

Dentro de nuestro proyecto puede que tengamos que organizar y dirigir el aprovisionamiento, en cuyo caso lo haremos de la siguiente forma:

1. **Planificar las ¿hay Adquisiciones:** Documentar decisiones de compra para el proyecto, especificando la forma de hacerlo e identificando a posibles vendedores.

2. **Efectuar las adquisiciones:** Obtención de respuestas de los vendedores, seleccionar un vendedor y adjudicar un contrato.

3. **Administrar las adquisiciones:** Gestionar las relaciones de adquisiciones, monitorear la ejecución de los contratos, y efectuar cambios y correcciones según sea necesario.

4. **Cerrar las Adquisiciones:** Completar cada adquisición para el proyecto.

Y las empresas proporcionan los productos o servicios a sus clientes (internos o externos), basados en unas especificaciones que a su vez están recogidas en una documentación acordada entre las partes.

3. NUESTRO ROL

El compromiso del Director del Proyecto en el proceso de aprovisionamiento es crítico, pues como responsable de planificar el proyecto y de evaluar y mitigar su riesgo, debe conocer los términos y condiciones del contrato, tanto hacia el cliente como hacia las subcontratas.

Antes de su firma, debe participar en la planificación y adjudicación del aprovisionamiento a los proveedores, en la supervisión y negociación del contrato y en su administración.

4. TIPOS DE SUMINISTROS

Existen varios tipos de suministros en función del objeto que aprovisionar

- Compra de materiales (ejemplo: adquirir un bien de consumo en una tienda).
- Alquiler de aparatos (ejemplo: alquiler de una película en el videoclub).
- Alquiler de recursos humanos en una Empresa de Trabajo Temporal (ETT).
- Compra de servicios puros, como puede ser un seguro o una garantía.

Rara vez se dan completamente aislados. **Ejemplos:**

- Compra de una nevera: incluye compra de un producto, su transporte, su instalación y la garantía.
- Lavado de coche en un taller: incluye alquiler de la máquina de lavado y la aspiradora, materiales consumibles como jabón y ceras, mano de obra de limpieza y posiblemente hasta un seguro por si ocurre algún incidente mientras el coche está dentro del taller.

4.1. EJEMPLOS DE SUMINISTROS

- **Suministros externos:**

  Materiales y Servicios: Instalación y puesta en funcionamiento de la intranet de la empresa.
  Servicios: El contrato de mantenimiento de la red informática interna de la empresa.

  Materiales: La compra de los ordenadores y demás cumua necesario.
- **Suministros internos:**

Materiales y Servicios: Empleo del departamento de informática para crear y poner en funcionamiento una intranet propia de nuestro departamento.

Servicios: El uso del departamento de ingeniería de la empresa para hacer un diseño.

Materiales: La compra de materiales fabricados por la propia empresa.

5. FACTORES DECISIVOS PARA APROVISIONAR O NO

La primera decisión que debe tomar la empresa es o hacer el producto/servicio dentro de ella o aprovisionarlo, decisión en la que interviene un gran número de factores.

5.1. FACTORES PRINCIPALES

- **Financieros.** Normalmente se intenta aprovisionar aquellas actividades o materiales que se pueden conseguir a un coste menor del que se obtendría utilizando recursos propios.

- **Técnicos.** Los recursos externos pueden tener unos conocimientos que de otra forma no estarían disponibles y los materiales pueden tener unas características técnicas no disponibles internamente.

- **Por capacidad.** Subcontratar recursos nos permite cubrir picos y valles en la demanda con recursos externos a un coste variable, pero también nos puede permitir reservar nuestros recursos para oportunidades más importantes.

  Comprar materiales a fuentes externas nos permite disponer de una capacidad en general mayor de la que tendríamos internamente.

- **Por tiempo.** Podemos tener los recursos necesarios para hacer el trabajo, pero no en el tiempo requerido, por lo que se puede subcontratar todo o parte a otra empresa con más recursos.

- **Geográficos.** Podemos acceder a zonas que no cubramos a través de empresas que sí lo hagan.

- **Estratégicos (centrarse en *core business*).** La mayoría de las empresas decide, por razones estratégicas, centrarse en hacer bien aquello que representa su aportación principal al negocio, y dejar que los recursos no esenciales para el desarrollo del mismo sean externos a ella.

  Los materiales de fabricación son habitualmente suministrados por otras empresas, pero en los últimos años incluso las fábricas se han externalizado y las empresas compran la fabricación a proveedores que usan recursos que antes eran suyos, mejorando de esta forma ratios financieros como el ROE (*Return on Equity*, retorno sobre activos) o la facturación por empleado

5.2. RIESGOS

Si bien el aprovisionamiento contribuye al beneficio de la empresa a través de la reducción de sus costes y tiempo de ejecución y de la mejora de sus márgenes, sin embargo, para cada caso hay que analizar los siguientes riesgos:

- Asegurar la capacidad y competencia de la compañía proveedora. El precio no puede ser la única razón de la decisión de suministro.

- Análisis de la oferta de más de una empresa proveedora para cada producto o servicio para poder decidir la más conveniente según las circunstancias.

- Regular el suministro (lo haremos a través de un contrato que puede ser de varios tipos).

3. LAS COMPRAS Y EL APROVISIONAMIENTO

1. INTRODUCCIÓN

Aprovisionamiento y compras son dos tareas distintas. El **aprovisionamiento** (***procurement***) además de las compras puede necesitar otras operaciones como la subcontratación, el *leasing*, el alquiler, etc. y las **compras (*purchasing*)** están incluidus dentro del aprovisionamiento.

Debido a la importancia de las compras para los resultados de la empresa es habitual la centralización en un departamento de compras y que haya un responsable de compras.

Este departamento aplicará las estrategias y procedimientos para la adquisición de lo necesario según con las directrices de la compañía.

2. ESTRATEGIAS

Hay que distinguir dos tipos básicos de estrategias para las compras:

1. **Compras orientadas a la empresa.** Reflejan la relación entre el aprovisionamiento y la estrategia corporativa.
2. **Compras orientadas al proyecto o específicas del proyecto.** Reflejan la relación entre el aprovisionamiento y la estrategia de un proyecto concreto.

La diferencia entre ambos tipos de estrategia estará marcada por:
* Las restricciones propias de cada proyecto
* La necesidad de recursos críticos
* Los requerimientos específicos del cliente
* El nivel de riesgo asumido

Por ejemplo, la estrategia de la compañía podría dictar la compra de un mismo material a distintos proveedores mientras que en el marco de un proyecto puede estar justificado adjudicarlo por completo a un único proveedor.

4. EL PROCESO DE APROVISIONAMIENTO

1. INTRODUCCIÓN

Como ya hemos visto, el proceso de aprovisionamiento se puede dividir en varias fases que cubren desde la definición del suministro hasta el cierre del mismo:

- Planificación y definición de especificaciones.
- Búsqueda de proveedores.
- Solicitación de ofertas.
- Selección de la empresa adjudicataria.
- Negociación del contrato
- Administración del contrato hasta su finalización.

La mayoría de estas fases se pueden realizar en paralelo, aunque cada una de ellas tiene su propia utilidad y formalismo. Veamos cada una.

2. PLANIFICACIÓN

El primer paso en el proceso de aprovisionamiento es la definición del proyecto de aprovisionamiento, denominado fase de planificación. Durante esta fase se realizan los siguientes pasos:

a.   Definir la necesidad de aprovisionamiento.

b.   Desarrollar su alcance (SOW, Scope Of Work o Alcance Del Trabajo): qué vamos a hacer y qué vamos a adquirir.

c.   Planificar los principales hitos y el plan de aprovisionamiento.

d.   Estimar el coste, incluyendo todo el ciclo de vida del proyecto.

e.   Obtener la autorización para proceder con el aprovisionamiento.

2.1. OBJETIVO DE ESTA FASE

- ¿Aprovisionamos o hacemos?

- Definir exactamente cuál es el alcance del aprovisionamiento (SOW): qué se va a entregar, cómo, cuándo y cuánto va a costar.

- Cuáles serán los recursos necesarios para la ejecución.

- Cuáles son los riesgos y qué condiciones se van a requerir de los potenciales proveedores para asegurar el suministro y así minimizar dicho riesgo.

2.2. LA DECISIÓN

El análisis que presentamos a continuación tendremos que hacerlo para cada una de las tareas de la EDT.

- Para decidir si optamos por un suministro externo ('aprovisionar') o por un suministro interno ('hacer'), hay que tomar en cuenta las siguientes consideraciones respecto a la tarea involucrada (actividad, paquete de trabajo o paquete planificado):

Hacer	Criterio	Comprar
X	Reducción de Costes	
X	Integración con operaciones internas	
X	Usar la capacidad de trabajo ociosa	
X	Mantener el control	
X	Mantener la confidencialidad	
X	Evitar riesgos por problemas de fiabilidad del proveedor	
X	Estabilizar la plantilla	
	Uso de conocimientos no disponibles en la empresa	x
	Incrementar la capacidad de producción	X
	Reducir el plazo del proyecto	X
	Masa crítica	X
	Limitaciones internas de capacidad	X
	No incrementar la plantilla	X
	Inconvenientes de manejar varios proveedores	X

- Cada una de estas consideraciones admite una estrategia distinta para cada caso, por lo que las cruces indicadas en la tabla son solo orientativas.

- **Por ejemplo**, si tenemos capacidad ociosa que además está preparada adecuadamente para realizar ese trabajo, desde un punto de vista financiero será mejor usar recursos propios que subcontratar. Sin embargo, podría darse el caso de que nos interese mantener esa capacidad ociosa si estamos esperando la posible llegada de un contrato más grande.

- Argumentos similares se pueden aplicar a todas las demás consideraciones. La decisión en cada caso concreto debe realizarse ponderando estos criterios además de los que se definan como específicos de la empresa y del proyecto en particular.

- De todas maneras, la decisión en última instancia será del patrocinador o del directivo con la visión estratégica adecuada, pues el *core business*, nuestra/s línea/s principal/es de negocio no se aprovisionan.

2.3. TIPOS DE SOW

- **Especificaciones de diseño**

  El comprador especifica las características físicas del suministro.

  El riesgo de que se comporte como se desea recae en el comprador.

- **Especificaciones de rendimiento**

  El comprador especifica características medibles del producto final que debe entregar el proveedor.

  El riesgo recae en el proveedor.

- **Especificaciones funcionales**

  El comprador especifica el uso que se le va a dar al producto adquirido y su comportamiento en condiciones de trabajo concretas. Este tipo de especificaciones deja abierto el camino a mejoras en el diseño y a la reducción de costes por parte de los proveedores.

  El riesgo recae en el proveedor.

3. BÚSQUEDA DE PROVEEDORES Y SOLICITUD DE OFERTAS

Una vez terminada la planificación del aprovisionamiento y obtenida su autorización, el siguiente paso es identificar las organizaciones que pueden realizarlo y solicitarles ofertas.

En esta etapa es cuando generaremos la documentación necesaria para ofertar, formularios para facilitar la comparación entre ofertas, los criterios de adjudicación, el tipo de contrato que se desea, las condiciones de aceptación y de pago, etc.

Esta documentación se pondrá al alcance de los potenciales proveedores de forma que todos ellos dispongan de la misma información y que esta sea completa. Un proceso para asegurar la igualdad de oportunidades es reunir a los posibles proveedores a la vez para presentarles la información y resolver las preguntas sobre el alcance o el método de trabajo, dejando aquellas confidenciales o específicas de cada proveedor para reuniones posteriores.

Otro modo de buscar proveedores es hacer publicidad del suministro en medios de comunicación públicos. Esta forma es usada habitualmente por los organismos públicos para seguir los procedimientos legales o cuando los ofertantes conocidos no son suficientes para cubrir la oferta desde un punto de vista técnico o comercial.

3.1. TIPOS DE SOLICITUD

El documento o solicitud de aprovisionamiento (que hacemos nosotros) puede denominarse formalmente de varias maneras, en función de su complejidad (de menor a mayor), y del punto del proceso en el que nos encontremos:

- **RFI.** Request For Information, o solicitud de información.

Petición de información preliminar para evaluar las capacidades del proveedor.

- **IFB.** Invitation For Bid, o invitación a ofertar.

Invitación a presupuestar el suministro.

- **RFQ.** Request For Quotation, o solicitud de oferta económica.

Solicitud formal del precio del suministro.

- **RFP.** Request For Proposal, o solicitud de propuesta.

Es una solicitud formal del precio del suministro y de la descripción detallada de la forma de ejecución.

- **IFN.** Invitation For Negotiation, o invitación a negociar.

Es una invitación a entrar en discusión para ver el interés potencial del vendedor.

3.2. TIPOS DE RESPUESTAS

A nuestra petición, el proveedor puede responder con una gran variedad de documentos según el caso, aunque los más comunes son, ordenados de menor a mayor complejidad:

- **CIR. Contractor Initial Response.** Petición de información preliminar para evaluar las capacidades del proveedor.

Es la respuesta inicial del contratista que dará lugar a las negociaciones posteriores.

- **Propuesta económica.** Respuesta a la RFQ.

- **Propuesta económica y de ejecución.** Respuesta a la RFP.

- **Respuesta punto por punto.** Respuesta detallada a todos los puntos recogidos en las especificaciones del cliente.

3.3. LA SELECCIÓN

Los criterios para preseleccionar a un proveedor y enviarle la solicitud de información deben incluir consideraciones acerca de su:

- Capacidad financiera

- Estructura

- Disponibilidad de recursos para este proyecto concreto

- Evidencias de su capacidad para realizar el suministro con la calidad requerida: bien por experiencias anteriores con esa empresa, bien por las acreditaciones de calidad que haya obtenido

FIGURA 11.1

El proceso de preparación de la oferta y el estudio de la misma es costoso para ambas partes, por esto es necesario seleccionar los posibles proveedores antes de solicitarles ofertas.

La mejor forma de hacerlo es mantener un registro con los datos de las compañías con las que hemos trabajado en proyectos anteriores y que son preferidas a las demás por criterios objetivos, aunque esto no siempre es posible ya que depende de la singularidad del suministro.

Aunque no se pueda denominar estrictamente proyecto, en el caso de suministros repetitivos de elementos similares a lo largo del tiempo, incluyendo servicios, entramos en un caso particular de proceso de manejo de proveedores al que merece la pena hacer mención. En este caso se hace imprescindible mantener un registro de estos proveedores en el que se establezcan criterios periódicos de evaluación de calidad y de coste.

La lista debe ser reducida para motivar a los posibles proveedores a hacer negocio con nosotros y a mejorar su calidad y su coste. Por otro lado, este listado deberá ser lo suficientemente amplio como para promover la competencia entre ellos y obtener mejores condiciones para nosotros.

Se pueden utilizar listas de precios con suministros estándar para facilitar la comparación entre los proveedores y decidir adjudicaciones sucesivas de un tamaño inferior para cada fase del proyecto. En este caso se obtienen reducciones de coste con el tiempo debidas al aprendizaje de la empresa proveedora, al uso de lecciones aprendidas, etc.

4. ADJUDICACIÓN DEL CONTRATO

Una vez que los potenciales proveedores nos han respondido con la información solicitada, hay que estudiarla para decidir cuál de ellos será el adjudicatario.

Ejemplo de tabla de ponderación:

SCORECARD	WEIGHTING	PROVEEDOR 1	PROVEEDOR 2	PROVEEDOR 3	PROVEEDOR 4	PROVEEDOR 5
AUDITORÍA AL PROVEEDOR	0					
	20	4	3	2	5	4
REFERENCIAS / HABILIDAD / HISTORIA PREVIA CON LA COMPAÑÍA	5	3	4	5	5	4
COBERTURA GEOGRÁFICA	20	5	4	2	2	1
VALORACIÓN EN ACTIVIDAD ACTUAL	10	5	1	3	4	3
VALORACIÓN EN CALIDAD	20	1,25	1,65	5,00	2,75	2,00
CAPACIDAD RR.HH.	10	2,15	2,00	2,00	2,00	2,00
CAPACIDAD FINANCIERA	10	3	4	2	3	4
FINAL SCORE	321,50	263,00	275,00	310,00	243,00	
	1	4	3	2	5	

FIGURA 11.2

Normalmente esto no se hace en una sola fase y requiere negociaciones intermedias hasta tomar la decisión de adjudicación.

En el caso de contratos importantes puede haber otros pasos tales como la evaluación mediante una auditoria de los procesos de calidad de la contrata o de sus medios físicos o humanos para proporcionar el suministro.

La decisión de adjudicar el contrato a una empresa proveedora no cierra el proceso de adjudicación, sino que abre una nueva fase de negociación en la que solo interviene esta empresa, durante la cual se tratarán los términos y condiciones y el tipo de contrato y cuyo resultado será la firma de dicho contrato.

4.1. EL CONTRATO

¿Qué características básicas tiene que tener un contrato?

Además de reflejar todas las condiciones del suministro debe:

- Facilitar la construcción de una relación de lealtad a largo plazo entre las dos partes.

- Posibilitar a ambas partes el alcance de sus objetivos (*win-win*, gano-ganas).

- Especificar quién suministra los recursos para cada actividad.

- Delimitar el riesgo, especificando qué parte es receptora de cada una de las posibles incidencias durante la ejecución.

En contratos de un volumen importante, la negociación va más allá de simplemente negociar el coste de la oferta.

También hay otros factores que contribuyen a reducir el coste final del suministro, o bien su riesgo, y que deben ser tenidos en cuenta por igual en la negociación.

Por ejemplo, una empresa que evidencie el nivel de control y de calidad en sus procesos que nosotros necesitamos, nos puede dar la confianza suficiente como para reducir nuestra supervisión del suministro y de esta forma reducir nuestro coste total en el proyecto aunque el coste del suministro sea mayor. En el lado contrario, una empresa que oferte de forma temeraria y reduzca el coste para ganar el contrato sin tener la seguridad de poder mantener las condiciones, nos hará incurrir en costes imprevistos para asegurar que cumple con lo acordado, pudiendo llegar el caso de tener que cancelar el contrato por incumplimiento y tener que buscar un nuevo proveedor, lo que ocasionaría un coste mucho más elevado que el ahorro supuestamente obtenido en la adjudicación.

Una vez tomada la decisión de adjudicación del contrato hay que mantener un registro de las razones por las que se ha adjudicado a ese proveedor. Esto puede ser útil para revisar la decisión si durante el proceso de negociación descubrimos más datos que nos obligan a cambiar de proveedor o si alguno de los ofertantes quiere impugnar el proceso o entender cuáles son las razones para la decisión en su contra.

4.2. IMPORTANCIA DEL CONTRATO

Es el documento rector del proyecto. Del contrato surge el resto de documentación para crear el plan de proyecto.

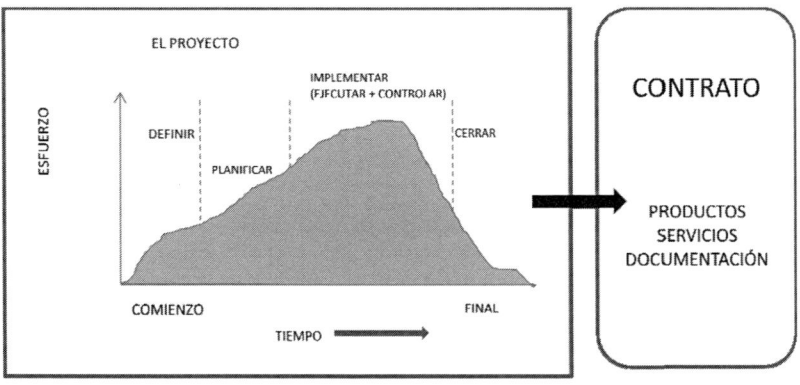

FIGURA 11.3

5. ADMINISTRACIÓN DEL CONTRATO

Esta fase es el periodo que comprende desde la firma del contrato hasta su extinción por el motivo que sea, bien por haber completado el suministro y sus pagos, o por incumplimiento de alguna de las partes.

En esta fase se realiza lo siguiente:

- Supervisar la ejecución desde el punto de vista contractual.

- Asegurar que los hitos recogidos en el mismo se cumplen.

- Las ambigüedades se resuelven de la forma adecuada.

- Puede ser realizada por el propio equipo de gestión del proyecto o por una persona seleccionada para este fin: el Administrador del Contrato.

5.1. SUPERVISIÓN

Durante la administración del contrato se supervisan de forma continua los siguientes puntos recogidos en el contrato:

1. **Financiación:**
   - Obtención de la autorización para proceder
   - Seguimiento del cumplimiento de las condiciones establecidas

2. **Control de la ejecución**
   - Inspección
   - Aceptación
   - Aseguramiento de la calidad
   - Supervisión de los procesos de producción si así se ha especificado

- Identificación y resolución de no conformidades
- Acciones correctoras
- Logística

3. **Control financiero**
   - Emisión de los pedidos a la empresa proveedora
   - Aceptación y pago de las facturas emitidas por el proveedor
   - Supervisión de las condiciones financieras del contrato
   - Aplicación de las penalizaciones acordadas
   - Provisión de las cantidades reservadas para el periodo de garantía

4. **Modificaciones del contrato**
   - Acuerdos suplementarios
   - Órdenes de cambio
   - Interpretación de las especificaciones

5. **Disputas contractuales**
   - Resolución o escalado de las disputas durante la ejecución

6. **Cierre del contrato**
   - Seguimiento de los periodos de garantía acordados
   - Terminación del contrato

5.2. EL ROL DEL ADMINISTRADOR DEL CONTRATO

La mayor parte del tiempo del administrador del contrato se emplea en la gestión de los cambios que van a aparecer en el contrato, bien porque se acuerde un cambio en las condiciones, bien porque cambie el alcance del suministro.

Por ejemplo, el contrato puede incluir una cláusula anual de revisión de precios y esta renegociación probablemente va a ser la actividad que más tiempo va a consumir.

6. CIERRE DEL CONTRATO

Este es el último paso en la vida del contrato y termina su administración salvo que se generen indemnizaciones debidas a una finalización perjudicial a alguna de las partes.

Lista de chequeo de cierre de contrato

Cliente

Contrato

	SÍ	NO	NA	INICIAL	DÍA
1 Aceptación final del cliente					
2 Deficiencias corregidas					
3 Arranque del período de garantía					
4 Repuestos, llaves entregadas					
5 Pago final del cliente recibido					
6 Todas las deudas canceladas					
7 Informe de post-realización terminado					
8 Procedimiento de garantía funcionando					
9 Obligaciones de continuidad asignadas					
10 Todas las no-conformidades están resueltas					
11 No quedan cambios de contrato que realizar					
12 No hay quejas resaltables					
13 Toda la documentación del proyecto requerida está archivada					
14 Todos los incidentes de seguridad han sido resueltos					
15 Nota de finalización					
16 Lista de chequeo de desmovilización aprobada					

FIGURA 11.5

El contrato recoge las causas de extinción y en algún momento llegará a su fin por alguna de las siguientes razones:

- Finalización del suministro recogido en el contrato
- Finalización de los periodos de garantía recogidos en el contrato
- Finalización del contrato con el cliente final
- Incumplimiento de las condiciones por alguna de las partes
- Obsolescencia tecnológica y sustitución por un suministro más avanzado
- Cambios en el presupuesto del proyecto
- Incapacidad del proveedor para entregar lo acordado
- Quiebra de alguna de las partes
- Finalización por causas de fuerza mayor

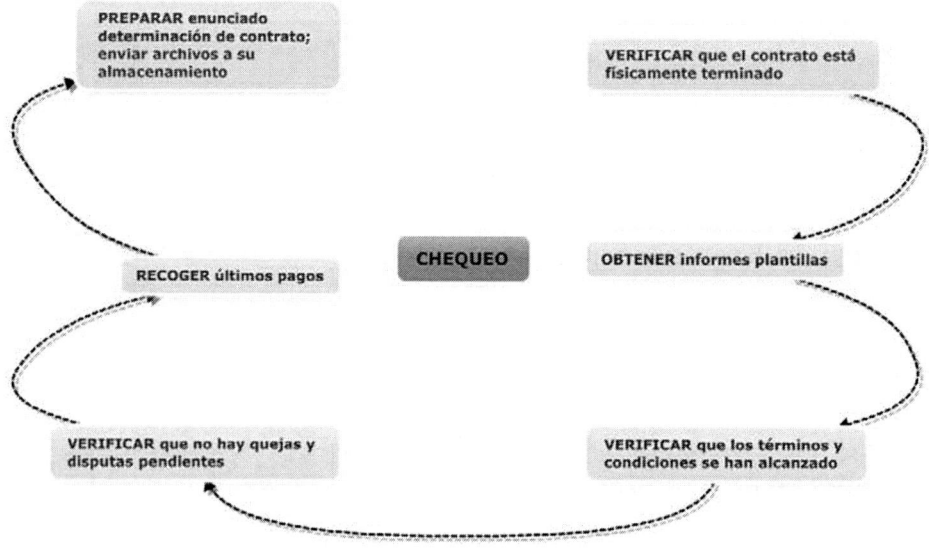

FIGURA 11.4

5. CONTRATOS

1. INTRODUCCIÓN

Es el documento que recoge las reglas en la relación entre el cliente y el proveedor. A estas reglas se les denomina 'Términos y Condiciones' y especifican con el mayor detalle posible cuáles serán las obligaciones y los derechos de cada parte para ejecutar el suministro de forma satisfactoria para ambos.

2. CARACTERÍSTICAS

El contrato asegura:

- La creación de una relación de lealtad a largo plazo entre las partes.
- Que el cliente recibe lo que necesita y le puede dar el uso que había planeado.
- Que el coste para el cliente y su proyecto es el correcto.
- Que el proveedor recibe el beneficio necesario para seguir operando.
- Que ambas partes tienen el riesgo acotado.

El contrato necesita cinco elementos para existir:

- **Oferta.** Invitación para cerrar un acuerdo aceptada por las dos partes. Es el documento de respuesta a las peticiones del cliente.
- **Aceptación.** Por el ofertante o su agente de las condiciones de la oferta.
- **Consideración.** Intercambio de ganancia para las dos partes que representa el contrato.
- **Capacidad.** Autoridad legal del los contratantes para entrar en el acuerdo o para representar a la compañía. El documento que concede esta autoridad se conoce como Resolución del Comité de Dirección.
- **Legalidad.** No debe violar la ley o los estatutos de las compañías contratantes. Un contrato con un propósito ilegal es nulo.

Ejemplo de contrato de compraventa de un automóvil.

- Debe existir una **oferta** por la que el cliente se da por enterado del precio y de las características del vehículo.

- El cliente debe **aceptar** el precio y las condiciones en las que se encuentre el vehículo como un hecho cierto.

- Las dos partes **consideran** justo el intercambio, una recibe el coche y la otra el dinero acordado.

- Las dos partes son **capaces** de contratar. El vendedor es propietario del coche y el comprador tiene el dinero.

- Por exigencia **legal** se debe inscribir el coche a nombre del comprador y abonar los tributos correspondientes.

Sin estas condiciones el contrato no sería válido o no se llegaría a ejecutar.

3. GUÍAS GENERALES DE UN CONTRATO

- El contrato puede ser verbal o escrito

- Un contrato debe contener compromisos explícitos, aunque a menudo también incluirá compromisos implícitos

- Para que el acuerdo sea válido no hace falta que se intercambie dinero, aunque ambas partes van a obtener un beneficio que es la razón de la existencia del contrato

- Las dos partes reconocen que el recurso es un camino que se puede utilizar de alguna manera

- Las dos partes tienen derechos y responsabilidades

De la definición que se haga en el contrato de las posibles incidencias que puedan aparecer y de su resolución, dependerá en muchos casos el éxito del proyecto que dependa de su suministro.

Un contrato mal definido dará lugar a suposiciones, ambigüedades, conflictos, riesgos no evaluados, incremento de costes y problemas en la aceptación del suministro, todos ellos elementos que influirán negativamente en la ejecución del proyecto final.

Por este motivo la redacción de un contrato de suministro que sea justo, que refleje adecuadamente el acuerdo alcanzado y que prevea las posibles incidencias que puedan aparecer durante la vida del suministro es uno de los hitos más importantes de un proyecto.

4. LAS CARTAS DE INTENCIONES

En inglés, MOU: Memorandum of Understanding

No son contratos, simplemente son una carta sin atadura legal que dice que el comprador tiene intención de comprar al vendedor.

5. TIPOS DE CONTRATOS

El tipo de contrato que usar es decisivo para las condiciones del suministro, ya que cada tipo de contrato limita de forma diferente el riesgo y por lo tanto la oferta y el precio dependerán de él.

5.1. TÉRMINOS

Antes de hablar de los tipos de contratos hay que definir una serie de términos:

- **Coste objetivo.** Es el coste estimado que el proveedor tendrá que pagar para poder realizar el suministro. Sirve como base para evaluar el coste final del suministro y puede variar según el tipo de contrato aunque el objeto del suministro sea el mismo.

- **Beneficio Objetivo.** Es el beneficio esperado por el proveedor en el suministro. Se puede incluir como parte de algunos tipos de contratos.

- **Beneficio mínimo y máximo.** Establecen límites al beneficio que debe obtener el proveedor.

- **Precio máximo.** Límite de precio del que el cliente es responsable.

- **Honorarios mínimos y máximos.** Limitan el coste añadido por el proveedor al suministro.

- **Fórmulas de reparto de costes.** Especifican qué parte del coste incurrido por el proveedor debe ser cubierta por el cliente. Se aplica cuando la producción está por encima de la acordada y depende de si el proveedor está operando por encima o por debajo de su coste objetivo.

- **Coste máximo.** Punto a partir del cual el proveedor asume la responsabilidad por cualquier coste añadido.

No hay ningún tipo de contrato ideal que cubra las necesidades de todos los tipos de suministro, por lo que según las definiciones anteriores se pueden crear varios tipos de contrato en función de la forma de combinar estas definiciones para establecer el precio final del suministro.

5.2. TRES TIPOS FUNDAMENTALES DE CONTRATO

En función del tipo, el riesgo lo asume el proveedor o el cliente. Tenemos:

- **Precio fijo** (también llamado llave en mano)

  FFP: Precio Fijado, Firm Fixed Price (FFP)

  FPE: Precio Fijo con Ajuste Económico, Fixed Price with Economic Price Adjustment

  FPI: Precio Fijado con Incentivo, Fixed Price Incentive

  FPR: Precio Fijo Redeterminable, Fixed Price Redeterminable

- **Coste y Plus o Coste Reembolsable**

  CPFF: Coste más Cuota Fija, Cost Plus Fixed Fee

  CPIF: Coste más Incentivo, Cost Plus Incentive

  CPAF: Coste más Cuota Premio, Cost Plus Award Fee

  CNP: Coste sin beneficio, Cost Contract with No Profit

  CS: Costes compartidos, Cost Sharing

  CPPC: Coste más porcentaje del coste, Cost plus percentage of cost

- **Contratos de Precio Unitario o de Precio fijo** para servicios y materiales, mano de obra con coste objetivo (contrato marco)

También:

- Bonus y penalizaciones
- Unión temporal de empresas

Aunque esta lista es exhaustiva, no cubre todas las posibilidades.

Será responsabilidad de ambas partes pensar qué tipo de contrato es el mejor en cada caso concreto y acordar sus condiciones de forma justa, pues el tipo de contrato que se negocie depende no solo del objeto del suministro o de la relación entre el cliente y el proveedor, sino que además hay factores externos que pueden influir en esta decisión.

Por ejemplo, cuando hay crisis y la oferta de trabajo es poca, los clientes piden contratos de precio fijo, protegiendo su riesgo y transfiriéndolo al proveedor, que no tiene más opción que aceptar.

Sin embargo, cuando hay suficiente oferta de trabajo, los proveedores se pueden negar a hacer contratos de precio fijo e intentarán cargar sus costes más un porcentaje, descartando aquellos trabajos en los que el riesgo no les interese.

En el caso peor para el cliente, este se puede ver forzado por la presión de tiempo o por la falta de proveedores a aceptar una oferta a coste más incentivo después de haber consultado con un único proveedor, aunque si el contrato es a un plazo largo se pueden incluir cláusulas que prevean su conversión a precio fijo cuando la curva de aprendizaje, las lecciones aprendidas o las condiciones del mercado lo permitan.

En líneas generales:

Tipo de Contrato	Ventajas	Desventajas
Precio fijo	• Produce un precio final fijo • Asegura al cliente el conocimiento inmediato de retrasos e incrementos de coste derivados de cambios • El seguimiento del trabajo requerido al cliente es mínimo • Ofrece el máximo incentivo para completar el trabajo rápido y con el menor coste • La necesidad de auditar al proveedor es mínima	• Obliga a conocer exactamente el objeto del suministro antes de adjudicar el contrato • Es necesario mucho tiempo y gasto para desarrollar las especificaciones, solicitar y evaluar las ofertas • El alto coste de ofertar puede reducir el número de ofertantes cualificados • El coste puede ser incrementado por contingencias exageradas para cubrir el riesgo del suministro
Coste y Plus o Coste Reembolsable	• Máxima flexibilidad para el cliente • Minimiza el beneficio del proveedor • Permite empezar y acabar antes el trabajo • Permite usar el proveedor más cualificado en lugar del más barato • Permite usar el mismo proveedor durante todo el proceso, mejorando la calidad y la eficiencia	• El coste final no está asegurado • No hay incentivos financieros para mejorar el coste o el plazo de entrega • Permite al proveedor especificar opciones innecesariamente caras • Permite al proveedor incluir cambios innecesarios aumentando el coste y el plazo de entrega

5.3. CARACTERÍSTICAS DE CADA TIPO DE CONTRATO

Cada tipo de contrato penaliza o bonifica al proveedor en función de su capacidad para entregar lo esperado en el tiempo acordado.

Un contrato en el que ambas partes compartan el riesgo de forma proporcional se puede realizar como una Unión Temporal de Empresas (UTE) mediante la cual el proveedor y el cliente crean una nueva empresa para abordar de la forma más efectiva un proyecto concreto.

De los contratos de la lista anterior, existen 5 tipos con los que se trabaja de manera más habitual:

- En un contrato a **Precio Fijo** (también llamado llave en mano - FFP)

  o El proveedor debe entregar el suministro al precio acordado y asume todo el riesgo en términos del beneficio o las pérdidas que puedan obtener y del tiempo de ejecución del suministro.

  o El cliente no asume ningún riesgo, pero es difícil que un proveedor acepte este tipo de contrato salvo en aquellos casos en los que la experiencia le permita conocer el coste con bastante precisión. Una mala estimación puede llevar al proveedor a perder dinero o a cotizar el suministro a un precio demasiado alto.

  o El tiempo para preparar la respuesta a una oferta de este tipo es largo ya que requiere por parte del proveedor un análisis exhaustivo del alcance del trabajo.

  o Este tipo de contrato tampoco es recomendable para el cliente a menos que las condiciones del suministro se conozcan con todo detalle, ya que el proveedor incluirá contingencias excesivas para cubrir los riesgos desconocidos, elevando innecesariamente el precio del suministro.

- Contrato de **Precio Fijo más Incentivo (FPI)**

  o Es un tipo de contrato igual al de precio fijo, pues se acuerda un honorario para el proveedor dependiente del coste final del suministro.

  o Este tipo de contrato incentiva al proveedor a reducir su coste, pero el alcance debe estar completamente definido para evitar que la reducción de coste se haga de forma perjudicial para el cliente.

  o El proveedor y el cliente en este tipo de contrato comparten el riesgo y los ahorros obtenidos.

- Contrato de **Coste más Cuota Fija (CPFF)**

  o   Cuando no hay forma de calcular el coste se usa este tipo de contrato, con un honorario que habitualmente es una parte pequeña del coste para reflejar el bajo nivel de riesgo que asume el proveedor.

  o   La retribución al proveedor es fija independientemente del coste, por lo que no se le incentiva a reducirlo y solo se compromete a realizar su mejor esfuerzo, pero a cambio estará interesado en hacer el suministro de la forma más rápida posible. El único riesgo en el que incurre el proveedor es el derivado de su propia negligencia.

  o   En proyectos grandes este tipo de contrato obliga a auditar a la empresa proveedora.

  o   La oferta para este tipo de contrato es fácil de preparar y de analizar, pero no permite asegurar el coste final, que puede resultar más alto que en otros tipos de contrato. El único incentivo en un marco competitivo es la posibilidad de conseguir más negocio en el futuro.

  o   Si el honorario en lugar de ser fijo se establece como un porcentaje se tiene la oportunidad de trabajar con el proveedor para mejorar aspectos técnicos o financieros.

- Contrato de **Coste más Incentivo (CPIF)**

  o   Igual que el de Coste más Cuota Fija, pero en este caso el honorario se acuerda de forma que el proveedor tenga un incentivo para reducir el coste del suministro.

  o   Se establece una fórmula que establece el incentivo comparando el coste objetivo con el coste alcanzado.

- Contratos de *Compartición del coste (CS).*

  o   Se acuerda un honorario fijo y el cliente paga los costes del proveedor hasta un límite máximo establecido.

  o   Presenta algunas ventajas e inconvenientes de los dos métodos anteriores y la ventaja añadida de que con este tipo de contrato ambas partes están interesadas en reducir el coste.

  o   Este es el tipo de contrato más interesante ya que el precio máximo está fijado desde el principio y el riesgo del cliente se reduce.

Para evitar algunos de los inconvenientes de algunos de estos tipos de contratos mostrados, es posible establecer objetivos incentivados: en estos contratos se ofrece al proveedor más beneficio si el coste es reducido o cumple ciertas condiciones como el plazo de entrega o un nivel de calidad, y menos beneficio si eleva el coste o no cumple los objetivos.

Por ejemplo, se puede acordar un contrato a precio fijo con un incentivo mediante una fórmula en la que el cliente pague el 90 % y el proveedor el 10 % del exceso del coste sobre un objetivo prefijado. De esta forma nos aseguramos que el proveedor hace su mejor esfuerzo para reducir el coste del suministro. Si el coste final está por debajo del objetivo fijado al principio del proyecto el proveedor obtendrá un beneficio mayor, y si está por encima puede llegar a perder dinero. De la misma forma se puede incentivar un contrato del tipo coste más honorario fijo haciendo que el honorario varíe entre unos límites acordados en función de la capacidad del proveedor para reducir el coste.

6. EL CONTENIDO DEL CONTRATO

Aparte de los elementos necesarios en cualquier contrato (oferta, aceptación, consideración, capacidad y legalidad) el contenido del contrato es básicamente libre pero debe recoger todos los puntos que las partes acuerden.

Estos puntos se denominan cláusulas, y entre ellas cabe destacar el orden de precedencia de los documentos del contrato y las especificaciones. Vamos a tener:

- **Orden de Precedencia**
- **Especificaciones**
- **Términos y Condiciones**

6.1. ORDEN DE PRECEDENCIA

El orden de precedencia del contrato especifica en qué orden deberán interpretarse los documentos, tanto los que forman parte directa del contrato como los que no, en el caso de una disputa. Esto quiere decir que si el contrato indica que las especificaciones recogidas en él tienen un orden de precedencia mayor que las que estuvieran contempladas en la oferta y existe un conflicto o contradicción entre ellas que es necesario resolver, se usará la interpretación que ofrezca el documento de especificaciones.

El orden de precedencia se acuerda entre las partes, pero un orden habitual podría ser el siguiente:

- Especificaciones recogidas en el contrato

- Otras instrucciones especiales recogidas en el contrato
- Otros documentos: oferta, descripción de alcance de los trabajos, apéndices al contrato o cualquier otro documento añadido
- Cláusulas del cuerpo del contrato
- Calendario de ejecución del contrato

6.2. ESPECIFICACIONES

Las especificaciones iniciales del suministro se definieron en la fase correspondiente del ciclo de aprovisionamiento. Sin embargo, es común que estas especificaciones se redefinan durante el proceso de negociación a medida que se tienen más detalles sobre las necesidades del cliente y las capacidades del proveedor.

En el contrato deberá recogerse el acuerdo final en este sentido y normalmente será el documento de mayor precedencia entre todos.

6.3. TÉRMINOS Y CONDICIONES

Para ayudar en la evaluación de las ofertas, en la preparación de ofertas y en el análisis de contratos que nos propongan es útil mantener una lista con los puntos más habituales que pueden formar parte de un contrato.

Elementos importantes de esta lista son:

- Alcance del suministro y descripción del proyecto
- Proceso de administración del contrato
- Proceso de aceptación de las entregas
- Forma de emisión de los pedidos
- Forma de pago
- Retenciones como forma de garantía
- Matriz de responsabilidades que defina cuáles son las obligaciones de las dos partes
- Elementos que suministrar por el cliente
- Garantías de los suministros entregados
- Avales de cumplimiento
- Responsabilidad en caso de daños, tanto directos como por lucro cesante

- Indemnizaciones

- Penalizaciones

- Impuestos

- Propiedad intelectual y patentes

- Tratamiento de información confidencial

- Provisiones en caso de extinción del contrato

- Proceso de inclusión y control de cambios

- Manual de calidad del contrato

- Proceso de comunicación entre las partes

- Proceso de escalado o manejo de conflictos

- Autoridad de arbitrado en caso de conflicto

- Responsabilidad en caso de retrasos

- Responsabilidad en caso de elementos de fuerza mayor que afecten al contrato

- Seguros requeridos

- Transferencia de la propiedad intelectual

- Derecho a remedio del subcontratista, qué derecho tiene si no cumple el contrato

- Calendario de ejecución, al menos con la fecha de terminación

- Jurisdicción del contrato

- Posibilidad del uso de subcontratistas

- Terminación del contrato

Es evidente que, debido a la gran variedad de circunstancias que pueden concurrir en un proyecto, es virtualmente imposible preparar un modelo de contrato que cubra todas las posibilidades.

No solo depende de la naturaleza del suministro, sino también de las particularidades de las empresas contratantes, del sector y del momento económico.

La práctica en un sector da como resultado un modelo habitual que evoluciona con el tiempo y se adapta a las necesidades de cada caso.

7. NEGOCIACIÓN DEL CONTRATO

La negociación es un proceso de intercambio de ideas y acuerdos que se produce para llegar a un resultado satisfactorio para ambas partes.

- Es un intercambio de ideas porque cada parte tiene unas necesidades que cubrir con el contrato y que la otra parte puede o no puede saber, pero que en mayor o menor medida, aun sin explicar en algún caso las razones, se tienen que comunicar.

- Es un intercambio de acuerdos porque cada parte cederá en alguno de los puntos para conseguir otros más importantes para ella.

- Y por último, el resultado final tiene que ser satisfactorio (en cuanto al alcance del resultado) para ambas partes para que haya contrato, ya que si no es así, las empresas no conseguirán sus objetivos y el contrato no tendría sentido.

Cuando se llega al momento de la negociación del contrato ya está realizada la mayoría del trabajo. Se sabe con precisión cuál es el suministro que realizar y se tiene una idea muy aproximada del precio y las condiciones en las que se va a suministrar.

Sin embargo, es necesario establecer un marco que regule la relación entre las dos compañías por varios motivos:

- Las condiciones que al final se acuerden y se reflejen en el contrato son las que harán que el suministro cumpla los objetivos establecidos para ambas partes.

- Los acuerdos son complejos y debe existir un documento que los recoja y que permita la interpretación en caso de disputas.

- Cada parte tiene una idea distinta no solo de los aspectos técnicos del suministro, sino también de sus aspectos formales, que es necesario conjuntar.

Hay muchos puntos que tener en cuenta en la negociación de un contrato. La negociación en general es una mezcla entre una técnica muy bien definida y un arte, y la descripción de las diferentes técnicas de negociación excede el ámbito de este documento.

Sin embargo, hay algunos puntos que merece la pena resaltar.

- En una negociación no hay vencedores ni vencidos.

Si se llega al punto en que una de las partes se siente vencida porque no alcanza los objetivos que tenía puestos en este contrato, es posible que el acuerdo entero esté en peligro. La negociación consiste en hacer compatibles los objetivos de las dos partes para que ambos puedan acometer el proyecto con las garantías de que van a obtener un beneficio del mismo con un riesgo razonablemente acotado.

De nada nos sirve un precio muy bajo para el suministro si a cambio hacemos que nuestro proveedor entre en quiebra. Es mucho más razonable premiar su eficiencia de costes, y de esa forma lograremos la nuestra.

• La fase más importante de la negociación es la planificación.

En esta fase se fijan los objetivos, se definen las estrategias y se investiga sobre las necesidades de la otra parte. Nunca se debe ir a una negociación sin saber qué queremos obtener, qué queremos ceder y cuáles son nuestros límites en ambos sentidos.

• Es muy importante saber cuáles de nuestros puntos son realmente importantes para nosotros y de cuáles podemos prescindir. Igualmente importante es descubrir cuáles de los puntos que nos propone la otra parte son realmente importantes para ella.

• La creatividad es esencial.

Cada problema tiene una solución y normalmente la otra parte nos cuenta su solución y no su problema, que incluso puede ser confidencial y no se puede revelar de forma abierta.

Si una solución no es aceptable para nosotros, hay que escuchar e intentar descubrir qué problema hay detrás de esa solución que se nos propone para buscar otra solución que sea aceptable para las dos partes.

• Hay que tener una mentalidad abierta y disponibilidad para resolver los problemas que seguro se van a presentar.

  La otra parte tampoco quiere un acuerdo injusto, sino que tiene unas necesidades mínimas que cubrir en la negociación.

• Hay que separar los problemas de las personas.

Cada uno está representando un papel, defendiendo los intereses de las respectivas partes y es en esos intereses en los que debemos centrar la negociación.

• Hay que evitar cualquier ambigüedad que pueda luego ser aprovechada por alguna de las dos partes para intentar reducir los costes o el alcance de manera ilegítima.

• El máximo responsable del contrato es el Director de Proyecto.

Pues es el conocedor de la estructura y recursos de la compañía y los pone a disposición de los clientes.

Sin embargo, a la negociación deberían ir, además, por parte de cada empresa, un representante legal, bien abogado de la empresa, bien un especialista en negociar contratos, un representante comercial que establezca los límites en términos comerciales o financieros y un representante técnico, que pueda resolver las cuestiones sobre las especificaciones, el alcance de los trabajos y el calendario del proyecto.

Además, se debe recabar información de diversos grupos para tener en cuenta durante la negociación los términos fiscales, de seguros, de ingeniería, obra civil, compras y cualquier otro que pueda estar involucrado.

- Es importante elegir el lugar y la forma de la negociación.

Es posible que la reunión dure horas, incluso días, o puede que se resuelva con un correo electrónico. En cualquier caso hay que buscar un ambiente en el que las dos partes estén cómodas y las presiones externas no sean más que las necesarias.

Por último, existen muchas tácticas para lograr una ventaja sobre la otra parte de manera más o menos ética. Todos, incluyendo la otra parte, conocen estas tácticas y su aplicación nos llevará a generar incomodidad en el proceso de negociación y en el caso de que prosperen pueden conseguir un resultado aparentemente exitoso que probablemente ni siquiera necesitemos o que en realidad sea contraproducente para el resultado del suministro.

Pensemos que un acuerdo tiene que cumplir unos objetivos para todas las partes y si el resultado final de la negociación está fuera de esos objetivos se puede llegar a un acuerdo que no podamos o no queramos cumplir, y por lo tanto todo el proceso de la negociación habrá sido inútil.

Ejemplo Portal Proyecto

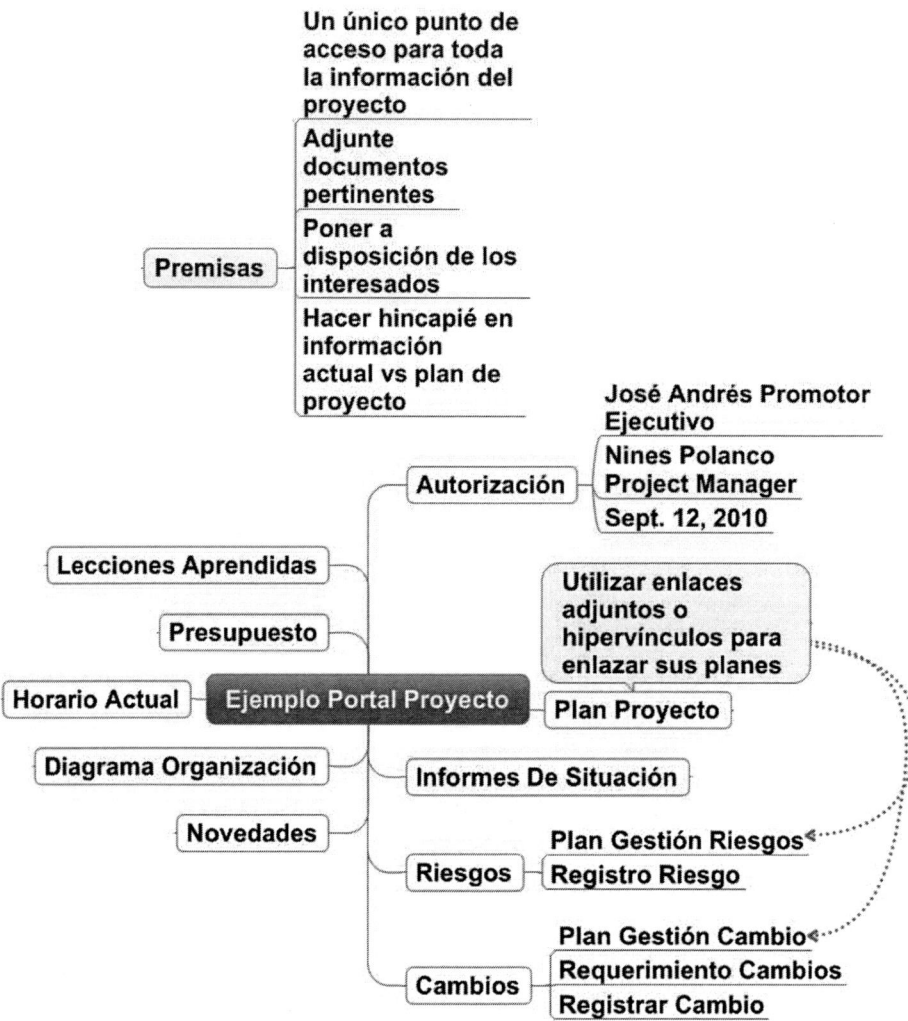

Módulo 12 Gestión de la Integración. Ejecución. Cierre

Sólo aquel que no hace nada no comete errores.

Joseph Conrad

1. INTRODUCCIÓN

1. INTRODUCCIÓN

Mi éxito en los negocios ha sido en gran medida el resultado de mi capacidad para concentrarme en objetivos a largo plazo e ignorar las distracciones a corto plazo Bill Gates.

Tomemos nota de la cita y analicemos nuestro propio trabajo...

Por un lado, como directores del proyecto, tenemos que tener la visión global del proyecto y tener presente cómo encaja el resultado de este tanto en las necesidades y expectativas del cliente como en la visión y estrategia de nuestra organización, todo ello aderezado con las restricciones y demás criterios de éxito.

Por el otro, tenemos que estar al tanto del día a día de nuestro proyecto, de las comunicaciones (el 90 % de nuestro tiempo lo emplearemos en ello), de los riesgos (para que no nos descarrile), de nuestro equipo, de los *stakeholders*, costes, plazos, calidad, etc.

Y como somos los responsables últimos del proyecto, tenemos que estar orientados a los resultados (porque nos lo van a exigir y de ello dependerá nuestro prestigio y carrera profesional en el futuro)

1.1. ¿CÓMO OBTENER EL ÉXITO?

Causas del éxito:

1. *Conocimiento del producto y del mercado*

2. *Adecuación de la persona al proyecto, y del proyecto al mercado*

3. *Diagnóstico correcto de la fuerza y debilidades propias, así como de las amenazas y oportunidades*

4. *Capital suficiente*

5. *Fuerza de voluntad y buena gestión del factor humano* (Claeh)

¿Cómo conseguir todo lo anterior de una forma efectiva y eficiente? Pues tendremos que echar mano de todo lo que hemos visto hasta ahora e integrarlo.

FIGURA 12.1

1.2. *EL OBJETIVO DEL PROYECTO Y EL OBJETIVO DEL CLIENTE*

Se trata de dar al cliente (interno o externo) a tiempo aquello por lo que ha pagado, de forma que cumpla con las especificaciones y funcionalidades definidas y acordadas.

De esta relación honesta en la que cumplimos con los compromisos contraídos con el Cliente es de donde nace la fidelización.

El director del proyecto también debe gestionar las expectativas y necesidades de los participantes clave o *stakeholders* (y en caso de conflicto de intereses, resolver las diferencias en favor del cliente).

FIGURA 12.2

Por tanto, el director del proyecto es un Integrador, un Generalista y Facilitador, que debe valerse de numerosos especialistas funcionales, internos y/o externos, para conseguir que el producto o servicio objeto del proyecto se entregue en tiempo, en coste y con la calidad adecuada al cliente, sea interno o externo.

1.3. EL OBJETIVO DEL PROYECTO Y LOS OBJETIVOS DE LA ORGANIZACIÓN

Por otro lado, la responsabilidad del director del proyecto en relación con su organización es integrar a los diferentes grupos de la compañía hacia el mismo objetivo estratégico, para desarrollar productos o servicios. De esta forma, elevaremos nuestro valor añadido al coordinar la capacidad operativa de la organización con las necesidades del mercado.

La presencia de grupos funcionales de apoyo internos, como operaciones, logística, compras, etc., hace que los directores de proyectos puedan ser técnicamente menos expertos en estos campos y conceder más importancia a la gestión.

Aunque no nos pidan ser unos expertos en la tecnología del sector de desarrollo del proyecto, lo que sí es muy conveniente es que poseamos suficientes conocimientos tanto (1) para hablar un lenguaje común con todos los grupos funcionales internos, como (2) poder defender los intereses de nuestro proyecto eficientemente.

Por tanto, y recopilando, es conveniente tener conocimientos de:

- El producto

- La industria

- El negocio

- Gestión

Por otro lado, será necesario conocer y revisar los objetivos de nuestra organización a través de sus "valores, visión y misión", ya que estos tomarán cuerpo en la estrategia y se hará realidad a través del cumplimiento de los objetivos de los proyectos en los que se divida. Recordemos:

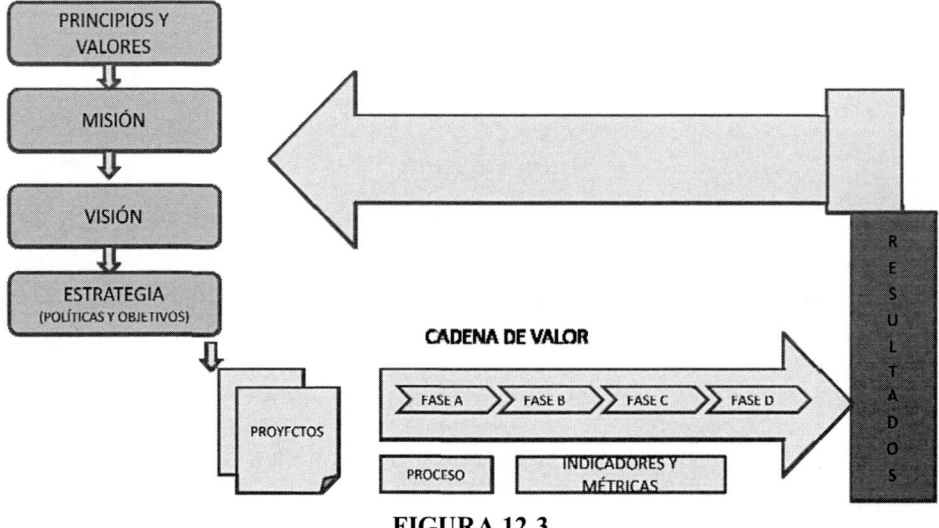

FIGURA 12.3

1.4. DEFINICIÓN DEL OBJETIVO INTEGRADO DEL PROYECTO

¿Cómo se fija el objetivo integrado del proyecto?

1. Traduciendo las necesidades y expectativas del cliente en cuanto al producto y/o servicio, tanto las declaradas como las implícitas, en requisitos documentados, que incluyan los aspectos legales y reglamentarios, que deberán, cuando lo requiera el cliente, ser aceptados mutuamente.

2. Entendiendo los intereses y las perspectivas de todos los implicados, y el poder que tienen para afectar al proyecto.

3. Entendiendo los posibles conflictos de intereses, entre las partes interesadas y el dueño del proyecto, o bien entre los diferentes grupos de interés.

4. Establecer las necesidades de los implicados. Estas deberían traducirse en requisitos documentados y, cuando proceda, ser aceptadas por el cliente.

5. Continuando este proceso dinámico a lo largo del ciclo de vida del proyecto hasta que la participación deseada de cada uno de los *stakeholders* sea definida para cada fase del ciclo de vida del proyecto.

6. Monitorizando a todos los *stakeholders*.

La elaboración de los objetivos integrados es compleja, recordemos:

FIGURA 12.4

2. LA GESTIÓN DE LA INTEGRACIÓN DEL PROYECTO

1. LA GESTIÓN DE LA INTEGRACIÓN DEL PROYECTO

Esta área de conocimiento trata de armonizar las otras 8 áreas de conocimiento:

FIGURA 12.5

1.1. ¿QUÉ ES LA INTEGRACIÓN?

Es el área de conocimiento que incluye los procesos y actividades necesarias para identificar, definir, combinar, unificar y coordinar todos los procesos necesarios para dirigir el proyecto.

FIGURA 12.6

A continuación os ponemos la definición de las 9 áreas todas juntas para que sirva de repaso:

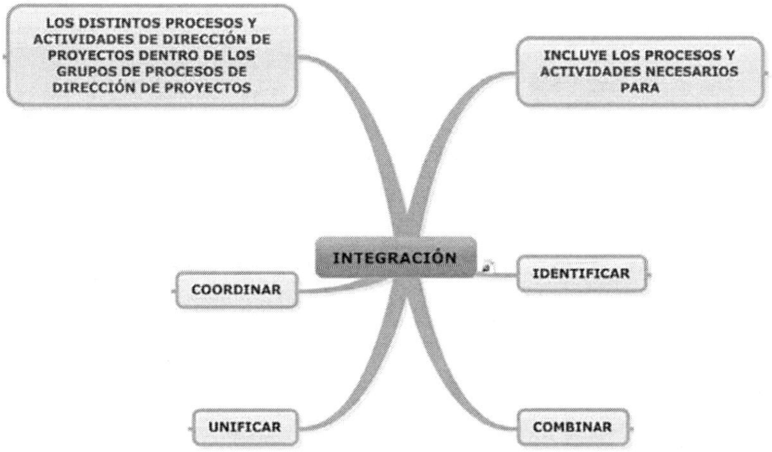

FIGURA 12.7

FIGURA 12.8

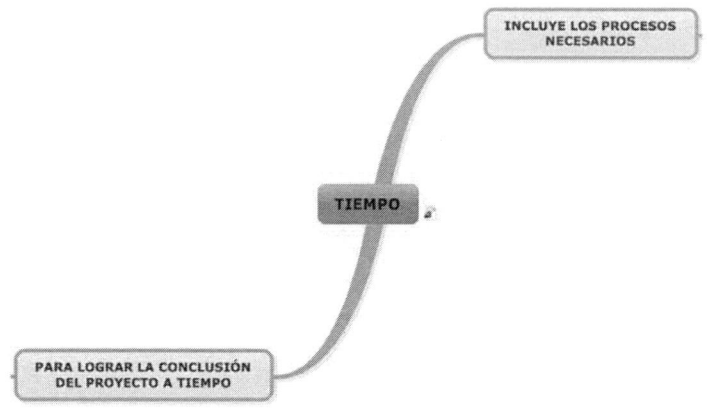

FIGURA 12.9

FIGURA 12.10

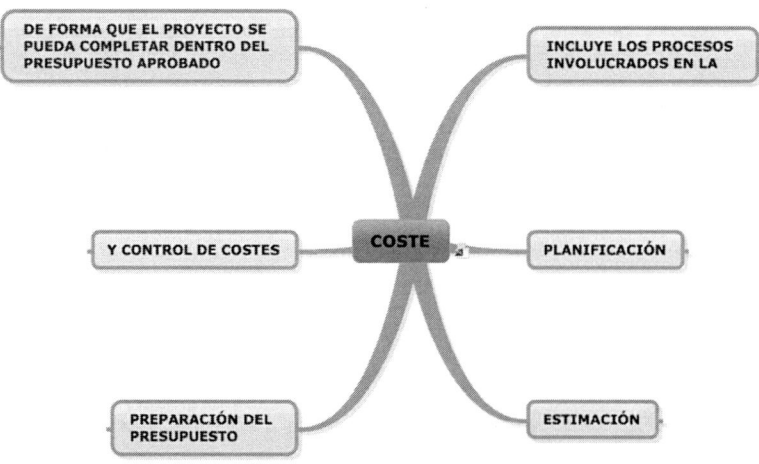

FIGURA 12.11

FIGURA 12.12

FIGURA 12.13

FIGURA 12.14

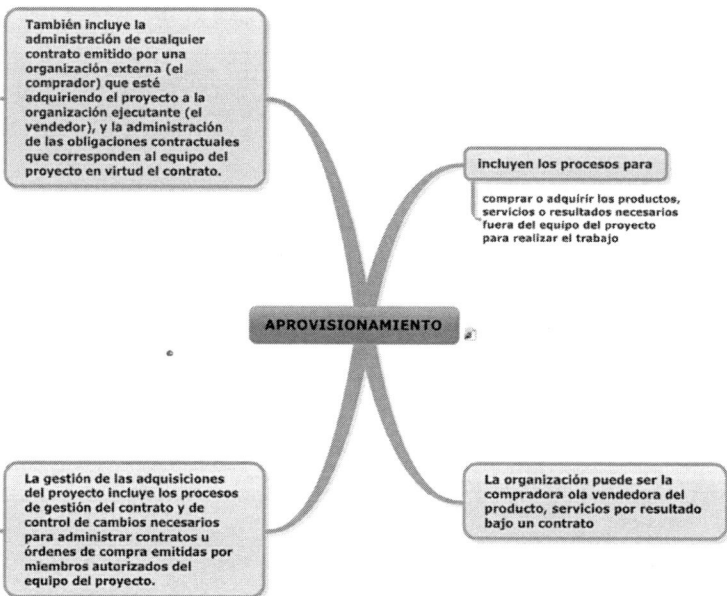

FIGURA 12.15

1.2. CARACTERÍSTICAS DE LA INTEGRACIÓN

La integración unifica, consolida y articula acciones cruciales para:

- Concluir el proyecto
- Cumplir satisfactoriamente con los requisitos de los clientes y otros interesados
- Gestionar las expectativas

Consiste en:

- Decidir dónde concentrar recursos y esfuerzos en el día a día
- Anticiparnos a posibles polémicas para tratarlas antes de que vayan a mayores
- Coordinar el trabajo

También implica hacer concesiones entre objetivos y alternativas contra-puestas.

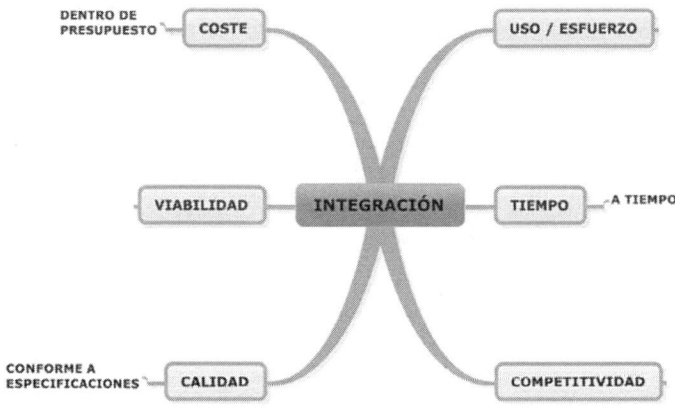

FIGURA 12.16

1.3. EJEMPLOS DE INTEGRACIÓN

La estimación de costes necesaria para un plan para contingencias implica la integración de los procesos de Gestión de los Costes, los procesos de Gestión del Tiempo y los procesos de Gestión de los Riesgos del Proyecto.

Cuando se identifican riesgos adicionales asociados con las distintas alterna-tivas de personal, se deben revisar uno o más de dichos procesos.

También es necesario que los productos entregables del proyecto se integren con las operaciones de la organización ejecutante o de la organización del cliente, o con la planificación estratégica a largo plazo, que tiene en cuenta los problemas y las oportunidades futuras.

1.4. ¿QUÉ PROCESOS SON LOS NECESARIOS PARA EL PROYECTO?

El director del proyecto y el equipo del proyecto deben tratar todos los procesos de las distintas áreas de conocimiento (9 áreas y 42 procesos), para determinar el nivel de implementación de cada uno en el proyecto específico.

1.5. EL CICLO DE GESTIÓN DE LA INTEGRACIÓN

1. Desarrollar el Acta de Constitución del Proyecto. Se desarrolla el acta de constitución del proyecto que autoriza formalmente un proyecto o una fase de un proyecto.

2. Desarrollar el Plan de Gestión del Proyecto. Se documentan las acciones necesarias para definir, preparar, integrar y coordinar todos los planes subsidiarios en un plan de gestión del proyecto.

3. Dirigir y Gestionar la Ejecución del Proyecto. Se ejecuta el trabajo definido en el plan de gestión del proyecto para lograr los requisitos del proyecto definidos en el enunciado del alcance del proyecto.

4. Monitorizar y Controlar el Trabajo del Proyecto. Se supervisa y controla los procesos requeridos para iniciar, planificar, ejecutar y cerrar un proyecto, a fin de cumplir con los objetivos de rendimiento definidos en el plan de gestión del proyecto.

5. Control Integrado de Cambios. Se revisan todas las solicitudes de cambio, aprobar los cambios, y controlar los cambios en los productos entregables y en los activos de los procesos de la organización.

6. Cerrar Proyecto. Se finalizarán todas las actividades en todos los Grupos de Procesos de Dirección de Proyectos para cerrar formalmente el proyecto o una fase del proyecto.

El primer paso lo vimos en el módulo del Alcance (módulo 4). El segundo, la planificación, lo atacamos en el de Tiempo. El 4º. y el 5º., el control, lo tratamos en el módulo de Costes. Los otros dos (3º. y 6º.), los vemos a continuación.

3. DIRIGIR Y GESTIONAR LA EJECUCIÓN DEL PROYECTO

Como vimos en los módulos anteriores en relación con nuestro papel y la ejecución del proyecto en sí mismo:

- Estamos orientados a conseguir los resultados.

- Somos los responsables de la marcha y resultados del proyecto.

- Nuestra implicación en la ejecución debe ser total.

Recordemos:

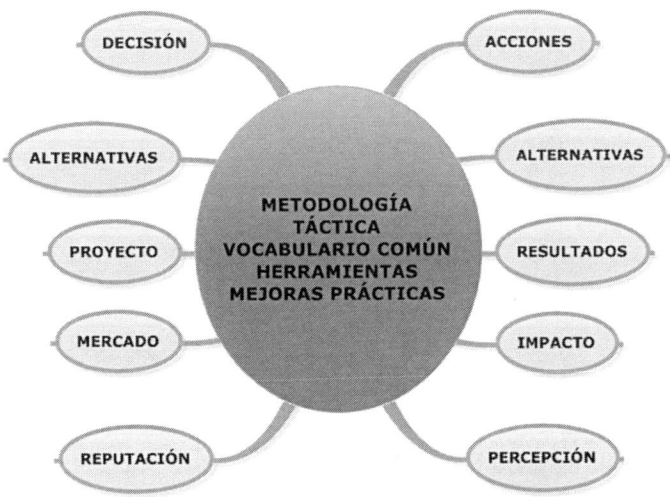

FIGURA 12.17

En esta fase es donde se realiza el producto o servicio de acuerdo a lo establecido en las fases de Inicio y Planificación.

Esta fase variará en función del tipo de proyecto y de la naturaleza del producto o servicio a realizar. Y en función de su complejidad se puede dividir el proyecto en varios programas, como por ejemplo:

- Desarrollo del diseño del producto o servicio

- Aprovisionamiento de materiales, elementos, instalaciones necesarias, etc.
- Producción
- Validación o certificación operativa de la solución adoptada

1.1. ENTREGABLES DE ESTA FASE

Fundamentalmente tendremos:

- El producto o servicio preparado para la entrega
- Los productos y/o servicios de soporte
- La documentación asociada

1.2. ¿QUÉ COMPETENCIAS TENDREMOS QUE APLICAR?

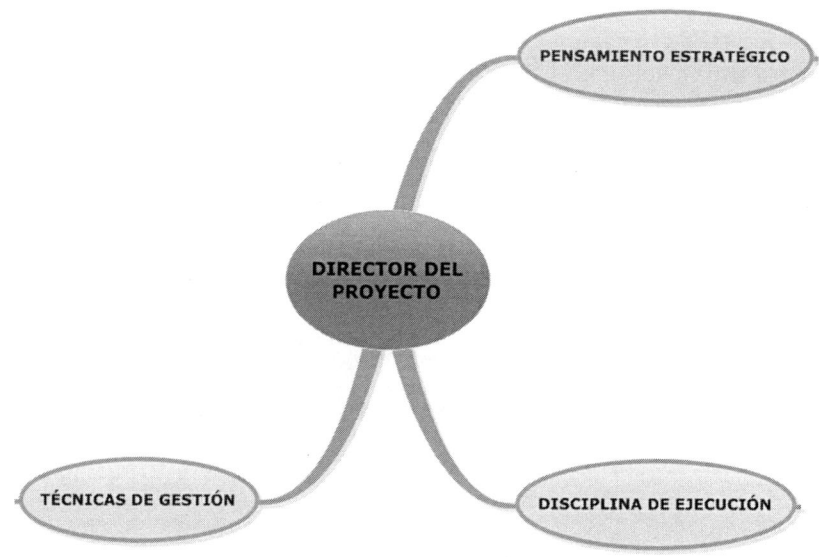

FIGURA 12.18

1.   Técnicas de Gestión:
     o   Dirección General:

- Liderazgo, comunicación efectiva, negociación, resolución de problemas, influencia en la organización...
- Trato Personal: Delegación, motivación, enseñanza, apadrinamiento...
- Trato en Grupo: Creación de equipos, resolución de conflictos, planes de formación...

- Relaciones laborales, seguridad e higiene, etc.

  o Gestión del proyecto a través de una metodología:

- 9 áreas de conocimiento, cuerpo de conocimientos técnicos específicos del sector del proyecto.

- 5 Grupos de proceso, Ciclo de Vida 'técnico'.

2. Pensamiento estratégico:
Especifica objetivos, políticas y planes de una organización para alcanzarlos y asignar recursos para poner los planes en ejecución. Tiene tres niveles:

  o Corporativo. La gerencia estratégica más alta. Énfasis en los planes a largo plazo.
  o De negocios. Específica para cada unidad de negocio. Énfasis en los planes a medio plazo.
  o Funcional. Estrategia de cada función de cada unidad de negocios. Énfasis en planes a corto plazo.

3. La disciplina de la Ejecución.

1.3. LA DISCIPLINA DE LA EJECUCIÓN

1. La ejecución es una disciplina: Es un proceso sistemático y riguroso que consta de...
   a. discutir los cómos y los qués
   b. dudar y preguntarse al respecto
   c. llevar a cabo el proyecto tenazmente
   d. asegurar la responsabilidad

2. Es uno de los grandes trabajos del líder.

3. Debe ser el elemento central de la cultura de la organización.

Como disciplina que requiere un proceso sistemático, presenta dos extremos en los que podemos caer:

a. **'La parálisis por el análisis':** nunca llegaríamos a entrar en la fase de Ejecución pues no acabaríamos nunca la de Planificación.

b. **'La chapuza por la precipitación':** la fase de Planificación es muy necesaria y con este extremo la obviaríamos. El pensar antes de lanzarnos a hacer las *cosas nos puede llegar* a ahorrar mucho trabajo, tiempo y dinero.

c. El Rolling Wave Planning estaría en el centro de los dos extremos (y como dijo Buda: 'la virtud está en el camino del medio')

1.4. LOS SIETE COMPORTAMIENTOS ESENCIALES DE LA EJECUCIÓN

- Conoce a tu gente y al negocio

- Mantente conectado con la realidad, no la evites

- Establece metas claras y priorizadas (3 o 4)

- Acábalo: no seas "culo de mal asiento que no acaba nada y empieza ciento" (lee la cita de la fase de cierre que viene a continuación)

- Recompensa a los hacedores de tu equipo

- Amplía las capacidades de tu gente, prepáralos

- Conócete a ti mismo

4. CERRAR EL PROYECTO

1. CERRAR EL PROYECTO

Nada se ha hecho mientras queda algo por hacer; acabar es lo que da la medida del maestro.

Amiel

El proyecto, fase o actividad, después de lograr sus objetivos y haber producido sus entregable/s (o sea, estar terminado), requiere su cierre.

El cierre del proyecto consiste en la verificación y documentación de los resultados del proyecto para formalizar la aceptación del producto (o servicio) de dicho proyecto por parte de los clientes o patrocinadores.

1.1. ELEMENTOS DEL CIERRE

Incluye la recopilación de todos los registros del proyecto, asegurando que reflejan:

- las especificaciones finales,
- el análisis del éxito,
- la efectividad del proyecto,
- el archivo de esta información para su uso futuro.

Las actividades del cierre no deben retrasarse hasta la terminación del proyecto. Cada fase debe ser apropiadamente cerrada para asegurar que no se pierde información útil e importante. Lo mismo ocurriría para cada actividad si lo considerásemos necesario.

1.2. ¿CUÁNDO SE HACE EL CIERRE?

- Cuando el proyecto finaliza, o sea, al producir los entregables requeridos.
- Cuando un proyecto (o contrato) se termina antes de que el trabajo sea completado.

- A la finalización de cada fase del proyecto.

1.3. CARACTERÍSTICAS DE ESTA FASE

- Verifica y documenta todas las salidas del proyecto.

- Una vez que los resultados del proyecto están documentados, se requiere una aceptación formal por parte de las entidades involucradas.

- Recoge todos los datos del proyecto y verifica que están al día y son precisos.

Estos datos deben identificar correctamente las necesidades (especificaciones) finales del producto o servicio para el que se creó el proyecto, por tanto, el cierre es el modo de reflejar de forma exacta que la información es precisa.

1.4. ENTREGABLES DE ESTA FASE DE CIERRE

Tenemos:

- Archivos del proyecto

- Aceptación formal

- Lecciones aprendidas.

- Liberación del equipo del proyecto

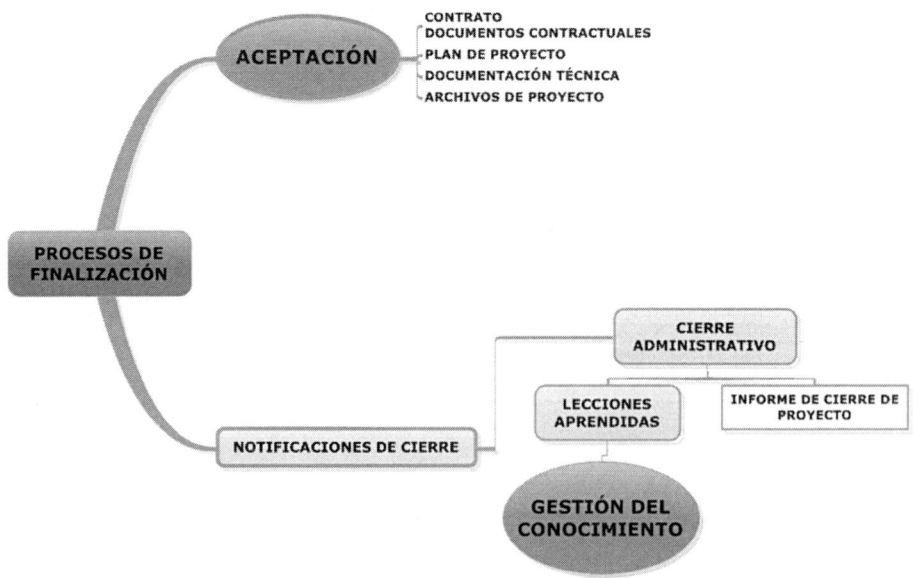

FIGURA 12.19

Ejemplo de Agenda de Equipo

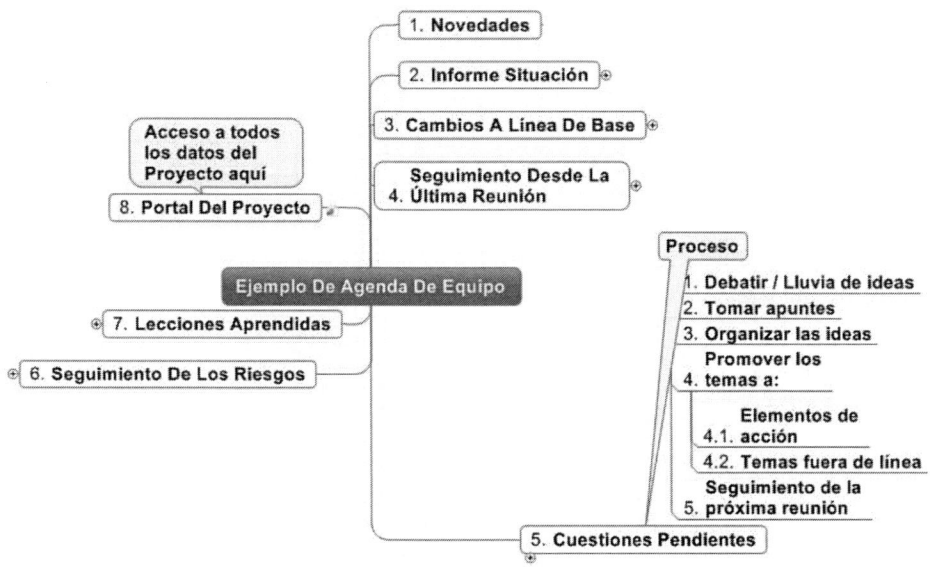

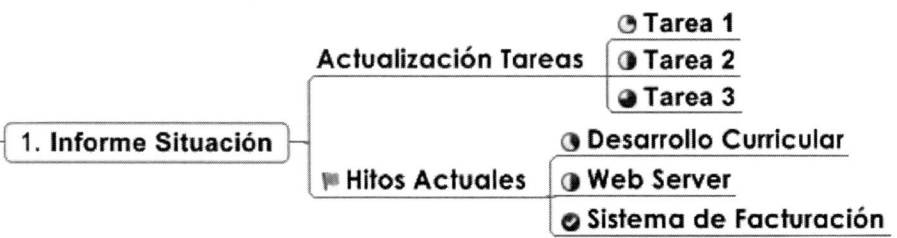

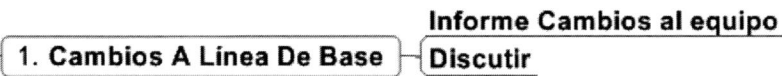

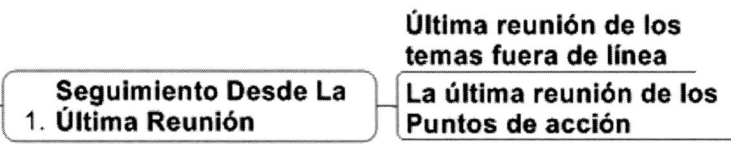

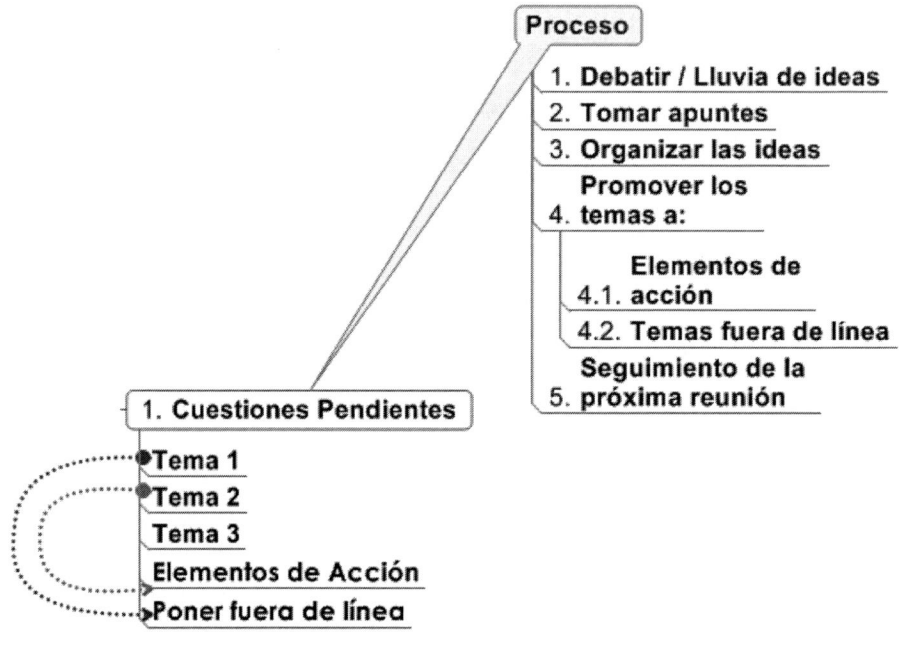

Diez maneras rápidas para hacer que su proceso sea más fácil de entender y seguir

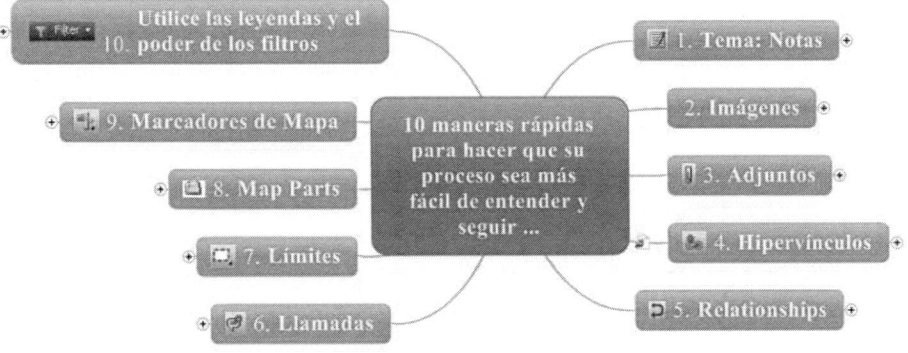

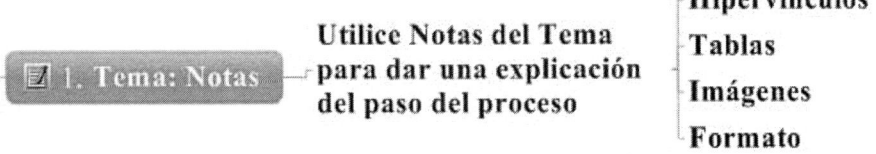

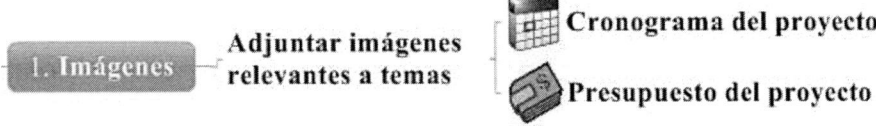

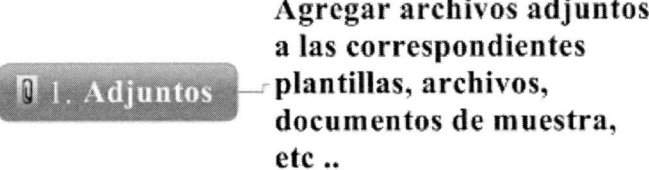

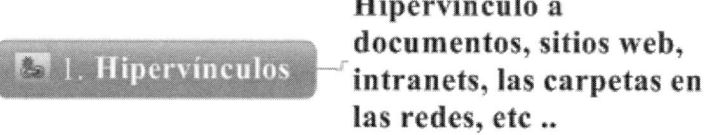

1. Hipervínculos

Hipervínculo a documentos, sitios web, intranets, las carpetas en las redes, etc ..

⊃ 1. Relationships

Inserte las relaciones para que los equipos entienden cómo un paso del proceso impacta en otro

Idea 1
Idea 2
Idea 3

Ilustrar las relaciones

Llamadas capturan la atención

1. Llamadas

Añadir llamadas para resaltar la atención a los pasos clave del proceso

Añadir límites para enfatizar las relaciones entre temas y subtemas

subtema 1
subtema 2
subtema 3

1. Límites

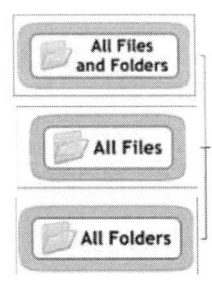

Utilice el **Explorador de archivos de Map Parts** para permitir que el proceso de mapas siempre utilice la última versión de sus plantillas

📑 1. Map Parts

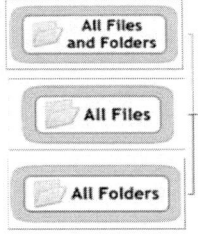

Utilice el **Explorador de archivos de Map Parts** para permitir que el proceso de mapas siempre utilice la última versión de sus plantillas

📑 1. Map Parts

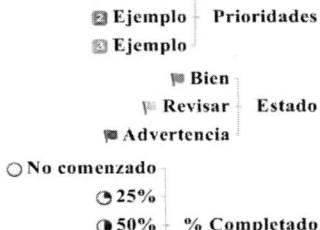

Agregar marcadores de mapa (icono, anotación de texto, color de fuente o color de relleno) a los temas. Cada marcador puede tener su propio significado asociado.

1. Marcadores de Mapa

Configure el proceso usando marcadores de mapa, la fuente y los colores de relleno, notas, enlaces, etc.

Agregar una leyenda a su mapa para que los usuarios puedan entender rápidamente el significado de las formas del tema, colores, marcadores de mapa, fronteras, etc ..

Utilice el poder del filtro para mostrar u ocultar rápidamente uno o más de estos elementos. Esto permite a los usuarios ver rápidamente la información que sea relevante para su consulta

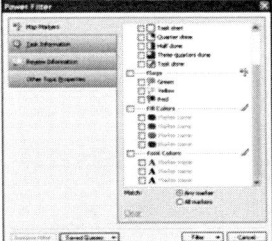

Filter ▾   Utilice las leyendas y el 1. poder de los filtros

Ejemplo Proceso del Proyecto Mapas y Plantillas

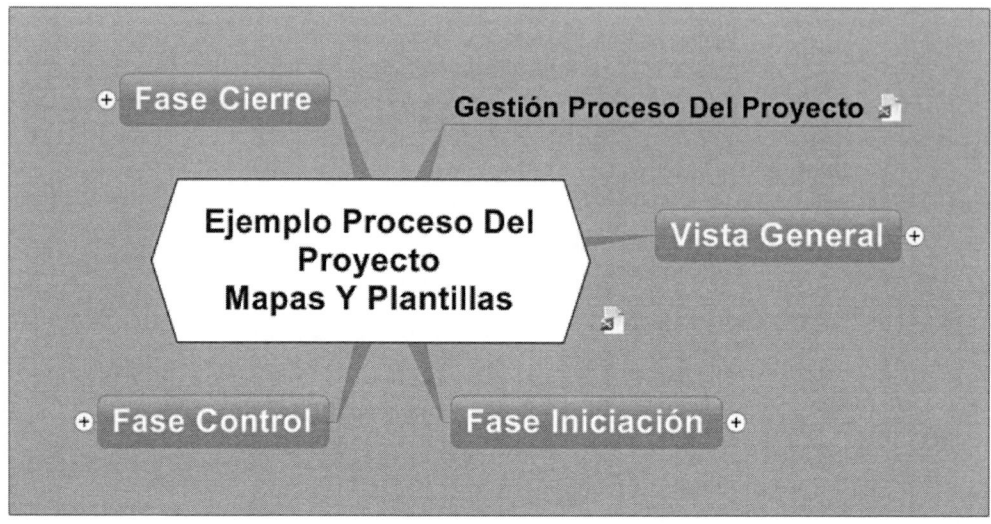

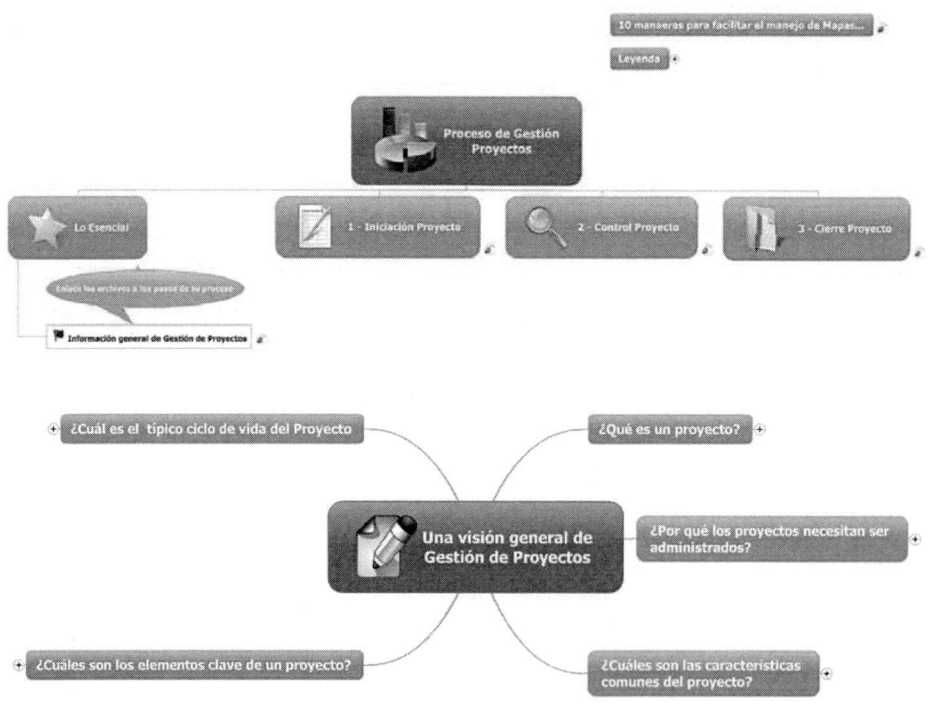

¿Qué es un proyecto?

Un proyecto es un empeño con un comienzo y final definidos comprometido a crear un producto o un servicio único.

Las salidas se producen:
- por un tiempo determinado
- a una calidad definida
- con un determinado nivel de recursos

¿Por qué los proyectos necesitan ser administrados?

Utilizando procesos de proyecto estándar aumenta la probabilidad de que su proyecto será completado a tiempo, dentro del presupuesto, y a un nivel aceptable de calidad.

¿Cuáles son las características comunes del proyecto?

- resultados definibles, mensurables
- Una fecha inicial y final
- Un equipo de recursos
- Participación de los interesados
- Una estructura de gobierno
- Un balance de las limitaciones
  - Tiempo
  - Costo
  - Calidad
  - Alcance

Planificación y estimación
del Proyecto
  ⊕ Alcance del proyecto
  ⊕ Gobierno de Proyecto
    ⊕ Gestión del cambio
    ⊕ Gestión Interesados
    ⊕ Gestión de riesgos y cuestiones
    ⊕ Gestión de calidad
  ⊕ Presentación de informes
      ⊕ Evaluación
      ⊕ Cierre

¿Cuáles son los elementos clave de un proyecto?

Resultados esperados

Los clientes (que utilizarán los resultados)

Productos (servicios y productos)

Trabajo (actividades que se requieren para producir resultados)

Recursos

Ubicaciones

Alcance del proyecto

La estructura
administrativa es también
conocido como Gobierno   Gobierno de Proyecto
de Proyecto.

cultura organizacional
ambiente de trabajo
funciones y   Prácticamente todos los
responsabilidades   proyectos deben hacer
                               frente al cambio.
habilidades y   Considerar la forma de   Gestión del cambio
conocimientos   realizar el cambio una
motivaciones e incentivos   experiencia positiva al
                               considerar:
políticas y procedimientos
procesos

Los interesados son las
personas y organizaciones
que tienen interés (ya sea
positivo o negativo) en los
resultados del proyecto.   Gestión Interesados

Las partes interesadas
desempeñan un
componente clave para el
éxito de los proyectos.

¿Cuáles son los riesgos?

¿Cuáles son los efectos y la probabilidad de que los riesgos ocurran?

Identificar, analizar y mitigar los riesgos son parte del proceso de gestión de proyectos exitosos.

¿Qué se puede hacer para evitar que sucedan?

¿Qué podría hacerse si es que ocurrieron?

Gestión de riesgos y cuestiones

También surgen Cuestiones a lo largo del ciclo de vida del proyecto. Establecer un proceso de seguimiento y revisión para asegurar que las cuestiones se tratan en forma oportuna.

En general, la calidad se describe un nivel de servicio o producto que satisfaga los requisitos de un cliente.

Gestión de calidad

Es muy importante ponerse de acuerdo sobre el nivel de calidad en el inicio del proceso de proyecto.

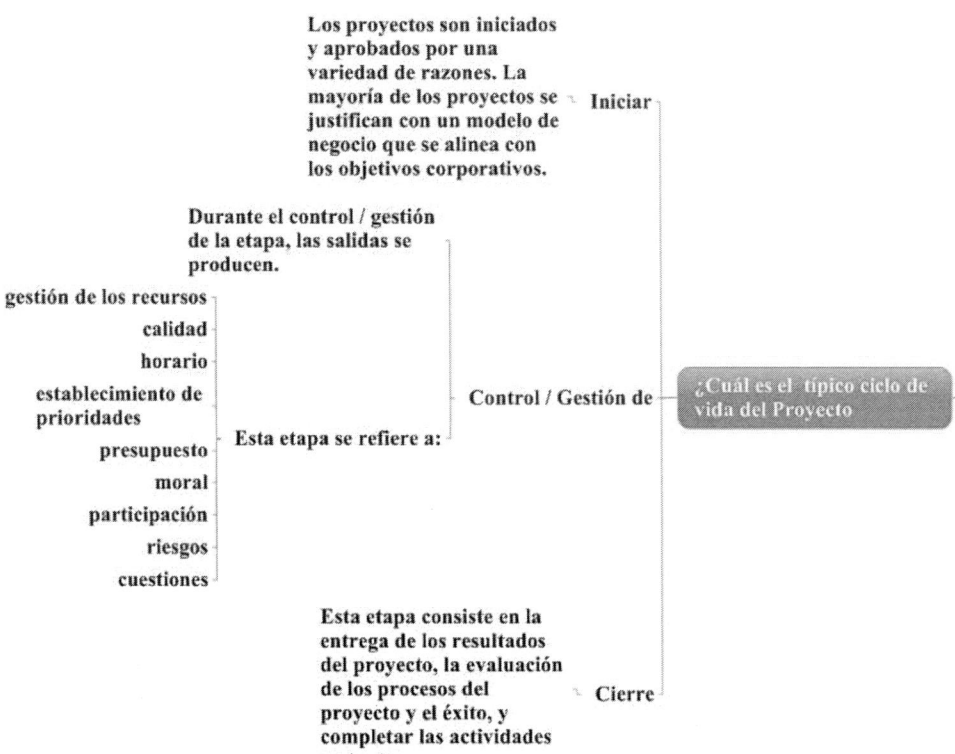

Los proyectos son iniciados y aprobados por una variedad de razones. La mayoría de los proyectos se justifican con un modelo de negocio que se alinea con los objetivos corporativos.

Iniciar

Durante el control / gestión de la etapa, las salidas se producen.

gestión de los recursos
calidad
horario
establecimiento de prioridades
presupuesto
moral
participación
riesgos
cuestiones

Esta etapa se refiere a:

Control / Gestión de

¿Cuál es el típico ciclo de vida del Proyecto

Esta etapa consiste en la entrega de los resultados del proyecto, la evaluación de los procesos del proyecto y el éxito, y completar las actividades restantes.

Cierre

Iniciación del Proyecto

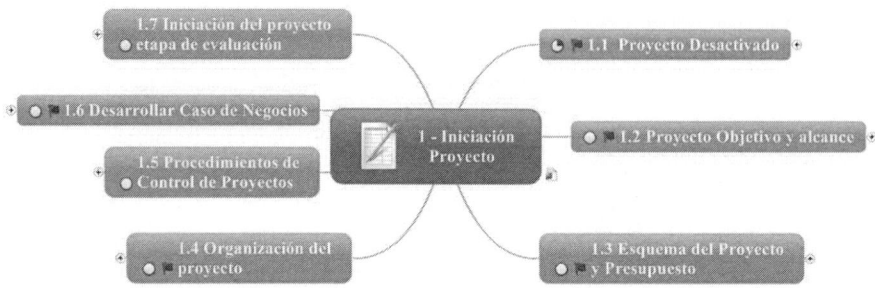

Lista de Comprobación Iniciación Proyecto

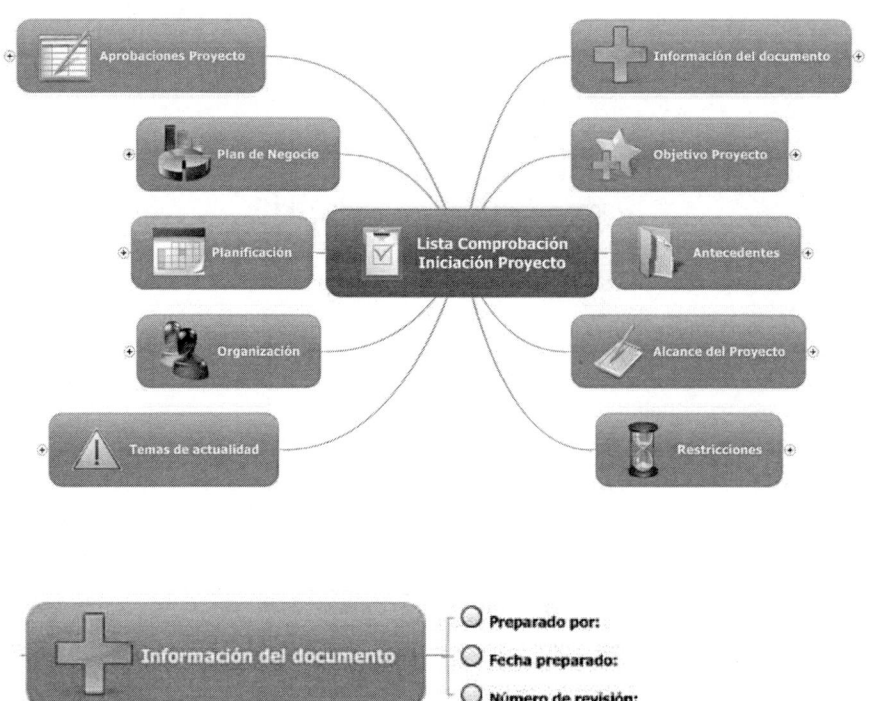

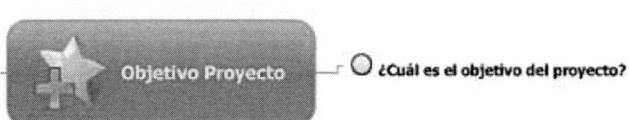

Antecedentes —⊙ Describa brevemente cómo surgió este proyecto

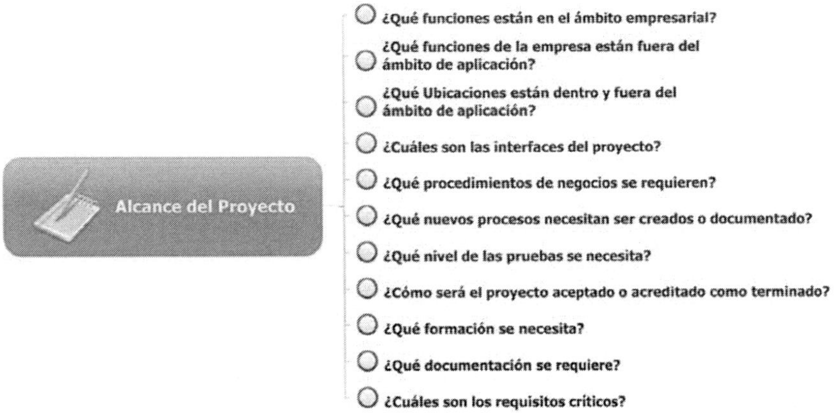

Alcance del Proyecto

⊙ ¿Qué funciones están en el ámbito empresarial?

⊙ ¿Qué funciones de la empresa están fuera del ámbito de aplicación?

⊙ ¿Qué Ubicaciones están dentro y fuera del ámbito de aplicación?

⊙ ¿Cuáles son las interfaces del proyecto?

⊙ ¿Qué procedimientos de negocios se requieren?

⊙ ¿Qué nuevos procesos necesitan ser creados o documentado?

⊙ ¿Qué nivel de las pruebas se necesita?

⊙ ¿Cómo será el proyecto aceptado o acreditado como terminado?

⊙ ¿Qué formación se necesita?

⊙ ¿Qué documentación se requiere?

⊙ ¿Cuáles son los requisitos críticos?

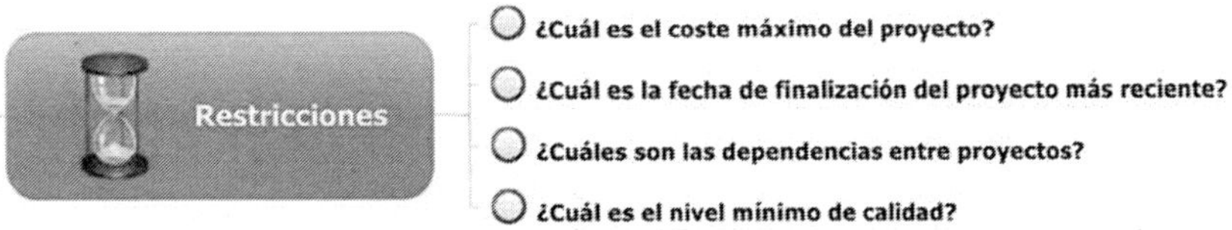

Restricciones

⊙ ¿Cuál es el coste máximo del proyecto?

⊙ ¿Cuál es la fecha de finalización del proyecto más reciente?

⊙ ¿Cuáles son las dependencias entre proyectos?

⊙ ¿Cuál es el nivel mínimo de calidad?

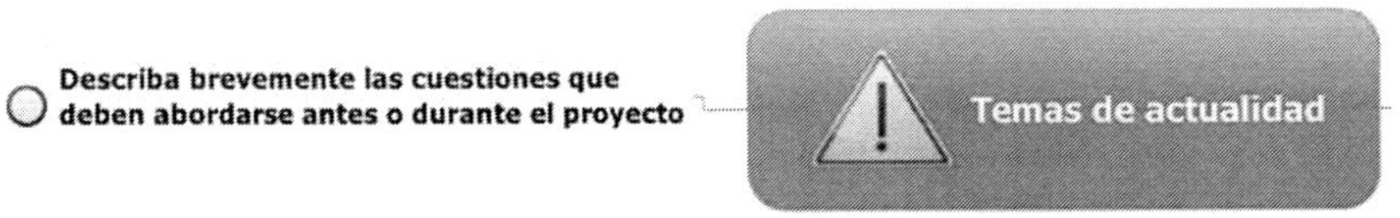

⊙ Describa brevemente las cuestiones que deben abordarse antes o durante el proyecto

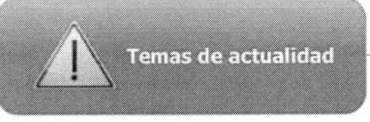

Temas de actualidad

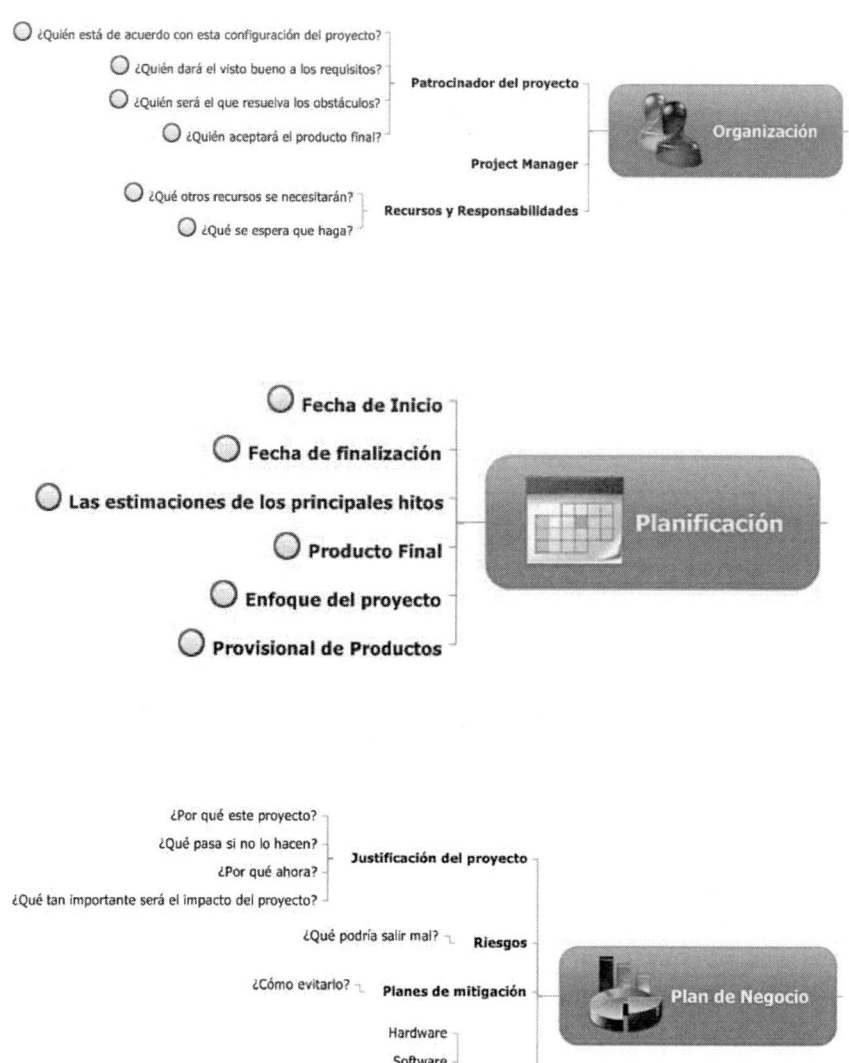

Solución Formación basada en Web

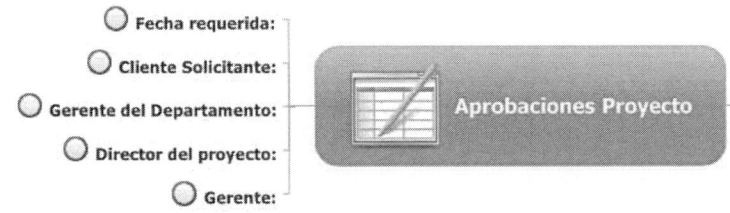

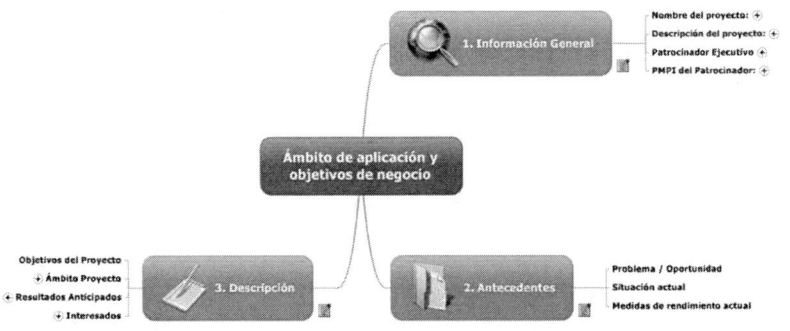

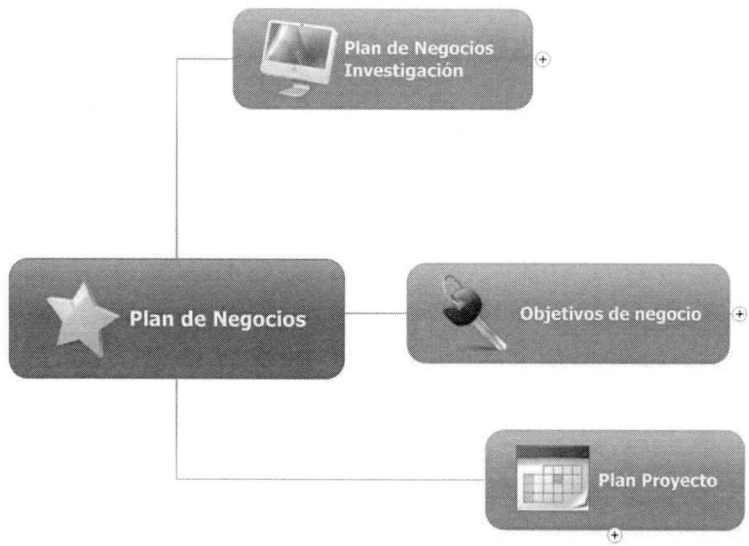

Plan de Desarrollo

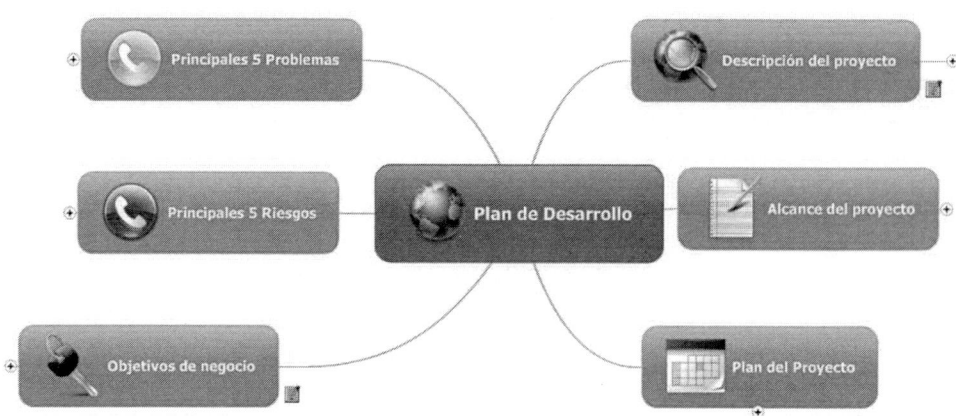

Plan Demostración Comercial

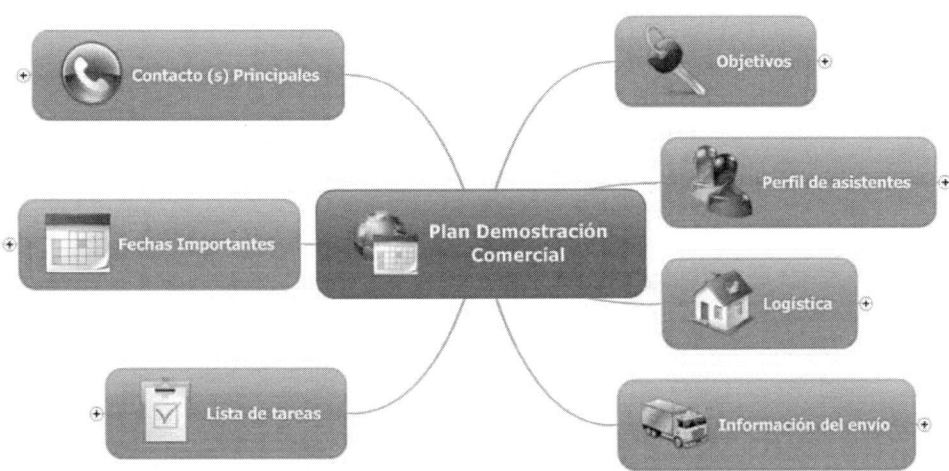

Diagrama Organización Proyecto

Caso Negocio

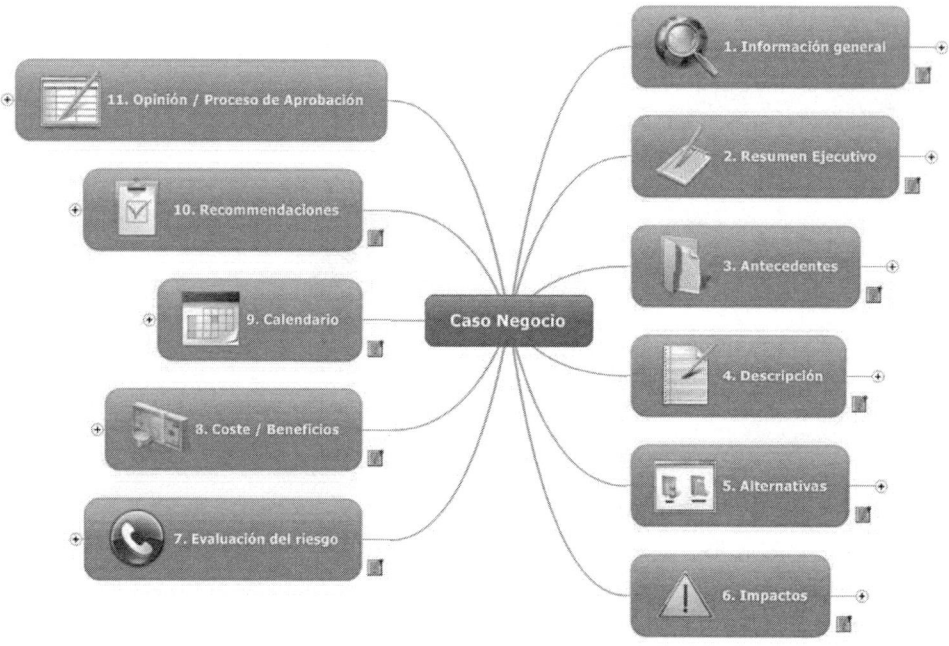

Control Proyecto

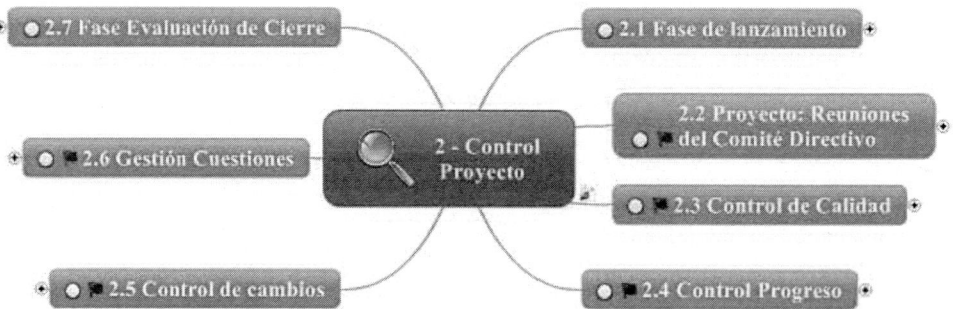

Reunión del Comité Directivo

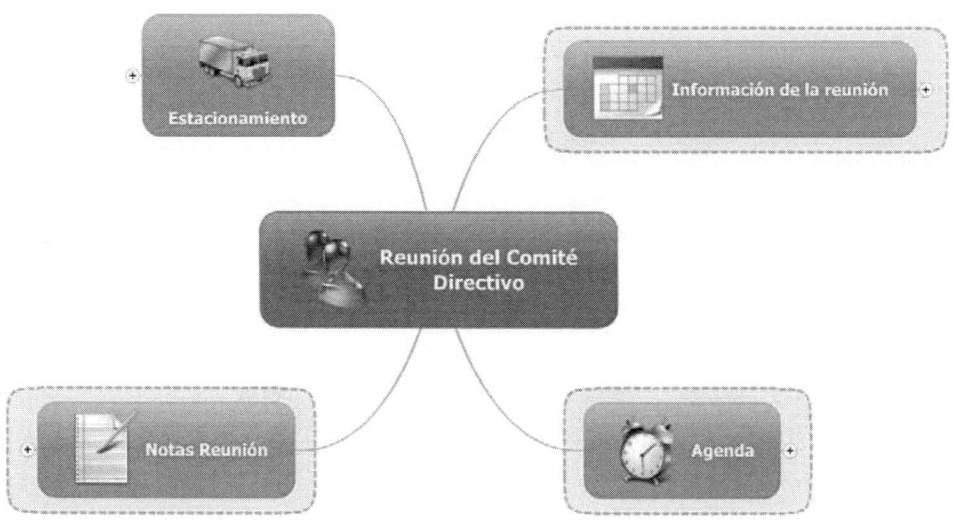

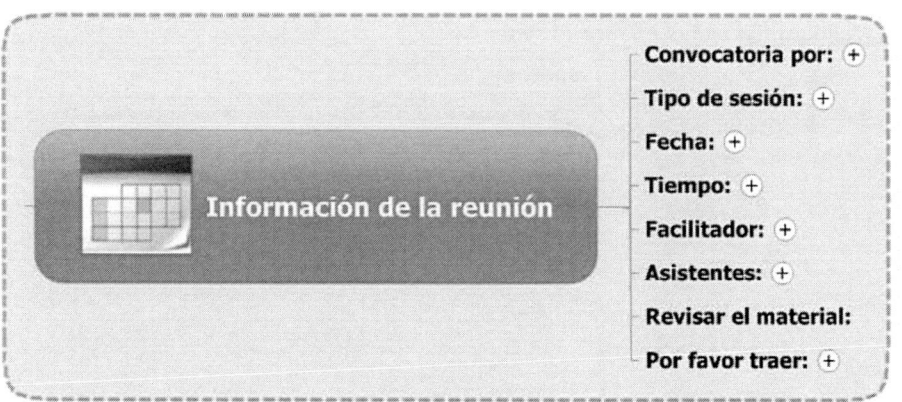

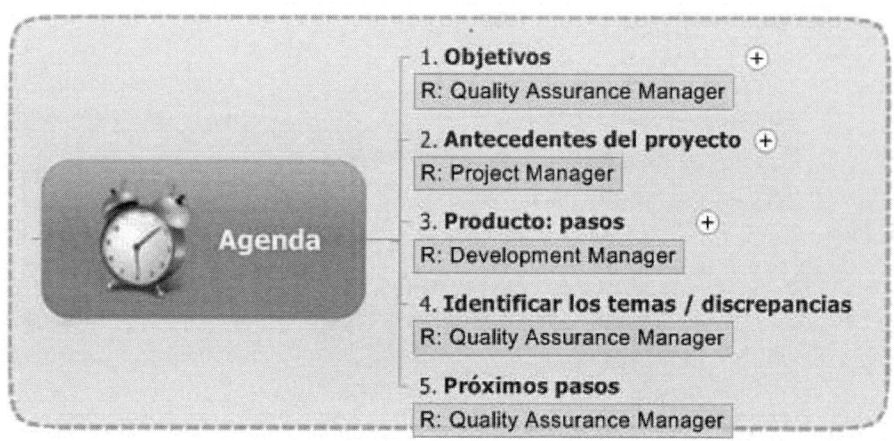

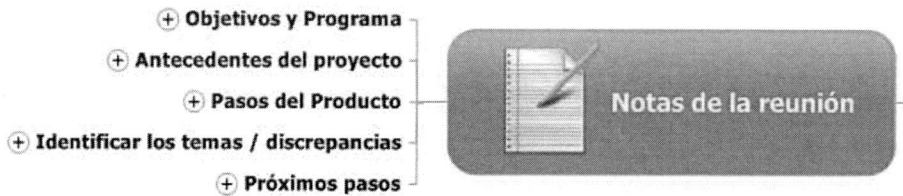

Reunión de Revisión Calidad

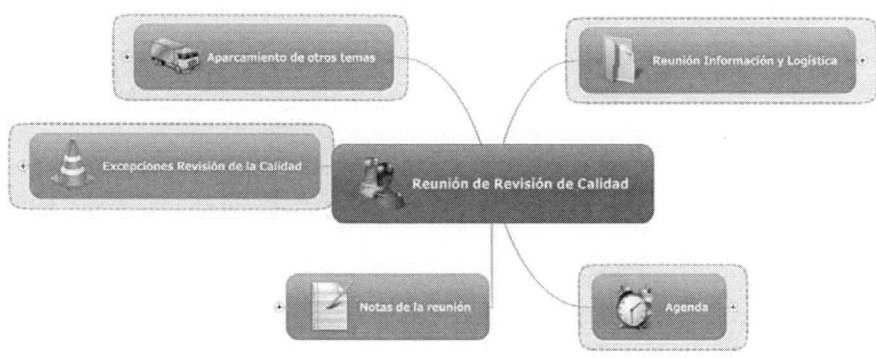

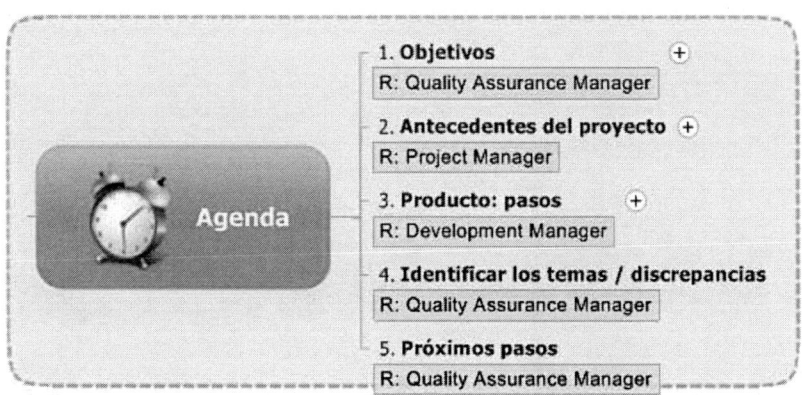

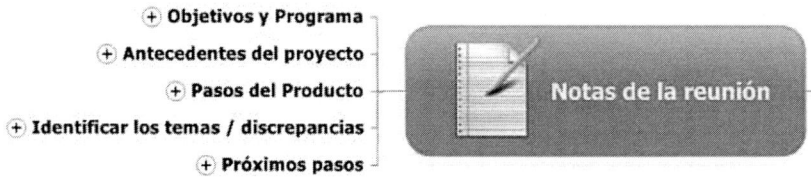

Panel Proyecto

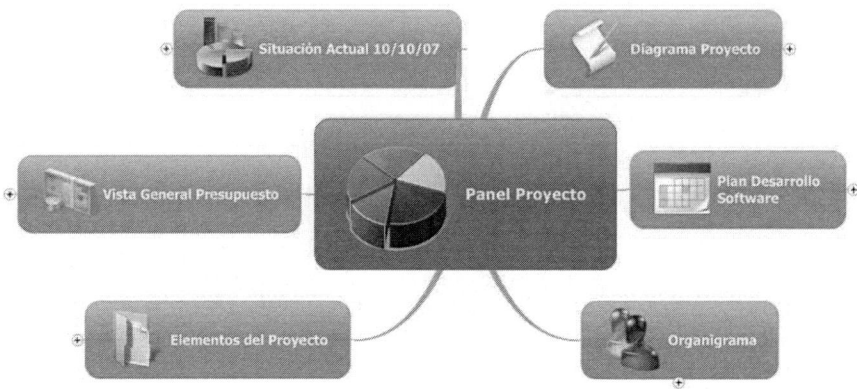

Informe rápido sobre Situación

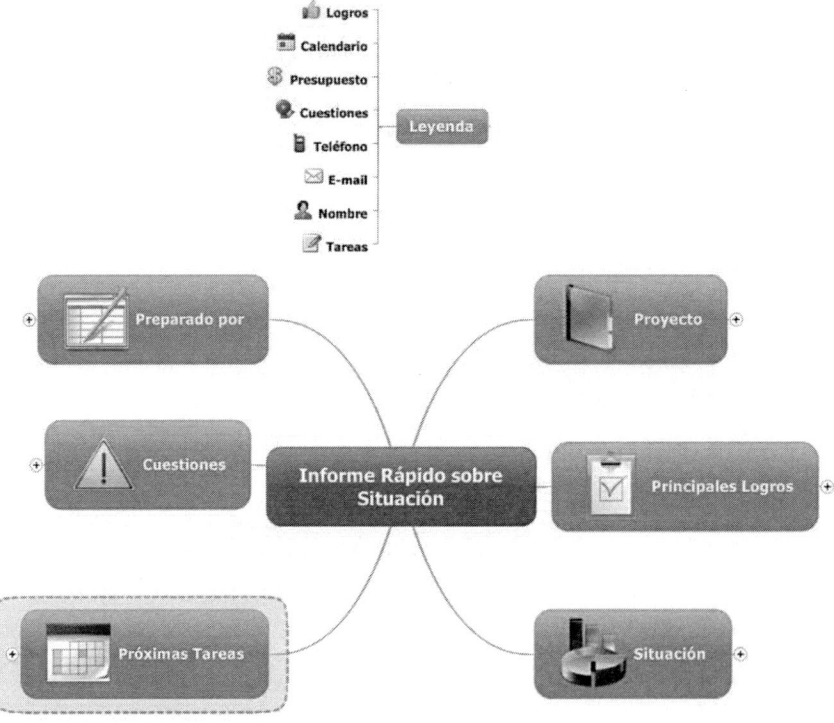

Informe Situación

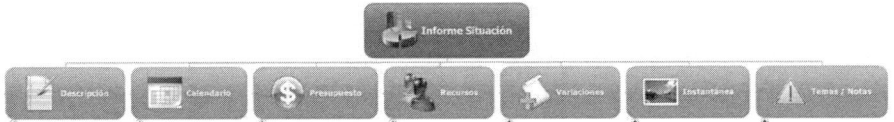

Solicitud de Cambio

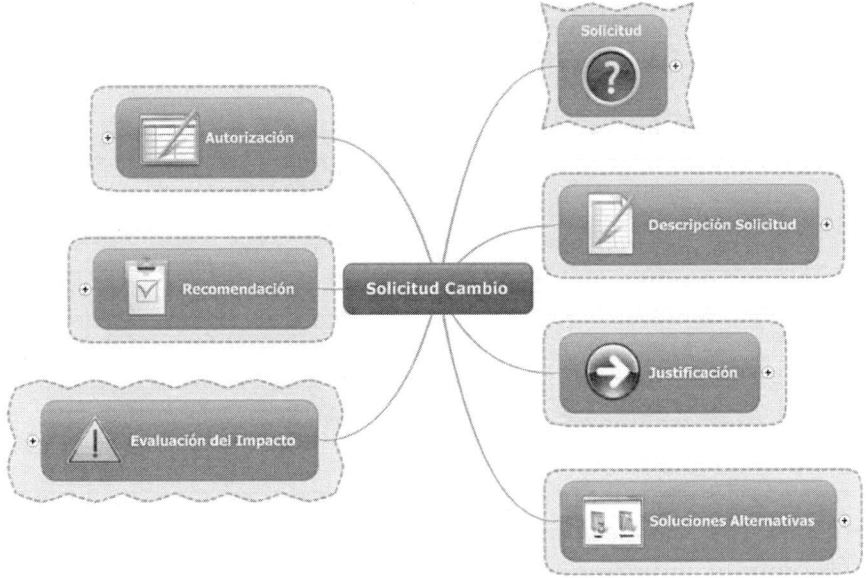

Informe Cierre Proyecto

EJEMPLO DE DOCUMENTOS

CONTROL DE VERSIONES					
Versión	Hecha por	Revisada por	Aprobada por	Fecha	Motivo

PLAN DE GESTIÓN DEL SCHEDULE

NOMBRE DEL PROYECTO	SIGLAS DEL PROYECTO

PROCESO DE DEFINICIÓN DE ACTIVIDADES: *DESCRIPCIÓN DETALLADA DEL PROCESO PARA DEFINIR LAS ACTIVIDADES A PARTIR DEL SCOPE STATEMENT, WBS, Y DICCIONARIO WBS. DEFINICIÓN DE QUÉ, QUIÉN, CÓMO, CUÁNDO, DÓNDE Y CON QUÉ.*

NOTA: ADJUNTAR FLUJOGRAMA DE PROCEDIMIENTO.

PROCESO DE SECUENCIAMIENTO DE ACTIVIDADES: *DESCRIPCIÓN DETALLADA DEL PROCESO PARA SECUENCIAR LAS ACTIVIDADES. DEFINICIÓN DE QUÉ, QUIÉN, CÓMO, CUÁNDO, DÓNDE, Y CON QUÉ.*

NOTA: ADJUNTAR FLUJOGRAMA DE PROCEDIMIENTO.

PROCESO DE ESTIMACIÓN DE RECURSOS DE LAS ACTIVIDADES: *DESCRIPCIÓN DETALLADA DEL PROCESO PARA ESTIMAR LOS RECURSOS NECESARIOS PARA REALIZAR LAS ACTIVIDADES. DEFINICIÓN DE QUÉ, QUIÉN, CÓMO, CUÁNDO, DÓNDE, Y CON QUÉ.*

NOTA: ADJUNTAR FLUJOGRAMA DE PROCEDIMIENTO.

PROCESO DE ESTIMACIÓN DE DURACIÓN DE LAS ACTIVIDADES: *DESCRIPCIÓN DETALLADA DEL PROCESO PARA ESTIMAR LA DURACIÓN DE LAS ACTIVIDADES. DEFINICIÓN DE QUÉ, QUIÉN, CÓMO, CUÁNDO, DÓNDE, Y CON QUÉ.*

NOTA: ADJUNTAR FLUJOGRAMA DE PROCEDIMIENTO.

PROCESO DE DESARROLLO DE SCHEDULE: *DESCRIPCIÓN DETALLADA DEL PROCESO PARA DESARROLLAR EL SCHEDULE. DEFINICIÓN DE QUÉ, QUIÉN, CÓMO, CUÁNDO, DÓNDE Y CON QUÉ.*

NOTA: ADJUNTAR FLUJOGRAMA DE PROCEDIMIENTO.

CONTROL DE VERSIONES					
Versión	Hecha por	Revisada por	Aprobada por	Fecha	Motivo

IDENTIFICACIÓN Y SECUENCIAMIENTO DE ACTIVIDADES

NOMBRE DEL PROYECTO	SIGLAS DEL PROYECTO

PAQUETE DE TRABAJO		ACTIVIDAD DEL PAQUETE DE TRABAJO			ACT. PREDECESORA TIPO DE RELACIÓN ADELANTO/ATRASO	RESTRICCIONES O SUPUESTOS	FECHA IMPUESTA	PERSONA RESPONSABLE	ZONA GEOGRÁFICA	TIPO DE ACTIVIDAD (TIME DRIVEN, RESOURCE DRIVEN)	SECUENCIAMIENTO DE ACTIVIDADES DENTRO DEL PAQUETE DE TRABAJO
CÓDIGO WBS	NOMBRE	CÓDIGO	NOMBRE	ALCANCE DEL TRABAJO DE LA ACTIVIDAD							

PROCESO DE CONTROL DE SCHEDULE: *DESCRIPCIÓN DETALLADA DEL PROCESO PARA CONTROLAR EL SCHEDULE, ASÍ COMO SU ENLACE CON EL CONTROL INTEGRADO DE CAMBIOS. DEFINICIÓN DE QUÉ, QUIÉN, CÓMO, CUÁNDO, DÓNDE Y CON QUÉ.*

NOTA: ADJUNTAR FLUJOGRAMA DE PROCEDIMIENTO.

CONTROL DE VERSIONES					
Versión	Hecha por	Revisada por	Aprobada por	Fecha	Motivo

ESTIMACIÓN DE RECURSOS Y DURACIONES

NOMBRE DEL PROYECTO	SIGLAS DEL PROYECTO

ENTREGABLE	ACTIVIDAD	TIPO DE RECURSO: PERSONAL					TIPO DE RECURSO: MATERIALES O CONSUMIBLES				TIPO DE RECURSO: MÁQUINAS O NO CONSUMIBLES.			
		NOMBRE DE RECURSO	TRABAJO (HR - HOH)	DURACIÓN (HRS)	SUPUESTOS Y BASES DE ESTIMACIÓN	FORMA DE CÁLCULO	NOMBRE DE RECURSO	CANTIDAD	SUPUESTOS Y BASE DE ESTIMACIÓN	FORMA DE CÁLCULO	NOMBRE DE RECURSO	CANTIDAD	SUPUESTO Y BASES DE ESTIMACIÓN	FORMA DE CÁLCULO

CONTROL DE VERSIONES					
Versión	Hecha por	Revisada por	Aprobada por	Fecha	Motivo

CRONOGRAMA DEL PROYECTO

NOMBRE DEL PROYECTO	SIGLAS DEL PROYECTO

	O	Nombre de tarea	Duración	Iniciales del recurso	Comienzo	Fin	Predece:
1		-	22 días		mié 07/11/07	jue 06/12/07	
2		- 1.0	6 días		mié 07/11/07	mié 14/11/07	
3		1.1	2 días	R1	mié 07/11/07	jue 08/11/07	
4		1.2	1 día	R2	vie 09/11/07	vie 09/11/07	3
5		1.3	3 días	R1	lun 12/11/07	mié 14/11/07	4
6		- 2.0	5 días		jue 15/11/07	mié 21/11/07	2
7		- 2.1	4 días		jue 15/11/07	mar 20/11/07	
8		2.1.1	2 días	R3	jue 15/11/07	vie 16/11/07	
9		2.1.2	2 días	R1	lun 19/11/07	mar 20/11/07	8
10		2.2	1 día	R1;R2	mié 21/11/07	mié 21/11/07	9
11		- 3.0	2 días		jue 22/11/07	vie 23/11/07	6
12		3.1	1 día	R2	jue 22/11/07	jue 22/11/07	
13		3.2	1 día	R2	vie 23/11/07	vie 23/11/07	12
14		- 4.0	11 días		jue 22/11/07	jue 06/12/07	6
15		4.1	1 día	R3	jue 22/11/07	jue 22/11/07	
16		- 4.2	10 días		vie 23/11/07	jue 06/12/07	15
17		4.2.1	5 días	R3	vie 23/11/07	jue 29/11/07	
18		4.2.2	2 días	R2	vie 30/11/07	lun 03/12/07	17
19		4.2.3	3 días	R1;R3	mar 04/12/07	jue 06/12/07	18

CONTROL DE VERSIONES					
Versión	Hecha por	Revisada por	Aprobada por	Fecha	Motivo

PLAN DE GESTIÓN DE COSTOS

NOMBRE DEL PROYECTO	SIGLAS DEL PROYECTO

TIPOS DE ESTIMACIÓN DEL PROYECTO: *TIPOS DE ESTIMACIÓN A UTILIZAR EN EL PROYECTO CON INDICACIÓN DEL MODO DE FORMULACIÓN Y LOS NIVELES DE PRECISIÓN DE CADA TIPO.*

TIPO DE ESTIMACIÓN	MODO DE FORMULACIÓN	NIVEL DE PRECISIÓN
(ESPECIFICAR LOS TIPOS DE ESTIMACIÓN A USAR EN EL PROYECTO, EJM. ORDEN DE MAGNITUD, PRESUPUESTO, DEFINITIVA.)	*(ESPECIFICAR EN DETALLE EL MODO DE FORMULACIÓN DEL ESTIMADO INDICANDO EL PORQUÉ, QUIÉN, CÓMO, Y CUANDO).*	*(ESPECIFICAR EL NIVEL DE PRECISIÓN DEL ESTIMADO, EJM. -15% +25%).*

UNIDADES DE MEDIDA: *UNIDADES DE MEDIDA A UTILIZAR, PARA ESTIMAR Y TRABAJAR CADA TIPO DE RECURSO.*

TIPO DE RECURSO	UNIDADES DE MEDIDA

PLAN DE CUENTAS DE CONTROL: *CUENTAS DE CONTROL O GRUPOS DE ENTREGABLES QUE SE UTILIZARÁN PARA LA MEDICIÓN Y EL CONTROL DEL VALOR GANADO.*

CUENTA DE CONTROL	ENTREGABLES	PRESUPUESTO	RESPONSABLE	FECHAS INICIO-FIN
(CÓDIGO Y NOMBRE DE CUENTA)	*(FASES O ENTREGABLES AGRUPADOS EN LA CUENTA)*	*(MONTO DEL PRESUPUESTO PARA LA CUENTA)*	*(PERSONA RESPONSABLE DE MONITOREAR Y LOGRAR LOS OBJETIVOS DE COSTOS)*	*(FECHAS PROGRAMADAS DE INICIO Y FIN DE LOS ENTREGABLES DE LA CUENTA)*

PLANIFICACIÓN GRADUAL: *FORMA EN QUE SE UTILIZARÁ LA PLANIFICACIÓN GRADUAL, DEFINIENDO LAS ETAPAS Y LOS NIVELES DE AGREGACIÓN DE LOS COMPONENTES DE PLANIFICACIÓN, ASÍ COMO LA FECHA EN QUE SE EMITIRÁN LOS PRESUPUESTOS NO EXPANDIDOS Y LA PERSONA RESPONSABLE DE HACERLOS.*

ETAPA	COMPONENTES DE PLANIFICACIÓN	FECHA DE EMISIÓN DE PRESUPUESTO	RESPONSABLE
(ETAPAS DE LA PLANIFICACIÓN GRADUAL, O MOMENTOS EN LOS CUALES SE PRESENTARÁN LAS LÍNEAS BASE CON COMPONENTES DE PLANIFICACIÓN NO EXPANDIDOS)	*(COMPONENTES DE PLANIFICACIÓN A USAR EN DICHA ETAPA)*	*(FECHA APROXIMADA EN QUE SE EMITIRÁ EL PRESUPUESTO USANDO LOS COMPONENTES DE PLANIFICACIÓN DE DICHA ETAPA)*	*(PERSONA RESPONSABLE DE EMITIR EL PRESUPUESTO CON LOS COMPONENTES DE PLANIFICACIÓN DE DICHA ETAPA)*

UMBRALES DE CONTROL

ALCANCE: PROYECTO/FASE/ENTREGABLE (ESPECIFICAR SI EL UMBRAL DE CONTROL APLICA A TODO EL PROYECTO, UNA FASE, UN GRUPO DE ENTREGABLES O UN ENTREGABLE ESPECÍFICO)	VARIACIÓN PERMITIDA (VARIACIÓN PERMITIDA PARA EL ALCANCE ESPECIFICADO, EXPRESADA EN VALORES ABSOLUTOS, EJM $, O VALORES RELATIVOS EJM %)	ACCIÓN A TOMAR SI VARIACIÓN EXCEDE LO PERMITIDO (ACCIÓN A TOMAR EJM. MONITOREAR RESULTADOS, ANALIZAR VARIACIONES, O AUDITORIA PROFUNDA DE LA VARIACIÓN)

MÉTODOS DE MEDICIÓN DE VALOR GANADO

ALCANCE: PROYECTO/FASE/ENTREGABLE (ESPECIFICAR SI EL MÉTODO DE MEDICIÓN APLICA A TODO EL PROYECTO, UNA FASE, UN GRUPO DE ENTREGABLES O UN ENTREGABLE ESPECÍFICO)	MÉTODO DE MEDICIÓN (ESPECIFICAR EL MÉTODO DE MEDICIÓN QUE SE USARÁ PARA CALCULAR EL VALOR GANADO DE LOS ENTREGABLES ESPECIFICADOS)	MODO DE MEDICIÓN (ESPECIFICAR EN DETALLE EL MODO DE MEDICIÓN, INDICANDO EL QUIÉN, CÓMO, CÚANDO, DONDE)

FORMULAS DE PRONÓSTICO DEL VALOR GANADO: ESPECIFICACIÓN DE FORMULAS DE PRONÓSTICO QUE SE UTILIZARÁN PARA EL PROYECTO.

TIPO DE PRONÓSTICO	FÓRMULA	MODO: QUIÉN, CÓMO, CUÁNDO, DÓNDE

NIVELES DE ESTIMACIÓN Y DE CONTROL: ESPECIFICACIÓN DE LOS NIVELES DE DETALLE EN QUE SE EFECTUARÁN LAS ESTIMACIONES Y EL CONTROL DE LOS COSTOS.

TIPO DE ESTIMACIÓN DE COSTOS (ESPECIFICAR LOS TIPOS DE ESTIMACIÓN A USAR EN EL PROYECTO, EJM. ORDEN DE MAGNITUD, PRESUPUESTO, DEFINITIVA)	NIVEL DE ESTIMACIÓN DE COSTOS (ESPECIFICAR EL NIVEL DE DETALLE AL CUAL SE EFECTUARÁN LOS ESTIMADOS DE COSTOS, EJM. ACTIVIDAD, PAQUETES DE TRABAJO, ENTREGABLES, ETC.)	NIVEL DE CONTROL DE COSTOS (ESPECIFICAR EL NIVEL DE DETALLE AL CUAL SE EFECTUARÁ EL CONTROL DE LOS COSTOS EN EL SISTEMA EVM, EJM. ACTIVIDAD, PAQUETES DE TRABAJO, ENTREGABLES, ETC.)

PROCESOS DE GESTIÓN DE COSTOS: DESCRIPCIÓN DETALLADA DE LOS PROCESOS DE GESTIÓN DE COSTOS QUE SE REALIZARÁN DURANTE LA GESTIÓN DE PROYECTOS.

PROCESO DE GESTIÓN DE COSTOS	DESCRIPCIÓN: QUÉ, QUIÉN, CÓMO, CUÁNDO, DÓNDE, CON QUÉ

FORMATOS DE GESTIÓN DE COSTOS: DESCRIPCIÓN DETALLADA DE LOS FORMATOS DE GESTIÓN DE COSTOS QUE SE UTILIZARÁN DURANTE LA GESTIÓN DE PROYECTOS.

FORMATO DE GESTIÓN DE COSTOS	DESCRIPCIÓN: QUÉ, QUIÉN, CÓMO, CUÁNDO, DÓNDE, CON QUÉ

SISTEMA DE CONTROL DE TIEMPOS: *DESCRIPCIÓN DETALLADA DEL SISTEMA DE CONTROL DE TIEMPOS QUE SE UTILIZARÁ PARA SUMINISTRAR DATOS AL SISTEMA DE CONTROL DE VALOR GANADO.*

DESCRIPCIÓN: QUÉ, QUIÉN, CÓMO, CUÁNDO, DÓNDE, CON QUÉ

NOTA.- ADJUNTAR PROCEDIMIENTOS, FLUJOGRAMAS, FORMATOS, Y SCHEDULE DE EVENTOS.

SISTEMA DE CONTROL DE COSTOS: *DESCRIPCIÓN DETALLADA DEL SISTEMA DE CONTROL DE COSTOS QUE SE UTILIZARÁ PARA SUMINISTRAR DATOS AL SISTEMA DE CONTROL DE VALOR GANADO.*

DESCRIPCIÓN: QUÉ, QUIÉN, CÓMO, CUÁNDO, DÓNDE, CON QUÉ

NOTA.- ADJUNTAR PROCEDIMIENTOS, FLUJOGRAMAS, FORMATOS, Y SCHEDULE DE EVENTOS.

SISTEMA DE CONTROL DE CAMBIOS DE COSTOS: *DESCRIPCIÓN DETALLADA DEL SISTEMA DE CONTROL DE CAMBIOS DE COSTOS QUE SE UTILIZARÁ PARA MANTENER LA INTEGRIDAD DE LA LINEA BASE, FORMALIZAR, EVALUAR, Y APROBAR CAMBIOS.*

NOTA.- ADJUNTAR PROCEDIMIENTOS, FLUJOGRAMAS, FORMATOS, Y SCHEDULE DE EVENTOS.

CONTROL DE VERSIONES

Versión	Hecha por	Revisada por	Aprobada por	Fecha	Motivo

COSTEO DEL PROYECTO

NOMBRE DEL PROYECTO	SIGLAS DEL PROYECTO

ENTREGA BLE	ACTIVI DAD	TIPO DE RECURSO: PERSONAL					TIPO DE RECURSO: MATERIALES O CONSUMIBLES					TIPO DE RECURSO: MÁQUINAS O NO CONSUMIBLES				
		NOMBRE DEL RECURSO	UNIDA DES	CANTI DAD	COSTO UNITARIO	COSTO TOTAL	NOMBRE DEL RECURSO	UNIDA DES	CANTI DAD	COSTO UNITARIO	COSTO TOTAL	NOMBRE DEL RECURSO	UNIDA DES	CANTI DAD	COSTO UNITARIO	COSTO TOTAL

CONTROL DE VERSIONES					
Versión	Hecha por	Revisada por	Aprobada por	Fecha	Motivo

PRESUPUESTO EN EL TIEMPO (Curva S)

NOMBRE DEL PROYECTO	SIGLAS DEL PROYECTO

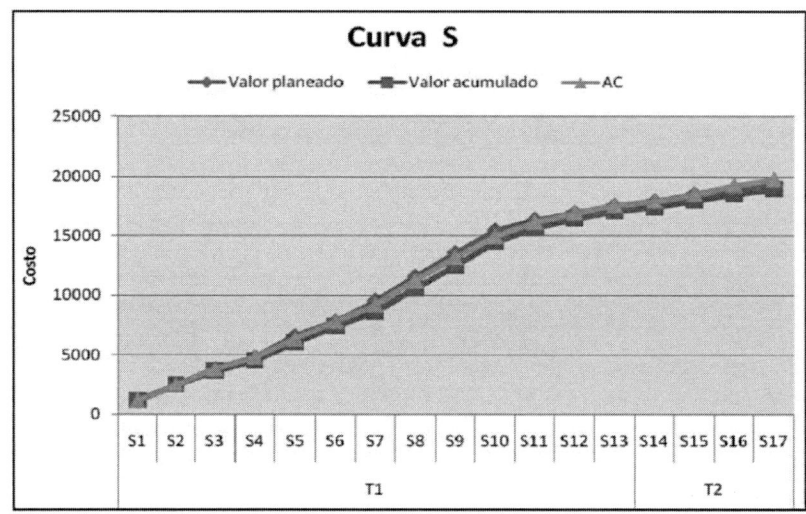

CONTROL DE VERSIONES					
Versión	Hecha por	Revisada por	Aprobada por	Fecha	Motivo

ORGANIGRAMA DEL PROYECTO

NOMBRE DEL PROYECTO	SIGLAS DEL PROYECTO

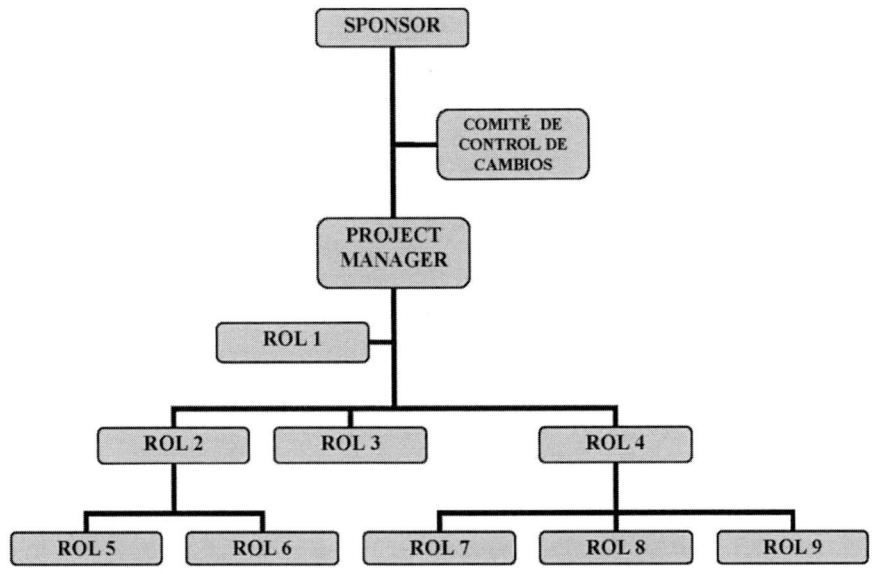

CONTROL DE VERSIONES					
Versión	Hecha por	Revisada por	Aprobada por	Fecha	Motivo

CLASIFICACION DE STAKEHOLDERS
- MODELO DE PROMINENCIA -

NOMBRE DEL PROYECTO	SIGLAS DEL PROYECTO

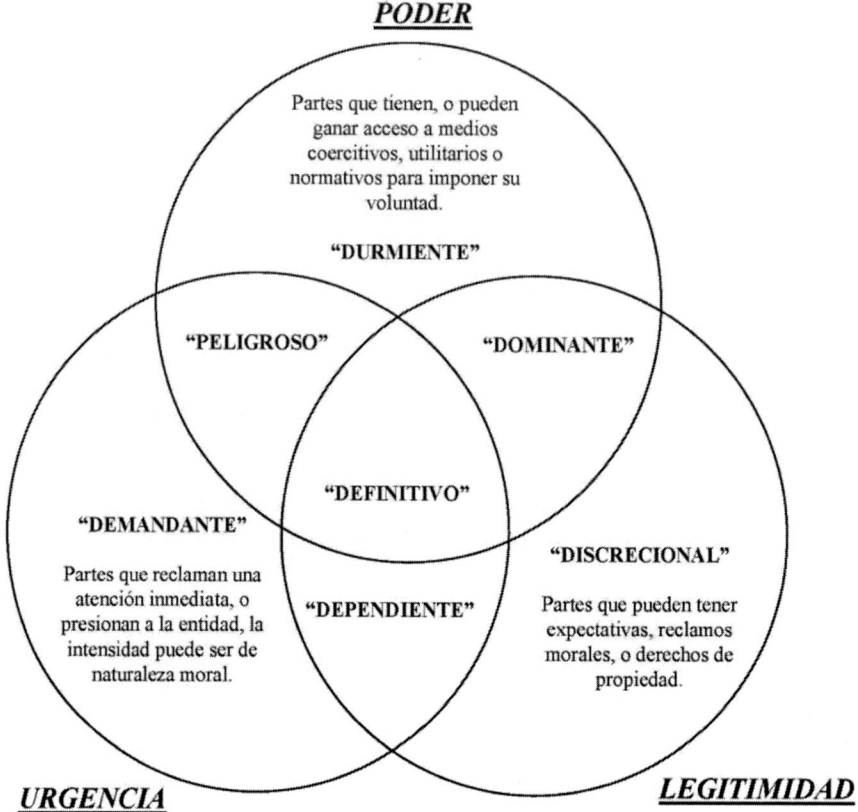

PODER

Partes que tienen, o pueden ganar acceso a medios coercitivos, utilitarios o normativos para imponer su voluntad.

"DURMIENTE"

"PELIGROSO"   **"DOMINANTE"**

"DEFINITIVO"

"DEMANDANTE"

Partes que reclaman una atención inmediata, o presionan a la entidad, la intensidad puede ser de naturaleza moral.

"DEPENDIENTE"

"DISCRECIONAL"

Partes que pueden tener expectativas, reclamos morales, o derechos de propiedad.

URGENCIA   **LEGITIMIDAD**

CONTROL DE VERSIONES					
Versión	Hecha por	Revisada por	Aprobada por	Fecha	Motivo

RELACIÓN DE LECCIONES APRENDIDAS GENERADAS

Nombre del Proyecto	Siglas del Proyecto

Código de Lección Aprendida	Entregable Afectado	Descripción Problema	Causa	Acción Correctiva	Resultado Obtenido	Lección Aprendida

CONTROL DE VERSIONES					
Versión	Hecha por	Revisada por	Aprobada por	Fecha	Motivo

RELACION DE ACTIVOS DE PROCESOS GENERADOS EN EL PROYECTO

NOMBRE DEL PROYECTO	SIGLAS DEL PROYECTO

CÓDIGO DEL ACTIVO	NOMBRE	VERSIÓN	DESCRIPCIÓN	AUTOR	FECHA DE ALMACENAMIENTO	CÓDIGO DE ALMACENAMIENTO	LUGAR DE ALMACENAMIENTO	OBSERVACIONES

CONTROL DE VERSIONES					
Versión	Hecha por	Revisada por	Aprobada por	Fecha	Motivo

CHECKLIST DE CIERRE DEL PROYECTO

NOMBRE DEL PROYECTO	SIGLAS DEL PROYECTO

1. ¿SE HAN ACEPTADO LOS RESULTADOS DEL PROYECTO?			
OBJETIVOS	ENTREGABLES	REALIZADO A SATISFACCIÓN (SI/NO)	OBSERVACIONES
1. OBTENER ACEPTACIÓN FINAL.	APROBACIÓN DOCUMENTADA DE LOS RESULTADOS DEL PROYECTO.		
2. SATISFACER TODOS LOS REQUERIMIENTOS CONTRACTUALES.	DOCUMENTACIÓN DE ENTREGABLES TERMINADOS Y NO TERMINADOS. ACEPTACIÓN DOCUMENTADA DE QUE LOS TÉRMINOS DEL CONTRATO HAN SIDO SATISFECHOS.		
3. TRASLADAR TODOS LOS ENTREGABLES A OPERACIONES.	ACEPTACIÓN DOCUMENTADA POR PARTE DE OPERACIONES.		

2. ¿SE HAN LIBERADO LOS RECURSOS DEL PROYECTO?			
OBJETIVOS	*ENTREGABLES*	*REALIZADO A SATISFACCIÓN (SI/NO)*	*OBSERVACIONES*
1. EJECUTAR LOS PROCEDIMIENTOS ORGANIZACIONALES PARA LIBERAR LOS RECURSOS DEL PROYECTO.	*CRONOGRAMAS DE LIBERACIÓN DE RECURSOS, EJECUTADOS.*		
2. PROPORCIONAR RETROALIMENTACIÓN DE PERFOMANCE A LOS MIEMBROS DEL EQUIPO.	*RESULTADOS DE LA RETROALIMENTACIÓN DE LA PERFOMANCE DEL EQUIPO DE PROYECTO, ARCHIVADOS EN LOS FILES PERSONALES.*		
3. PROPORCIONAR RETROALIMENTACIÓN A LA ORGANIZACIÓN RELATIVA A LA PERFOMANCE DE LOS MIEMBROS DEL EQUIPO.	*EVALUACIONES DE PERFOMANCE REVISADAS CON LOS GERENTES FUNCIONALES Y ARCHIVADAS APROPIADAMENTE.*		

3. ¿SE HAN MEDIDO Y ANALIZADO LAS PERCEPCIONES DE LOS STAKEHOLDERS DEL PROYECTO?			
OBJETIVOS	*ENTREGABLES*	*REALIZADO A SATISFACCIÓN (SI/NO)*	*OBSERVACIONES*
1. ENTREVISTAR A LOS STAKEHOLDERS DEL PROYECTO.	*RETROALIMENTACIÓN DE LOS STAKEHOLDERS, DOCUMENTADA.*		
2. ANALIZAR LOS RESULTADOS DE LA RETROALIMENTACIÓN	*ANÁLISIS DOCUMENTADO.*		

4. ¿SE HA CERRADO FORMALMENTE EL PROYECTO?			
OBJETIVOS	*ENTREGABLES*	*REALIZADO A SATISFACCIÓN (SI/NO)*	*OBSERVACIONES*
1. EJECUTAR LAS ACTIVIDADES DE CIERRE PARA EL PROYECTO.	*RECONOCIMIENTO FIRMADO DE LA ENTREGA DE LOS PRODUCTOS Y SERVICIOS DEL PROYECTO. DOCUMENTACIÓN DE LAS ACTIVIDADES DE CIERRE.*		
2. INFORMAR A GERENCIA SOBRE TODOS LOS PROBLEMAS IMPORTANTES.	*DOCUMENTACIÓN DE LOS PROBLEMAS IMPORTANTES.*		
3. CERRAR TODAS LAS ACTIVIDADES FINANCIERAS ASOCIADAS CON EL PROYECTO.	*RETROALIMENTACIÓN DOCUMENTADA DEL DEPARTAMENTO FINANCIERO SOBRE EL CIERRE DEL PROYECTO.*		
4. NOTIFICAR FORMALMENTE A LOS STAKEHOLDERS DEL CIERRE DEL PROYECTO.	*DOCUMENTO QUE COMUNICA EL CIERRE DEL PROYECTO, ALMACENADO EN EL FILE DEL PROYECTO.*		
5. CERRAR TODOS LOS CONTRATOS DEL PROYECTO.	*CONTRATOS CERRADOS APROPIADAMENTE.*		
6. DOCUMENTAR Y PUBLICAR EL APRENDIZAJE DEL PROYECTO.	*DOCUMENTACIÓN DE LECCIONES APRENDIDAS.*		
7. ACTUALIZAR LOS ACTIVOS DE LOS PROCESOS DE LA ORGANIZACIÓN.	*DOCUMENTACIÓN DEL PROYECTO, ARCHIVADA. CAMBIOS/ACTUALIZACIONES DE LOS ACTIVOS DE LOS PROCESOS DE LA ORGANIZACIÓN, DOCUMENTADOS.*		

Bibliografía

cómo implantar una oficina de gestión de proyectos (OGP) en su organización: una guía para mejorar el rendimiento de su organización. Antonio Alonso González,Editorial Díaz de Santos.

Administración de Proyectos. Marion E. Haynes, Grupo Editorial Iberoamerica, 1993.

Administración y Dirección de Proyectos. Pedro Briceño Lazo, McGraw-Hill Interamericana 1996.

La Nueva Dirección de Proyectos. J. Davidson Frame, Ediciones Granica 2002.

La Dirección de Proyectos en las Organizaciones. J. Davidson Frame, Ediciones Granica, 2002.

Técnicas de Programación y Control de Proyectos. C. Romero , Pirámide, 1988.

Gestión de Proyectos. J. Brand, Elsevier, 1990.

Teoría General del Proyecto. M. De Cos, Síntesis, 1995.

Dirección de Proyectos Informáticos: Guía Práctica del Jefe de Proyecto. Pham Thu Quang, Jean-Jacques Gonin, Ediciones Gestion 2000, S.A., 1994.

Desarrollo y Gestión de Proyectos Informáticos. Steve McConnell, Ed.McConnell, 1997

Project Management: A Systems Approach to Planning, Scheduling, and Controlling. Harold Kerzner, John Wiley & Sons 2003.

Project Leadership, Wendy Briner, Michael Geddes, Colin Hastings, Van Nostrand, Reinhold 1990.

The Fast Forward MBA in Project Management. Eric Verzuh, John Wiley & Sons, 1999.

PMP Project Management Professional Study Guide. Kim Heldman, Sybex 2002.

Strategic Planning for Project Management using a Project Management Maturity Model. Harold Kerzner, PhD, John Wiley & Sons, Inc. 2001.

The Little Black Book of Project Management. Michael C. Thomsett, AMACOM Books 1990.

Project Management Practitioner's Handbook. Ralph Kleim and Irwin S. Ludin, AMACOM Books 1998.

Project Office, The. J. Davidson Frame, Thomas Block, Crisp Publications 1998.

Project Management for Dummies. Stanley E. Portny, John Wiley & Sons 2000.

Enlaces

www.pmi.org   -
Sitio del Project Management Institute.

www.risksig.com - Sitio del SIG (Special Interest Group) de Riesgo en Proyectos del PMI.

Existen cientos de SIG en actividad en el PMI.

www.asapm.org - American Society for the Advancement of Project Management.

www.pmforum.org - Organización no comercial para el desarrollo de la Administración de Proyectos. Buena lista bibliográfica, muy buenos artículos gratis.

www.etsimo.uniovi.es/regespro - Excelente sitio de Administración de Proyectos de la Universidad de Oviedo (España).

www.allpm.com - Muy buenos artículos, hay que registrarse en el sitio (gratis). Tiene algunos artículos en español

www.pmboulevard.com - Tiene un Knowledge Center muy rico en artículos, hay que registrarse (gratis).

www.pmprofessional.com - Se puede bajar un artículo (gratis) llamado "PM Competency Framework", en donde se describen las competencias y habilidades necesarias de los participantes en un proyecto.

ww.gantthead.com - Excelente sitio con muchos planes de proyecto y plantillas para bajar gratis. Requiere registrarse.

www.projectkickstart.com - Comercializan un paquete para Administración de Proyectos, pero tienen muy buenos consejos (*tips*) en el sitio.

www.4pm.com - Muy buenos artículos (gratis) en formato PDF. Producen el *newsletter* PMTalk.

www.iaap.com.ar - Artículos en español. BoletinPM bisemanal y gratuito.